明治の芸術論争

アートワールド維新

西村清和
Kiyokazu NISHIMURA

keiso shobo

目次

凡例

＊原典の引用にあたっては、以下のようにする。

（1）適宜、カタカナ文をひらがな文にする。

（2）漢字はおおむね現代表記（常用漢字）とし、常用漢字表にないものはそのまま用いる。

（3）引用中のルビは必要と思われるもののみ残し、あるいは補足する。

（4）句読点は、適宜挿入する。

（5）語句の意味の補充・説明は［　］に入れる。

（6）新聞・雑誌からの引用に際しては記事名、紙誌名、発行年月日を本文中の当該箇所に付する。たとえば

魯庵（「紅葉山人の「色懺悔」」『女学雑誌』明22・4・20、27）

というのは、内田魯庵の記事「紅葉山人の「色懺悔」」は、明治二二年四月二〇日および四月二七日の『女学雑誌』所収、ということである。なお、本書で引用された新聞・雑誌記事の相当数は、『文藝時評大系』（ゆまに書房）や『明治文學全集』（筑摩書房）、また各著者の全集等でも見ることができる。

（7）単行本は『　』で示す。雑誌や単行本所収の短編小説や評論等は「　」で示し、必要に応じて所収の雑誌や単行本を並記する。

第一章　「美術（芸術）」の「妙想《アイジヤ》」

1　「アートワールド」維新

文芸評論家雅川滉（成瀬正勝）が昭和七（一九三二）年に、つぎのように記している。

「畢竟、明治文学の流れは、レアリズムへの道である。その道の上で、作家の刻苦経営した跡が、時に写実派と謂はれ、観念派、深刻派と呼ばれ、また浪漫派と名づけられて、自然主義にまで結実したのである。このことは非常に重大であって、写実派の後に浪漫派が起り、それに対して自然派が起ったなどといふ皮相な見方では、明治文学を理解することは遂に出来ない。明治文学の道は、一面、欧州文学に対する消化力の跡とも云へる」[1]。

これは明治において近代小説が成立する過程を見る上で、きわめて重要な指摘というべきである。じっさいここであげられている写実派、観念派、浪漫派、自然主義といった呼称にしても、それが用いられた時点において、いずれも概念としてはきわめて曖昧であり、明治文学を理解するには、それぞれの時点でこれらの概念がどのように理解され、論争においてどのように議論され、創作の上でどのように実践されたのかをあきらかにする必要がある。

明治維新で西洋の文明・文化の圧倒的な力に直面して、これをすみやかに消化吸収することを至上命令とした明治日本の知識人にとって、西洋近代の文学、よりひろくいえば芸術もまたそのように吸収し、これにならって自己形成するべき文化領域である。それはことばをあえて使えば、それまで日本には存在しなかった西洋近代の「アートワールド」を自己のものとする企てである。アメリカの分析哲学者アーサー・ダントーは、一九六四年にアンディ・ウォーホルが、ブリロの洗剤の商品パッケージである段ボール箱にそっくりに似せたものを合板で作って、ギャラリーの床に、あたかも商品倉庫に置かれているかのように積みあげた作品を展示したのを見て、「なぜこれがアートなのか」と自問し、おなじ年に論文「アートワールド」を発表する。そこでかれは、ある「もの」が「芸術」作品といわれるのは、それまでの芸術論で考えられてきたように、それが時代や民族、地域をこえて普遍的に共通する「芸術」の不変の本質をもつからではなく、それぞれの時代や地域においてあるものを「芸術」として理解し、受け入れ、同意する、その社会に特有の「芸術」についての歴史や理論や批評といったディスクールに支えられたひとつの「雰囲気」にもとづくという。ダントーは、この特定の時代、特定の社会の芸術をめぐる雰囲気を「アートワールド」と呼ぶが、ブリロの箱はすくなくとも一九世紀までの西洋近代のアートワールドではけっして「芸術」とはみなされなかったはずである。[2] 要するに西洋の一九世紀までと二〇世紀半ばとでは、芸術の歴史や理論や批評にもとづいてある「もの」に「芸術」の身分を付与するアートワールドが変化したのである。明治以前の日本にも小説はあり、絵画や彫刻もあったが、それらをとくに「文学」と呼び「美術」と呼んで、これに「芸術」の身分を授与するディスクール、つまりは西洋近代のアートワールドは存在しなかった。それゆえ文学や美術の領域における社会的実践としての明治維新とは、本書の副題にもあるように、まさに「アートワールド維新」なのである。

そもそも西洋における「美術（芸術）」にしても、近代に成立する概念である。中世までは彫刻や絵画、建築も一般に職人の技芸（ギリシャ語でtechne、ラテン語でars）に属し、教会や宮殿等を荘厳するものとして、宗教的な権威や政治的な権力に奉仕するものであった。しかしルネサンスの文化のなかで画家や彫刻家たちの社会的地位がたかまった結果、かれらにしても自分たちの仕事がたんなる職人技とはちがうという意識をもつようになり、一七世紀後半になると詩や絵画、彫刻、建築、音楽などわれわれがこんにち芸術という概念で包括しているものをひとつにして、これらに共通の本質的なきずなを、それらがもっている美と調和、およびそれがわれわれにあたえる快楽に見る考えかたがでてくる。古代ギリシャ以来、絵画や彫刻は「自然の摸倣」とされたが、現実の雑多な現象それ自体はつねに美しいとはかぎらない。それゆえこれらの技芸にはあるべき自然の理想的ないし理念的な美しいかたちが要請された。こうしてルネサンス以降、人間精神の特別な能力である「天才」の、雑多な現象をひとつの理想（理念）のもとに調和した美しい全体へと構想し作品として提示する能力、したがって芸術家の自由で独創的な想像的創造力が必要と考えられるようになる。こうした変化を経て、こんにちわれわれになじみの「美しい芸術（美術、fine arts, beaux arts）」ということばが浸透するのは、ようやく一八世紀も半ばのことである。そしてその所産である「作品」も、宗教や王権に対する従属から解き放たれて、その作り手である芸術家の、その独創と天才において他に際だった精神にひとしい、それ自体一個の自立した存在として自己を主張する。そのかぎりで「美しい芸術」は、人間精神の「自己表現」でもある。享受者もまたいっさいの社会的な、あるいは実用的な関心にかかわらない、カントのいう「無関心性」[3]においてなりたつ純粋に美的な観照において、よき趣味をそなえた一個の精神として作品にむきあうものとなる。明治の日本人が西洋近代の芸術、とりわけ文学や美術にふれたとき、それを支える西洋近代の芸術概念と芸術理論、つまり西洋近代のアートワールドとはこのようなものであった。

明治維新における西洋文明受容の圧力の下で、在来の日本の絵画や彫刻は顧みられなくなり、それをになう絵師や仏師たちもパトロンであった武士階級の没落とともにその庇護をうしなって零落し、その多くは輸出用の工芸品の図案や絵付けなどに従事するほかはなかった。一方で高橋由一（1828-1894）のように、少年時代に狩野派や北派を学んだが、友人に洋製石版画を見せてもらって「悉皆真に迫りたるが上に一の趣味あることを発見し、忽ち修学の念」[4]をおこすものもいた。かれは一八六二年、三五歳で、幕府によって設置された洋学の研究教育機関である蕃書調所（のちに開成所と改称、明治維新後は開成学校となり、明治一〇年発足の東京大学の母体）の画図局に入学して教官川上冬崖のもとで洋画を学んだが、冬崖の西洋画はなお「絵図」、したがって製図や測量図といった科学技術の一端としての画学であって、蕃書調所では油絵など見ることはできなかった。そこでかれは、『イラストレーテド・ロンドン・ニュース』特派員で挿絵画家として横浜にいた画家ワーグマンに入門したり、のちには明治九年に開設された、わが国最初の西洋美術教育機関である工部美術学校の画学科教授として来日した画家フォンタネージを訪ねて学んだという。「美術」ということばがわが国ではじめて使われたのは、明治六年のウィーン万博に出品をうながすべく、明治五年一月に全国各府県に発せられた「出品差出勧請書」に添付された出品規定においてであり、このなかに「美術（西洋にて音楽、画学、像を作る術、詩学等を美術といふ）」という語がでてくる。しかしじっさいに出品されたものは、出品計画を依頼された、大学のお雇い教師であったドイツ人ゴットフリート・ワグネルの進言によって日本の伝統的工芸品が中心で、ウィーン万博では「工芸（クラフト）」に分類されて展示され絶賛されたという。以後明治政府は陶磁器、漆器、七宝などの伝統工芸品の輸出に力をいれるようになり、明治九年に工部美術学校が設置されたのもその一環である。その学校規則に「美術学校は欧洲近世の技術を以て我日本国旧来の職風に移し、百工の補助となさんが為に設くるものなり」[5]とあるように、ここにいう「美術」も「百工」すなわち工芸技術一般を意味し、「欧洲近世の技術」によって「吾邦美術の短所を補ひ、新に真写の風を講究」することで殖産興業を果たそうというのが、美術学校設置の目的であった。ここで小山正太郎、浅井忠ら、わが国の近代洋画の開拓者が学んだのも、従来の狩野派などの粉本——各流派の先学の下絵や古画の模写本——をもとにした修練ではなく、写生をふまえた西洋リアリズムの方法であった。明治一〇年には第一回内国勧業博覧会が開かれ、その出品区分名称のひとつとしてあげられた「美術」には彫像術、書画、版画、写真、建築学、各種工芸がふくまれているが、ここにいう「書画」とは書や水墨画、日本画、油絵とならんで、蒔絵や陶磁器、七宝など絵付のある工芸品もふくまれる[6]。

明治一二年には殖産興業政策を指揮し、ウィーン万博事務副総裁をつとめた佐野常民やのちに帝国博物館総長となる文部官僚の九鬼隆一、そして輸出業者によって組織された美術団体「龍池会」が設立されるが、これはわが国の古美術保護と工芸品の輸出振興を目的とした、政府の殖産興業政策を支える外郭団体である。そして明治一〇年に来朝して東京大学のお雇い教師をしていたフェノロサが明治一五年五月一四日に龍池会で講演「美術真説」（大森惟中筆記）をおこなうが、これがわが国において西洋近代の「美術（芸術、fine art）」という概念がはっきりと示された最初である。[7]

フェノロサは美術の種類を列挙して「音楽、詩歌、書画、彫刻、舞踏等」とするが、これらの美術が「通常職工」の「非美術」とことなる、その「善美《イキセルレンス》」たる資格は、たんなる「技倆の精巧」でも、それがあたえる「愉悦」でも、また「天然の事物に擬似する」ことでもなく、それが全体と部分のあいだの有機的な調和・統一を実現することで、天然万物には存在しない完全性を提示するところにあるとして、この完全性を「美術の妙想《アイジャ》[idea]」という。そして「妙想なるものは各般の物件に属する」が、画家はこの「事物の精神を感覚する」ことで作品のうちに「其妙想を顕す」が、この妙想を案出する能力は「意匠の力」であるというように、フェノロサはプラトン的イデアにもとづく近代観念論美学の立場をとっている。かれはさらに美術作品の、外部の現実世界からの自立性と、そこに描かれたものに対する実践的欲求や利害から解放された「無関心性」についても言及している。その上でかれは、さいきんの欧州の画家はもっぱら写真のごとき模写に終始しているのに対して、日本の絵画は余白をのこして「自由且つ簡易に妙想を顕す」点で油絵にまさっているが、それにもかかわらず油絵の新奇なるを激賞する一方で固有の絵を蔑視して旧来の画家を排斥したことは深く憂うべきことであるとして、「日本画術」を興すべく美術学校を設立することを訴えるのである。[8]

こうして明治前期の欧化が一段落した一〇年代の後半には一転して、日本の伝統的な文化・美術の再評価へとむかう反動の風潮がおこる。明治一五年に開催された第一回内国絵画共進会では洋画の出品が拒否され、明治一六年には工部美術学校が廃校になる。そして明治二〇年には、東京大学卒業後文部省に勤め、フェノロサの助手として欧米美術行政の視察を終えた岡倉天心が中心になって東京美術学校が設置（開校は二二年）されたが、これは工部美術学校とは逆に、絵画科は日本画のみ、美術工芸科は金工、漆工、彫刻科は木彫のみであった。こうした洋画排斥の動きに対して、洋画家小山正太郎は明治一五年に論考「書は美術ならず」を発表するが、これが次節に見るような、日本美術と西洋油絵をめぐる論争に発展する。

この時代の、西洋近代のアートワールドと「芸術」概念の受容をめぐる重要なできごととしてはもうひとつ、明治一六年に文部省の、最新の美学書で大学の教科書として使えるものをという委嘱に応えて中江兆民が訳したフランス人ユジェーヌ・ヴェロン（『美学』1878）の『維氏美学　上冊』（下冊は明治一七年）の出版がある。ヴェロンは一八五〇年に文学部門の大学教授資格を取得するものの、のちに教職をしりぞいてジャーナリズムに転じ、七五年以降パリの『芸術（*L'Art*）』誌の編集長として活動した。かれは旧態依然としたアカデミー、すなわち美術学校やサロン展を牛耳る芸術院やそれが信奉する古典派の教義、すなわちプラトン以来の「理想の美という絶対的観念」はたんなる「荒唐無稽な存在論」にすぎないとして、この時代の心理・生理学や進化論と、それに呼応したフランスの文学史家イポリット・テーヌの、芸術を「社会環境（ミリュー）」の所産とする思想を基礎にした実証主義的芸術論を展開している。

ヴェロンによれば、アカデミー学派は美を「被造物それぞれの種に本質的な形式（形相）」であり、プラトン的「理想（イデア）」の「神的完全性の一属性」と考え、このイデアは、それが「物質（質料）」のうちに現実化される際には必然的に退化をこうむるが、芸術はこれを完全なものにし「理想化」するという。だがじっさいには「芸術は例外なくあらゆる感覚にうったえる」ものであり、美しいもののみならず醜いもの恐ろしいものでさえ対象として、しかも芸術であることをやめはしないし、そもそも『ボヴァリー夫人』の「どこに美があるというのか」と批判する。その上でヴェロンは、ひとが「美的感覚（les sentiments esthétiques）」によって作品の美とそれにともなう快を感じるとき、この快はもうひとつべつの感覚、「ほんらいの意味での美的快（le plaisir esthétique）、すなわち当の芸術家にそのような仕事を可能にした能力の卓抜さに対する、共感と好意をともなう賞賛を構成する感覚」[9]と重ねあわされるという。醜怪な悪徳それ自体をひとつの客観的対象としてこれを正確に再現模倣したとしても、それが美（完全性）となることはありえない。それゆえ「最後に美的享楽（la jouissance esthétique）を引きおこす」ものは、その対象のうちにあるのではなく、その「生き生きとしたイメージを創造した詩人の個性（la personnalité）」すなわち「天才」のうちにある。そしてそれは芸術家が醜い自然対象に対してさえ、これをどう感じとり、いかにして生き生きと描出するかの能力であり、そのかぎりで芸術家の独創的な個性の、作品のうちへの「美的表現」である。それゆえヴェロンの立場は、一九世紀に主張されるようになった「自己表現の美学」といってよい。それはアカデミー学派のいう美しい自然対象の「模倣、再現、理想化」を事とする芸術とはことなるものである。また自己表現の美学にとって自然の美と区別される「芸術美」は上述のような狭義の「美」にあるわけではない。それゆえヴェロンは、この広義の芸術美の快をより広く「美的享楽」と呼ぶのである。

兆民の訳はおおむね原書の論旨に即したものではあるが、まま省略や要約、大胆な意訳も見られ、また語義や論旨を説明するためにしばしば原書にはない兆民自身による解説も挿入されていて、忠実な訳とはとうていいえないものである。とりわけ術語の定訳がまだない当時のことで、「独創性（des originalités）」を「己れの固有の性を写し出す」、「主題（sujet）」を「旨趣」とするような訳語では、ヴェロンがはたしてなにをいおうとしていたかを理解することはむずかしかったといわなければならない。兆民はまた原文の、芸術はたんなる模擬ではないという議論に対して、これを説明するべく、芸術の巧みは「物の精神を発揮して其活発の気象を写すに在り」[10]をみずからつけ加えたりもしているが、これはあるいはフェノロサ「美術真説」の「事物の精神」を参照したのかも知れない。ともあれこれは書籍の流通機構に乗らない政府刊行物ということもあって、従来は、かならずしも広く流布し読まれたわけではないと考えられてきた。たとえば森鷗外は明治二九年の『月草』序で、『維氏美学』は「非形而上学派といふよりは、寧ろ非学問派なる」もので、「これは我国の文学美術には、殆何の影響をも及ぼさなかった」といい、高山樗牛も「今日より是を見れば、其選択の無謀、訳文の粗笨は、当時の人が如何に斯学の歴史及び意義に昧《くら》かりしかを証するの一標章」(「現今我邦に於ける審美学に就いて」『太陽』明29・5)たるにすぎないという。だが高橋由一は明治一七年頃に、「本書を精読して克明なノートを作っていた」[11]という。坪内逍遙は、かれが明治一六年から一八年にかけて『小説神髄』を準備していた時期にはまだ『維氏美学』を読んではいない。だが明治一八年八月ごろ、小山正太郎の弟子で、『当世書生気質』の挿絵の一部を担当した長原止水にこれを借りて読み、これに触発されて翌一九年『学芸雑誌』(明19・10・5、10・20、明20・1・5)に「美とは何ぞや」を連載しているが、その議論はほとんどヴェロンに負っている。小山が主催する画塾不同舎の『不同舎日記』明治二五年一月八日の条に、「毎週火曜日午後三時より美学輪講」とあって、この会で読まれていたのは『維氏美学』であった[12]という。また内田魯庵が明治二五年に刊行した『文学一斑』の「第二　詩(ポーエトリイ)」には、「詩とは何ぞ」との問いに対して「ヴェロンは曰く」として、「文芸の才とは何物を指す乎、曰く此精神一種の感動なり、一種の想像力なり」[13]につづく数行を引用し、またほかにも数か所の引用がある。

逍遙は「美とは何ぞや」で、ヴェロンの美学論は大体において「実に周到なる議論なるのみか頗る正鵠を得たるもの」だと評価する一方で、「惜しや肝要なる定義に至りては甚だ不道理なる解釈を下し、極めて茫漠たる文字を用ひぬ」と批判するが、この批判はむしろ兆民の訳が負うべきものである。逍遙は、プラトンの荒唐なる極致「理想」論にもとづく「近代の極致主義」を批判する一方で「模擬主義の美学論」をも批判するヴェロンに賛同し、もしも芸術の美が現実の模倣にあるとすれば「醜穢惨刻の極端」を写したものも美となるはずだが、それはありえないとするヴェロンに賛同している。[14] これに関連して逍遙は、西洋画の「模擬主義より出たる弊」について、「某氏「フェノロサ」此事をいたく慨《なげ》きて突然横合《よこあい》より異論を唱へて、美術の真髄はさうした者にあらず」と演説したが、「元来美学の理は兎の毛ほども」知らない日本の美術家は「それより某氏を神の如く崇《とうと》み」ただちに模倣主義の西洋画を排斥したことにふれている。逍遙は「某氏の論ずる所は重に「妙想」を写すことにあり、個人をマネよとの事」ではないのに、日本の美術家は「某氏のいはれし議論を十分了解する智力もなきゆゑ」、日本画がもっぱら粉本すなわち「古人の書て置し絵画のみを模倣し曾て発明する所」がないことに思いいたらないのは笑止だと批判する。その一方で逍遙は、ある論者が「美術の要は……物の精神を模擬するにあり」というのに対して「これはまた異な議論なり」といい、「無形の精神を模擬するとは、口にはいふべけれど行なふべくもあらず。且又精神とは如何なる者をいふや、其字の定解から聞かねば叶わず」と難じるが、この「論者」もおそらくはフェノロサを指している。またヴェロンが「醜穢の形状を模写」して鑑賞者にこれをも美と称せしむるのは「作者の才性なり」というのに対しても、そうだとするとヴェロンのいう「美」とは「有形の美にあらずして無形の才力といふ者にある」ことになると批判し、またヴェロンのいう「美学上に所謂才能」は「実用上にいふ才能」とはことなる「一種特別なる才能をさす」のだろうが、これを尋常一様の「才能」という語によって定義するのは曖昧だと非難する。そしてヴェロンが「口を極めて意趣の必要」を説いたのも、「才力の一語を以ては美の字を掩ひがたき由あれば」ではないかと批判する。だがこれも兆民が「天才（le génie）」を「才力」と訳したこと、また「意趣」とは当時の日本では「内容」ないし「旨趣」を意味するが、兆民はこれを芸術家の「自己表現」の訳語としたために、逍遙が「天才」や「表現」についてのヴェロンの説明を十分理解できなかったことによるものである。ともあれ逍遙の論文は『維氏美学』の評価と批判に終始して、本題である「美とは何ぞや」の問いに答えるところまではいたらず未完に終わっている。

2 「書は美術ならず」

すでに見たように、明治一〇年の第一回内国勧業博覧会の出品区分名称では絵画は油絵もふくめて「書画」に分類され、フェノロサ講演の日本語訳でも絵画を「書画」としている。また明治一五年の第一回内国絵画共進会では洋画の出品が拒否され、洋画排斥の反動が露骨になる。これに対して当時二五歳の洋画家小山正太郎は、明治一五年の『東洋学芸雑誌』（明15・5－7）に「書は美術ならず」を寄稿する。小山は、書とは「言語の符号を記するの術」であり、図画のように彩色、濃淡をつけ、彫刻のように凹凸を作ることで「人の心目を娯めんと、工夫を凝らして、一種の物を製出するの術」ではないし、その巧拙も「筆端些少の趣味にあるのみ」だが、そうした趣味は「泥工の壁を塗り提灯匠の紋形を書く等」いくらもあるという。また書は「他の美術の如く独立して作用ある者」

ではなく、書がひとを感動させることがあるとしても、それはただ「詞句の力にして書の力」ではない。そしてひとが書を好むのもその語句が自分の意に適い、あるいは自分が慕うひとの手蹟だからであり、「決して美術上の歓喜より愛する者」ではない。それゆえ書を奨励するのもただ「普通教育の一科」としてである。じっさい万国博覧会で、「欧米諸州の技術家心思を焦し工夫を凝らし数月間刻苦黽勉《びんべん》［勉強］して作り出す所の精妙なる諸物を陳列」するなかに、「本邦の書家一瞬間に塗抹する所の文字を出して是即ち我邦の美術なり同一に陳列すべし」と主張しても、かれらは「吃驚して嘲笑」するだろう。こんにち開化が進んで「百事実巧を競ふの時」にあって書を美術として勧奨しても、それが富国の基礎である工芸をはじめとする「百般の事業」を振起するとは思えないという。

これに対して二〇歳の岡倉天心は、おなじく『東洋学術雑誌』（明15・8、9、12）に「書は美術ならずの論を読む」を寄せて反論している。天心は、小山が「書は美術ならず」というのは、結局「書は図画ならずにすぎず、だからといって書が美術ではないということにはならないという。書には図画のように「言語の及ばざる所を補ふ」作用はないという主張に対しても、そもそも言語を補って教化を助けるのは絵画の「本分の作用」ではないし、「絵画にして風教を助くる」こと、すなわち絵画の社会的効用にしても「固より偶然に出て本分の作用となすべからず」と反論する。またひとが書を好むとしてもそれは書そのものを愛するのではないとの非難に対しても、この「書を愛せずして他を愛するの弊は独り書に限らず他の美術も皆此弊あり」という。さらに美術の利益を「百般の事業」を振起する点にもとめて書にはそれがないというにいたっては、美術を論じるに実利をもってするものだと非難するが、これらはいずれも正当な反論といってよい。だが一方で天心は、書には真行草の三体が見せる筆端の「神工鬼斧《きふ》［神わざ］の妙」があり、その変化たるや実に名状すべからざる独自の趣味があると主張する。また小山が書はほんらい「言語の符号」を記す実用技術にすぎないというのに対しても、建築術のように「風雨寒暑を防ぐ」実用技術であると同時に「外貌の美麗を索《もと》むる術」すなわち装飾術として美術の域にはいるものはあり、「泥工が壁を塗るに風雨浸入を防ぐの外大に各色の照映を考へ其室の摸様に従て之れを塗るが如きことあらば亦装飾術の一部」といってよく、書もまたそのような意味で装飾術として美術といってよいという。だがこれは内国勧業博覧会の「美術」のなかの「陶器の摸様に漆器の摸様」など各種工芸にもつうじる主張で、フェノロサにしてもこれを「通常職工」の「非芸術」というだろうし、小山の「美術」概念とは対応しないものである。また書は他の美術のように「独立して作用ある」自立性をもたず「必ず文句の指揮」にしたがうという批判に対しては、天心は書を詩としてのみ楽しむのは「詩を見て書を見ず」といってよいが、逆に「書を見て詩を見ず」という受容においては、ひとは書を自立的作品として愛でるのだと反論する。だがこれは、書を文字の意味から切りはなされた単なる筆墨の形象であり、そのかぎりで詞句の内容を問わない単なる外形にかかわる装飾術にすぎないとするもので、おそらく天心自身の意とする書の美学とは齟齬するものだろう。それゆえ結局のところ天心も、「書は果て美術なるや否は後日を待て之を論ぜんとす」と結んでいる。このように「書は美術なるや否や」の論争は、両者ともにその「美術」概念の未熟さを露呈するかたちで未決のまま終わるのだが、じっさいにはこの問題は現在にいたるまで曖昧なままで、東京美術学校から現在の東京芸術大学にいたるまで書科は置かれていないし、明治四〇年に開設された文部省美術展覧会（「文展」）からも書は除外された。

しかしこの論争にはなお、後日談がある。小山は工部美術学校でフォンタネージに師事したのち、明治一二年に東京師範学校の図画教員となるが、明治一七年三月に教員検定制度が定められるのにともなって、それまで普通学校における図画教育は鉛筆を主とするものであったが、これをどうするかを検討すべく同年一一月に文部省に図画取調掛が設置され、その委員に小山も天心や狩野芳崖らとともに任命される。一二月にあらたに委員として加わるフェノロサに宛てた天心の書簡には、それまでの取調掛でなされた議論についての報告が記されている。議論の要点は、「科学的、機械的目的」[15]のための実用的な図画教育と「芸術的目的のための」図画をおしえる美術教育とをめぐる論争である。小山らが、毛筆による日本画法では客観的で実用的な図画は描けないというのに対して、天心らは日本画法は外国画法と同様に「あらゆる芸術的、実用的対象を描くに足るもの」であると強弁し、それゆえ普通学校における美術教育ではもっぱら「日本的な自由画法」を採用すべきだという。だが天心の主張は、西洋画法でできることは日本画法でもできるというにすぎず、これだけでは西洋画法を排除する理由にはならない。そこで天心は、外国画法は「日本の毛筆のように美しい線を表わす」ことはできず、また外国画法をとりいれることによって「我国民の美術的活力を殺している」が、それというのも「外国的な発想方法は、本質的に外国的なものであり、これを日本化することは出来ない」からだという。天心はここでフェノロサの主張を代弁するようなスタンスをとっているが、その天心にしても「自分自身でも十分納得のゆかない一つの疑問を抱いて」いることをフェノロサに吐露している。「学童に図画力を得させることが教育の一つの目的」であり、「図画力は、作文力と同じように、人間がその考えを表現するのに必要な一つの後天的才能」ではないか、そうだとすれば「美術教育の主要目的は人間を純化、高揚することにある、というのは一歩飛躍しすぎ」ではないかといい、図画教育には科学的、機械的目的のためのものと芸術的目的のためのものの両方があってよいのではないかというのである。結局のところ委員のほとんどは毛筆画採用に賛成し、小山は取調掛を辞任してその後高等師範学校に移るが、ここでも明治二三年に毛筆画を導入しようとした校長と衝突して辞職している。

これとは別に天心は、フェノロサとの欧米視察から帰国した明治二〇年一一月六日に鑑画会で講演（『大日本美術新報』明20・12）をおこなっている。鑑画会は、もっぱら古美術保護を唱える龍池会と袂をわかって明治一七年に結成された、フェノロサの意向にしたがって日本画「改良」をめざす団体である。そこで天心は、こんにちの西洋美術論者は「西洋の画法を除きては他は一切絵画とするに足らず」というが、そもそも「欧米なる者」などどこにも存在せず、あるのは各国、各民族、各地域に特有の美術であって、しかも現今の絵画はルネサンスの精華にくらべれば「空しく写生の奴となるに非ざれば画法の番卒となるに過ぎず」といい、一方で純粋の日本論者がいう「日本固有なる者」もまたどこにも存在しないという。だからといって東洋西洋の美術を開設すべしとの主張も結局は折衷的な無主義だと批判した上で、「東西の区別を論ぜず美術の大道に基き、理のある所はこれを取り、美のある所は之を究め」、油画の手法も利用すべきものは利用して自然発達するものをめざすべきだという。だがこれも「美術は天地の共有なり、豈《あに》東西洋の区別あるべけんや」という原則の下に、日本という国、民族、地域に特有の美術のみを推進する主張であり、東京美術学校から西洋画を排除する根拠となったものである。

天心のこうした志向に対しては、明治二〇年にドイツから帰朝した洋画家原田直次郎が、一一月一九日に改良派の鑑画会に対抗する保守派の龍池会でおこなった講演「絵画改良論」（『龍池会報告』明20・12）で、「洋画の長所を採り和画に加へる」という折衷改良は「或る外国人が言ったこと」だが自分は「これに反対の説を起す」と批判する。一〇月に設立がきまった東京美術学校では狩野派の絵画を、しかも「折衷改良して一層完全な流派を起し生徒をして之を研究させる」というが、折衷改良すれば「手もなく欧羅巴風の画が出来る」だろうし、そうなっては

「従来固有の善良なる工芸術の基礎たる美術」をうしなうことになるから、むしろ「失ふ可からざるの風を保存する」のがよい、というのである。原田は明治二五年にも『国民新聞』（「美術につきての一家言」7・21－24）で、東京美術学校では東洋西洋の「長所を選択し、之を利用集成して、我短を補ふべし」といいながら、実情は和画の技法のみを伝授し、泰西美術についてはただその基礎ともいふべき「学理を研究せしむる」のみで、これでは「洋装して足駄を穿ち蛇の目傘擎《かか》げたるもの」を髣髴させる和洋折衷のものにすぎないと非難している。一方で油画の手法も利用すべきは利用すると主張する天心に対しては、洋画派のみならず、龍池会やそれが改組された日本美術協会を構成する守旧派による批判も見られ、明治三〇年の第三回絵画共進会展ではこれらの守旧派は、大観、観山、春草ら天心一派の革新画風を「鵺《ぬえ》画」と非難した。また明治三一年の東京美術学校の紛争で学校を追われた天心があらたに設立した日本美術院では、大観の《屈原》や春草の《菊慈童》のように、筆線を使わない色彩中心の技法、すなわち「空気とか、光線とかの表現に、空刷毛を使用して一つの味ひを出す」[16]手法が試みられた。これは西洋の画法をとりいれて日本画を改良しようとする日本画家たちにとっての課題であった、筆墨、筆線に対するひとつのあたらしい試みだったが、これも守旧派からは日本画を破壊するものと批判され、「朦朧体」との蔑称が投げられた。

　ともあれ、明治一〇年代後半にはじまる洋画排斥の反動や、明治二二年の洋画を排除する東京美術学校の開校に対抗して、洋画家たちも、小山や浅井忠ら工部美術学校出身の洋画家を中心に、明治二二年には明治美術会を結成する。また明治二五年には、翌年開催予定のシカゴ万国博覧会に出品する作品選択における、博覧会副総裁で帝国博物館長の九鬼隆一らの国風美術優先に抗議して、洋画家が出品を拒否するという事件が起こり、小山らは九鬼隆一宛の公開状「洋技排斥例証及美術保護論争案」を配布した。明治二九年になってようやく新帰朝者黒田清輝を教授に東京美術学校に西洋画科が新設されたが、毛筆画と鉛筆画の図画教科書が併用されるようになったのは、明治三一年の東京美術学校騒動で天心らが去ったあとの明治三〇年代後半以降のことである。

3 「小説は美術なり」

文学・小説にかんして、明治のアートワールドの扉を最初に開いたのは、坪内逍遙が明治一八年九月から一九年四月にかけて九分冊で出版した『小説神髄』（以下『神髄』と略す）である。その緒言で逍遙は、文化文政のころより三馬一九の滑稽本、春水の人情本、馬琴種彦の読本など小説稗史が流行したが、明治維新に際して「戯作者しばらく跡を断《たち》て」小説は衰えた、しかし今日このごろになってまた大いに復興して「小説全盛の未曾有の時代」となったが、そのいずれもが方便として「奨誡勧懲をば其主眼なりと唱へながらなほ実際の場合に於てはひたすら殺伐惨酷なる若くは頗る猥褻なる物語をのみ」よろこぶようなありさまで、これは「真の稗史」とはいえない、それゆえ「我小説の改良進歩を今より次第に企図《くわだ》てつつ竟《つい》に欧土の那《の》ベル（小説）を凌駕し絵画音楽詩歌と共に美術の壇頭に煥《くわん》然たる我物語」[17]があらわれるのを願う、と抱負を述べている。そして本文では「小説は美術なり」と宣言するのだが、その「美術たる由」をあきらかにしようとすれば、まず「美術の何たる」を知らねばならないという。もっとも逍遙は明治一六年『明治協会雑誌』（明16・9・20–10・20）に「小説文体」を寄稿していて、そこですでに「美術中の一技ともたたゆべき小説稗史」と述べており、また『神髄』が出版される前の二月に、エドワード・

ブルワ・リットン『リエンジー（*Rienzi*）』の翻訳『開巻悲憤　慨世士伝初編』を出版するが、その「はしがき」に「小説は美術にして詩歌の変体に外ならざる也」と記している。逍遙が大正一四年七月『早稲田文学』に寄せた「回憶漫談」によれば、逍遙は東大在学中にホートン教授の英文学の性格解剖の試験でわるい点をつけられたのに懲りて、東大の図書館を漁って西洋小説の評論を読みだしたが、「東大の図書館も其頃のは甚だ貧弱で……単行本の文学論や美術論は英書では皆無、修辞書もベインなぞが第一であった」から、性格解剖法の参考として「近着の外国雑誌の文学評論の部を、或は英文学史類を手当り次第に抜き読みして、解った限りを抄訳したり」したが、「後に『小説神髄』として捏《でっ》ち上げた材料の大概」はこの間にあつめたものだという。

ここにあげられているベインの修辞書とはA・ベインの『英作文と修辞学』（1866）で、逍遙が東京開成学校に入学した明治九年頃には、E・O・ヘヴンの『修辞学』（1869）とともに「修辞」の教科の教科書として用いられたものである。ベインはそのなかで「詩は美術の一種（Poetry is a Fine Art）」であること、また「韻文であることはしばしば詩には随伴するものとはいえ、詩の本質的な特質ではない。散文による多くの作品は、詩的というべきタイプに属している。その企図するところは魅了しあるいは悦ばせることであって、ひとを訓戒することでも、説得することでもない」[18]として、詩のジャンルとしての叙事詩のなかに古代の英雄叙事詩やロマンス、史詩（物語詩）などとならんで、「小説（Novel）」を「散文叙事詩」ないし「散文フィクション（Prose Fiction）」として帰属させている。それゆえ『神髄』の「小説は美術にして詩歌の変体に外ならざる也」や「小説は無韻の詩」といったことばはたしかに、これをふまえたものといえそうである。また逍遙は『神髄』で『修辞及華文』を引用しているからこれを読んでいたことはあきらかだが、これは文部省が翻訳・刊行したチェンバース『百科全書』の一項目である「修辞と美文（Rhetoric and Belles-Lettres）」を、菊池大麓が明治一七年に訳したものである。ここにいう「華文（美文）」とは「高尚な文芸（polite literature）」であり、これにふくまれる主たる作品は「詩的芸術（poetic art）の所産」だが、これとならんで歴史、年代記、伝記のような「散文の物語（narrations）」や「説明文（expositions）」、「批評文」もふくまれる。そしてここでも、広義の「詩的芸術」のうちに、韻律形式をもつ狭義の「詩」と区別される「散文作品」というクラスがあり、これに「われわれの時代のロマンス、ノヴェル、そして韻文によらない戯曲」[19]がふくまれるという。ともあれ逍遙が、「小説稗史にしてもし神韻に富むよしあらむ歟《か》、之を詩とひ歌と称へて美術の壇上にたたしむるも」[20]当然というべきだというのは、かれがベインやチェンバース原文を参照した結果と見るべきである。それゆえ亀井秀雄のように、当時の西洋における修辞学書には「詩を芸術《ファイン・アート》の一つに数えることはしても、小説を挙げるものはなかった」として、逍遙は「かれらに先だって、小説を美術と主張することを思い立った」[21]というのはいいすぎである。

小説は美術だというとき、まずはこの「美術の何たる」を知らねばならないが、逍遙はここで「ちかきころ某といへる米国の博識」すなわちフェノロサの講演「美術真説」の、美術は「人の心目を娯楽し気格を高尚にするを以て目的」とするという主張をとらえて、ひとに善美の「幽趣佳境を感ぜしむるは是本然の目的にして美術の美術たる所以」だが、「其気韻《きぐらい》を高遠にし其妙想を清絶にし」、これによって人格を高めるというのは「偶然の作用にして美術の目的」というべきではなく、それゆえ「美術は人の心目を悦ばしめ且其気格を高尚にするものなり」と云えば事足りると批判している。すでに見た「美とは何ぞや」でも逍遙は、フェノロサの美術の定義を「ヲツに教育家を気取るもよけれど」と皮肉り、わが国の美術壇が「某氏［フェノロサ］の空説を奉じて」いるのを批判している。

だが逍遙自身も「小説の裨益」の節では、「美妙の感覚をあたへて人を娯ましめむとする」のは美術の「直接の利益」だが、その「自然に生ぜし結果」として「大に人心を感動して暗に気格を高尚になし教化を裨補する」ことがあり、これは「間接の裨益」だと認めるのであり、またフェノロサは美術の自立性や無関心性にも言及している以上、これを美術の目的にかぞえたからといって「教育家を気取る」ものと非難するのは、いささか穏当を欠くというべきである。美術の目的にかんするこうした考えも、逍遙はおそらくベインやヘヴンの修辞学に学んだもので、ベインは「美の感覚、すなわち美術がもたらす諸感情」が「第一に、そして直接に志向するものは快（Pleasure）である」[22]といい、ヘヴンは「フィクションが道徳上の品格を高め、あるいは厳密な思考の領域を拡張するのを当てにすることはできない。それは副次的にそのような利益をもたらすことがあるとしても、それが追求するのは第一に悦ばすこと（to please）である」[23]という。「書は美術ならず」の論争で天心が「絵画にして風教を助くるは固より偶然に出て本分の作用となすべからず」というのも、おそらくこうした修辞書に学んだものだろう。

逍遙が人心の「教化」を美術の目的とする主張に敏感に反応するのも、馬琴を代表とするわが国従来の戯作者が「ひたすら勧善懲悪をば小説稗史の主眼」としてきたと認識するからである。たしかに馬琴には、悪人はどこまでも悪人に、善人はどこまでも善人に描いて「勧懲正しからねば、筋よくとほらず」[24]というように、筋の構成上勧懲が支配的であるのは事実である。だが一方で馬琴は、唐の『水滸伝』の宋江は「後に忠臣なるをもて、看官［読者］おのおのたのもしく思はぬもなく、自づからに贔負《ひいき》のつく」のは当然だが、これに擬した『本朝水滸伝』の押勝は主君にへつらうばかりの小者で、これを宋江に擬して忠臣としても「看官の贔負はつきがたき役者」であり、「善悪正邪対応してこそ、巧におもしろき趣向はいでくるもの」だともいう。ここにあるのは、読者が登場人物に対して共感（「贔負」）を寄せることがその小説を面白いものにし、そして読者が共感を寄せるのはまずは善人なのだという意味での、いわばフィクションにおける共感のストラテジーとしての「勧懲」の概念である。逍遥は馬琴が『八犬伝』中の八士を「仁義八行」の観念を擬した「理想上の人物」となして「勧懲の意」を寓したのを批判しているが、逍遥自身も主人公、すなわち「小説中の眼目」となって筋の脈絡を一貫したものにする中心人物を設置するにあたっては、これを「読者の注意を促すべき卓越非凡の本尊」となすことが必要で、それというのも「主公にして非凡異常の人質なりせば読者おのづから之を景慕し其将来の成行をも充分得知らまく望む」からだという。この点では逍遥もまた馬琴のいう「自づからに贔負のつく」こと、したがってフィクションにおける共感のストラテジーにふれているといってよい。

逍遥は「小説の主脳は人情なり。世態風俗これに次ぐ」といい、小説とは「此人の世の因果の秘密を見るがごとくに描きいだして見えがたきものを見えしむるを其本分とはなすもの」だというが、ここで見こまれているのはリアリズムである。「趣向を荒唐無稽の事物にとりて奇怪百出もて編を」なす中古の「羅《らう》マンス」に対して、こんにちのノベルは「平常世間にあるべきやうなる事柄」を材料とするもので、そのとき小説家は「宜しく心理学の道理に基づき其人物をば假作《つく》るべき」である。自分の勝手な意匠を強いて人情にもとる人物を作れば、その人物はいわば「機関人形《からくり》」となり、またよく見れば「偶人師《にんぎようつかひ》」すなわち作者が人物の背後にあって糸を引くその「機関《しかけ》の具合」も見え透いて、読者はたちまち興味をうしなう。小説の人物は作者の意匠にもとづく虚構の人物ではあるが、いったん小説中のひととなれば「作者といへども擅《ほしいまま》に之を進退なす」べきでなく、これを「活世界の人」と見なし「恰《あたか》も他人のやうに」思って、「只傍観してありのままに」その「自然の趣をのみ写す」心得でなければならない。それはちょうど「熱心なる油絵師は刑場なんどへも出張して斬らるる者のかほかたちはさらなり、断頭手《くびきるもの》の腕の働き、はた筋骨の張《はり》たるさまにも眼を注ぎて観察する」のと同様で、小説作者もそのように「性の醜きものも情の邪《よこしま》なるものも敢て忌嫌ふことをばなさで、心をこめて」写すのだというのである。これらは西洋近代小説の、個々の登場人物の心理とこれをとりまく社会の情況を描く「リアリズム」についての逍遥の理解を示しているといってよい。ここに見られる「傍観してありのままに」自然の趣を写す作者の心得は、まずは「勧懲といふ人為の模型《いがた》」にはめる東洋の勧懲作者の行き方に対立するリアリズムをいうのであり、「観察」というのも、油絵師の対象観察やスコットの小説における情景のリアルな描写が、作者自身による現実の情景の観察にもとづいているという意味で用いられていて、これを菅谷広美のように、のちの自然主義者のいう「観察」につなげる理由はない。菅谷はここに逍遥の、ヘンリー・ノーマン論文（「近代フィクションの理論と実践」1883）を介した「フランス自然主義」[25]の吸収を見ているが、根拠のない推論である。逍遥がかりにノーマンを読んでいたとしても、この時点で逍遥が、そこで紹介されているゾラの自然主義の、生理学にもとづく「科学的決定論」と、それによる「実験と観察」[26]の意味を理解していたとは思えない。逍遥は「主人公の設置」を論じて、作者は「実験と観察とを其必須の手段」として「此人界にあるべきやうなる種々の性質をば撰集《えりあつ》めて」、これを組み合わせて人物を作るというが、ここにいう「実験」もゾラの実験小説にいう科学的実験を意味するのではなく、作者自身の実体験を意味するにすぎない。河内清も、「実証主義哲学者テーヌはゾラに多くの教示をあたえ、その自然主義理論の形成をたすけた」ので、テーヌの『英国文学史』（1864–69、一八七一年には英訳）を愛読した「逍遥の小説観や批評観が自然主義的になったのは当然である」というが、テーヌは心理学と環境説にもとづく実証的なリアリズムの文学理論家ではあっても、生理学と遺伝を前提にした「実験と観察」にもとづくゾラ的な自然主義者ではないし、のちに見るように没理想論争が「日本版自然主義論争である」[27]わけでもない。ちなみに逍遙は『修辞及華文』が小説のリアリズムを論じた部分を引用していて、これも逍遙のリアリズム理解に寄与しているといってよい。チェンバース原文によれば、叙事詩が古代叙事詩から中世ロマンスを経てこんにちのノヴェルへと変遷するなかで、とりわけ最近の著作における「最大かつ最重要の特色は、筋と登場人物によってかきたてられた興味を人生の現実」に符合させようと努める点にある。これによって、そこで再現される人物やできごとには「リアリティの雰囲気（the air of reality）」があたえられるから、「読者はいやおうなく作品が提示する人生の見方に感じ入ることになり、そしてもしその見方が、かれらがおなじような境遇に置かれれば実際に経験するであろうものと符合しているばあいには、読者はこれを楽しみ喜ぶ（delighted）とともに、これに教導されたり警告されたり」するのだという。

逍遙にとって小説作法のなかでも最大の問題は、その文体である。というのも「支那および西洋の諸国にては言文おほむね一途なる」が、わが国においては「文体にさまざまの差異ありて各《おのおの》一失一得」あるからである。かれはこれまでのわが国の小説の文体を、雅文体、俗文体、雅俗折衷文体にわける。雅文体とは源氏物語などに代表される古文（倭文）で「優柔にして閑雅」だが、現代の「文明の情態」を写しだすには適さない。俗文体とは、「通俗の言語《ことば》」をそのまま文にしたもので、俗言のままに「詞〔登場人物の会話〕」を写せば「相對して談話するが如き興味《おもしろみ》」があるが、俗語は語法に定律なく音調に美がなく冗長に流れるために、地の文は俗言を用いるべきではない。さいごに雅俗折衷文体であるが、これには「稗史体《よみほん》」と「草冊子体」との二種類がある。読本体の代表は馬琴であり、地の文にも詞にも漢語を主とする雅言の割合が多いために時代物にしか適さない。一方草冊子体は雅俗折衷といっても俗言を用いることがより多く「俗文体（春水文）」に似たもので、世話物の小説にはこれがよりふさわしい。逍遙がここで分類している伝来の文体は、じっさいにも逍遙たちが耽溺した当時の読み物、とりわけ新聞の雑報記事（三面記事）やそれをもとにした続き物の文体として受けつがれていたものである。本田康男によれば、雑報記事でも事件のあらすじを物語るばあいには「漢文書き下しにわが国の古典の文章をないまぜた、物語の文体」[28]としての読本体が、「俗談平話、世間話、当代の流行の描写」など市井のトピックを描写するには日常会話をそのまま写した滑稽本の文体が、「色恋沙汰を報ずる雑報記事」には、会話を中心に男女の心理、愛欲を描写する春水らの人情本の文体が、そして新聞錦絵や絵入新聞の挿絵には絵の説明と人物の会話とからなる「草双紙の絵解きの文体」が、そのつど書きわけられたという。

逍遙の考える「世態を写す」現代の小説とはもちろん世話物であり、それを「ありのまゝに摸写する」にはできるだけ日常のリアルなことばが必要である。だが、逍遙たちにとって文章をつづるには唯一文語という制度しか存在せず、小説の文体とは戯作の文体でしかありえなかった。それゆえ、まずは俗文体に近い草冊子の文体を研究し改良すべきである。さらに一歩進めて、西洋のように「言文一途」をめざして、地の文にも「俗文体を用ひんとせバ宜しく一機軸の文」、すなわち「新俗文」をなすべきであるが、従来の俗文の不便をとりのぞく法は、目下のところはない。結局逍遙は、「嗚呼我黨の才子誰《た》が此法を発揮すらん、おのれは今より頸《うなじ》を長うして新俗文の世にいづる日をまつものなり」[29]と嘆くほかはない。後年逍遙（「柿の蔕」『演劇博物館』昭4・7－昭5・2）は、明治二〇年前後を新文学の「表現苦の時代」と呼び、「徳川期の旧文章以外に、新思想を表現すべき何等の新様式もなかった」この時期の苦闘は、「口語体完成以後に生まれた人達の夢想し得ないことであらう」と述懐している。逍遙のこの嘆きは、維新以後の明治知識人にとっての、小説のみならず日本語による文章一般にかかわる焦眉のそして痛切な問題である。言文一致にかんしては、すでに慶応二年に前島密が漢字廃止の建議をしているし、明治七年には西周の「洋字を以て國語を書するの論」がでて、のちの「羅馬字會」の先鞭を付けている。だがここでもっとも重要なのは、福地桜痴が『東京日々新聞』（明8・8・29）紙上に発表した「文論」という記事である。「言文を殊にする日本」において文章を綴ろうとすれば、「和漢洋合体の鵺《ぬえ》文」しかない。福地自身が日頃草するのもじつはこの鵺文であり、ひそかにこれを恥じかつは憂えている。というのも、こうした伝来の文章で書こうとすると、どうしても「情懐を露し、形勢を写す」に「抑揚を甚ふし、波瀾を極め」ざるをえず、あたかも浮世絵師が描く誇張された役者絵のように「文章愈々《いよいよ》奇抜にして、愈々虚誇に流」れる。だが文章の絶妙は虚にではなく「実に在り」、それはちょうど欧州の肖像画の真を写すのに似ている。われわれ日本人は「言はんと欲する所の俗語は以て筆す可からず、筆すべきの語は漢学の域内に在りて、学力の到る所に非」ずというアンチノミーにとらわれている、というのである。こうして福地は、「嗚呼吾曹《ごそう》［われわれ］は口よく之を説くも、筆未だ之に従ふこと能わず、依然この鵺文を草して時好に趨《はし》る、他人も亦必ず此の如くなるべし、豈に悲しからずや」となげき、また日本の文章が将来どのような体裁に帰着すべきかについて、自分にはわからないと降参するのである。

　逍遙が学生時代にスコットの小説を翻訳したときに採用したのが、当時人気の高かった服部撫松『東京新繁昌記』（明7－9）のような漢文くずしの文語体だったというのも、福地桜痴の嘆くように、当時の書き言葉の基準としてはこれしかなかったからである。だが制度としての漢文体がもつあらがいがたい圧力は、西洋画のリアリズムに対する浮世絵や山水画のように誇張させずにはおかない。たとえば成島柳北『航薇日記』（明12－14）におけるつぎのような記述は、そのような漢文体による山水画的な自然描写の例といえる。

「登ること半里許、索麵瀑［線状の瀧］にいたる、此の瀑は三丈餘の巨巖の面に流れ、水条線の如く下る、その両岸峰巒《ほうらん》［重なり連なる山］突起して、其状剣の如く屋の如し、ますます進むで望むに、四面みな石山なり、……其他千状萬態、洞門を開く者、渓水を遮る者、変化奇幻筆墨の写しがたき所あり、支那人の畫く貴く奇峰怪巖を始めて目睫《もくしょう》に［間近に］見る、実に一大絶勝といふべし」[30]

これについて杉山康彦は、ここには「登ること半里許、索麵瀑にいたる」とか「ますます進むで望むに」といった行動描写が見られ、作中人物がそのつど見る位置を定めた上でそこから見える情景を描くというかたちをとっているにもかかわらず、こうした行動描写は「いわば前の場面と後の場面とのつなぎ文句でしかない。紙芝居が画面を変えるときの口上のようなものである。だから次の文章は〈此の瀑は……〉というふうに始まる」という。要するに、ここでは情景を形容する比喩は「その風景に接したときの直観ではなく、あとからほどこした」紋切り型のものであり、「この譬喩によって表現される山々はたんに並立的であり、そこには一つの視点から見られたパースペクティブというものがない。視点というものが問題になっていない」[31]のである。もっとも山田俊治が指摘するように、『東京日々新聞』（明7・12・10）の記者・末松謙澄による雑報記事、

「初て彼の旅館に至る時（エートン）氏は晩餐中なり。因て案内者に従て仮りに設けたる一間の講堂に至れ

り。時に聴客は未だ一人の来る者あらず。正面壁上より左右壁に連つて或は正円或は半円或は串珠の如きの絵図を掛けたり」

には、それまでの「戯作者が所有していた既成のコード」による雑報記事とは異質な文体、つまり報道主体である「末松を中心とした視界」として、かれが「体験し、見聞した情景を書くという文体」、そしてこの「報道主体の眼の位置を追体験する」ことによって読者が「現在生起しつつある出来事の現場を体験しようとする」[32]文体が見られる。末松も東京師範学校に学んだものとして、ベインやチェンバース原文のような西洋の修辞学にふれていたことは考えられ、その影響もあったかも知れない。たとえば『修辞及華文』原文では、「旅行者の視点（the traveller's point of view）」にしたがう「パノラマ的」描写、つまり「ひとりの旅行者ないし単独の目撃者」[33]が移動するにつれて、かれの目に映る情景をつぎつぎに開陳することで、読者をその目撃者が立っているところに立たせ、目撃者が見ているものを見せるたぐいの描写が言及されている。だが現実の探訪者の実体験をつづる雑報記事のルポルタージュ的な記述はともかく、フィクションにおいて「旅行者の視点」を採用できるほど、当時の逍遙たちに修辞にかんする十分な理解があったとはとうてい思えない。たとえば、丹羽純一郎が翻訳したブルワ・リットン『花柳春話』（明11－12）の原文（『アーネスト・マルトラヴァース』）の第八章、マルトラヴァースとアリスが愛を語りあう場面の舞台となる庭の描写などは、フィクションにおける、西洋の風景画のリアリズムと山水画に比される自然描写のちがいを際だたせる例である。原文では「春の心地よい夕べであった。気候は、われらが島の北部のこの時期としては、つねならず穏やかにうららかで、先ほど降った雨の輝くしずくは、マルトラヴァースの山荘のまわりに群生しているライラックとキングサリの蕾の上できらめいていた」[34]となっていて、「旅行者の視点」によるリアルな描写が見られ、小森陽一はこれを「表現主体と読者によってのみ共有される独自の視野」[35]というが、丹羽の訳では「吐鵑《とけん》［ほととぎす］血に叫んで緑樹、陰を成し晩鶯、口を箝《かん》じて［閉ざして］牡丹、花を着《つけ》んとし恰も是れ春末夏初の天なり」[36]となっていて、漢文体の書き割りのような紋切り型の舞台設定になっている。

4　『当世書生気質』と『浮雲』

明治一八年に出版された『当世書生気質』は『神髄』の実作編として企図されたのだが、逍遥自身その「はしがき」で、「予《おのれ》晩近《このごろ》小説神髄と云《いへ》る書を著して大風呂敷をひろげぬ。今本編《このほん》を綴るにあたりて理論の半分をも実際にはほとほと行ひ得ざるからに江湖《せけん》に対して我ながらお恥しき次第になん。但し全篇の趣向の如きは専《おさおさ》傍観の心得にて写真を旨としてものせしから勧懲主眼の方々には或はお気に入らざるべし」[37]と述べている。当時の広告文では、「趣向は馬琴京傳をふんまへ文章は三馬春水を気取り、ありとあらゆる書生の社会の情態をばおもしろおかしく理屈っぽく写し出したる臭艸紙でござゐ」（『中央学術雑誌』明18・10・10）という。

それでは、じっさいにこの作はどうだったのか。冒頭の「さまざまに。移れば換る浮世かな。幕府さかえし時勢《ころおひ》には。武士のみ時に大江戸の。都もいつか東京と。名もあらたまの年毎に。開けゆく世の餘澤《かげ》なれや」というような、ときに七五調の、掛詞、縁語もふくむ地の文を見てもわかるように、総じて文章は雅俗折衷体、それも当時の新聞の続き物などにしばしば見られた草冊子体で書かれている。また江戸の戯作では、語り手はしきりに作者として登場して読者にむかって人物や事柄を説明し、ときには遊里などにおける特殊な俗語や隠語の解説をし、批評的なコメンタリーや道徳を表明するが、作者が物語の背後につねに現前し、読者にむかって直接話しかけるやり方は、前田愛がいうように近代以前の「音読の習慣」[38]に根ざしている。逍遥は『神髄』では、作者は人物を人形としてあやつる「偶人師《にんぎようつかひ》」であってはならず、「力《つと》めて作者の感情思想を外に見えざるやう掩ひ蔵《かく》して」いなければならないというのだが、そのじつ戯作で育った逍遥の「作者＝語り手」は、「其服装をもて考ふるに。……府下のチイ官吏のサン［子息］ならん歟。とにかく女親のなき人とは。袴の裾から推測した。作者が傍観《おかめ》の独断なり」というように、「目撃者＝傍観者」や評者としてみずからさかんに顔をだす。情景描写にしても、「心にくき格子戸つきは。いかなる人の住居なるか。此方《こなた》は一面の黒板塀。……松おぶさつて姿をかしく。彼処《かしこ》に一基の石燈籠。蔦だきつきて彫洒落たり」のように、これから交わされるふたりの男女のやりとりの舞台装置をしつらえる体のものであって、なるほど「此方は一面の黒板塀。……彼処に一基の石燈籠」というように、一定の座標軸にしたがってその場の見取り図を記述する態度は見られるものの、これをその場に身をおくものが直視し感じとるはずのものを描写しようとする「旅行者の視点」による語りということはできない。それゆえ亀井秀雄のように、「この場面の特定の位置に立った人間でなければけっして見聞することができない形で、あたりの景色がとらえられている」[39]というのは過大評価である。

物語の展開はほとんどが会話によっていて、「（園）……一番ずつと若返って。鬼ごっこでもはじめやうか。ドウダ。小年も田の次も。仲間へ這《は》入んな。運動になってい丶ぜ。（年）ヲホ、、、。いかなこっても。此人中で。妄のやうなお婆アさんが。（園）ヘン。イヤニ老《おひ》こんだナ。田の次はドウダ。」というように、春水流の俗文体で、当時の日常会話をできるだけそのままに写している。また会話は言文一致で、地は文章語として草冊子体を採用したとしても、雅俗折衷の地の文と俗言による詞とのつづきぐあいはたやすくない。これをさけようとすれば、物語を語る地の文を極力さけるほかはない。それゆえ物語を叙する地の文はごくわずかで、これも人情本にならったものである。「（吉）ナンダ此野郎。汝《てめい》まで僕をいぢめるな。覚えて居ろト箱夫《はこや》を撃たうとする。箱夫ハ笑ひながら逃出《にげいだ》す」というように、洒落本・人情本などに見られるト書きに近い叙述もしばしば見られる。また逍遙自身、明治三九年という時点においてもなお「言文一致の荷厄介は敬語と語尾《ことばじり》」（「言文一致について」『文章世界』6・15）だというように、当時の日本人にとって口語で文章をつづる際の異和感は、とくにその語尾にある。「た」「だ」や、その敬語表現である「です・ます」は、対面的コミュニケーションにおける断定の語尾である。磯貝英夫がいうように、日本語の話しことばは「文末辞に、待遇感情がからみついて」おり、それゆえ相対の場をはなれることはできないが、「文は相対の場を超え、普遍の場に立つことによって、はじめて自立する」[40]。逍遙たちにとっての異和感も、「さしむかひ式の」口語の語尾では、文語体が確保していた文章語に不可欠な一定の距離感がとれず「読みなれぬ」点にある。「た式」「だ式」ではどうしても、対面の語りとしては「耳に荒く響きまた極めてぞんざいなる独語のやうにも聞こへ」[41]たろう。それゆえ日本語の対面的なコミュニケーションのつねとして、敬語「です式」をとらざるをえないが、それはいかにも「女々しく、軽く」感じられる。この語尾という厄介な問題をさけようとすれば、「此方に尚もたったるまま。恍然《ぼんやり》思案の書生の背中。ポンと打れて。覚えず吃驚」のように名詞止めにせざるをえないが、「名詞止めもそうそうはうるさく」（「言文一致について」）感じられる。

筋としても、全体は約一〇人の書生たちの生活ぶりのエピソードからなるものであり、そのうちもっとも主要な物語である守山友芳とお芳という生き別れた兄妹再会のエピソードにも、作者自身小説のなかで「何だか小説か假《つくり》作《もの》のやうで」というように、歌舞伎や戯作小説にある荒唐無稽な因縁話である。それゆえ稲垣達郎もいうように、式亭三馬の『浮世床』や『浮世風呂』の風俗描写を枠組みに「やや内面性のからまった書生の風俗絵巻をくりひろげるのが、じつはせいいっぱいの新鮮味だった」[42]というべきである。とはいえ新味もある。春水の人情本などでは、感情や思いは会話のことばで表白されるか、たまにごくみじかい人物の心理描写がはさみこまれても、「米八つくづくとかんがへ思ふに……」とか、「さてこのむすめのりんきして、にらめるといふはなかなかたやすきことにはあらず、しんじつのこころから精一ぱいのやきもち也」(『梅暦』)というように、人物の心の動きの記述や説明である。これに対して逍遙の心理描写は、たんなる情痴にとどまらず、当時の思想や文化、政治にもおよんで、より複雑でながい。しかし、そうした人物の感情や思いはたいてい会話のことばによって表白される。人物の「自問自答のひとり語《ごと》」が見られるばあいでも、「兎角世の中にハ。磊落を粗暴と取違へたり。……ずるいのを大胆だと思ふやうな。了見ちがひが。あるにハ困るヨ。しかし然《そう》いふ御自分さまが。やっぱり世故にハお暗い方だて○ア、兎角世の中ハ。学問ばかりでハ渡られない。世才といふものが肝腎だ。」というように、それはなお演劇的な内的独白、いわゆる内言である。それゆえ、心の内なる思想内容のあたらしさと西洋風の内省はあるにしても、ここに見られる心理描写の行き方は人情本と基本的にことならず、人物の心理の外から観察された記述や説明にとどまる。

しかし当時の文学好きの書生たちには新鮮だったようで、淡島寒月(「明治十年前後」『早稲田文学』大14・3)は「この書物はいままでの書物とはくらべものにならぬ優れたもので、さかんに売れた」という。もっとも知識階級の文章はまずは漢文であり戯作者が軽んじられた時代、小説家たらんものは当時戯作の実権をにぎっていた仮名垣魯文たち戯作者の門下とならなければ世に立てなかった時代に、文学士が野卑な戯作小説を書くことはおどろきであると同時に非難すべきできごとでもあったらしい。「陋猥卑俗の文学士の著作に似ず」とか「政治を談ずるの必要を余所にして。如斯《かかる》クダラヌ戯述をなす。……寧ろ政治小説を翻訳するの有益なるに如《しか》ず」とかいう世間の非難に対して、逍遙自身は『書生気質』第九回の巻末で、いかに「下等の情態を写し。卑俗の言語を用ふる」にしても、「かの為永派の作者の如く」時好に媚びず「其精神だに野卑ならずば」、ディケンズをはじめとして「専ら情態を写す」近代小説たりうるのであり、これを非難するのは「世に稗史眼の無き」がためだと反論している。

ここで特筆すべきは、逍遙の友人高田早苗による「當世書生気質の批評」（『中央学術雑誌』明19・2・1、10、25）である。かれも『書生気質』が野卑であるとの世の非難に対して、「嗚呼世間小説を読むの人何ぞ小説を観るの眼を備へざるの甚しきや」として、『書生気質』は世間が小説と考えてきた時代小説、あるいは「羅オマンス」のような「阿イヂヤル、能ベル（標準小説）」ではなく、近代のディケンズに見られるような「曾シヤル、能ベル（社会小説）」であると評価し、また「書生気質は明治一新以后唯一の小説なり」という。しかし一方でかれは、この小説の最大の欠点が、その「人物の構造宜しきを得ざるにあり」と喝破する。その人物たちはいずれも平凡で特徴がないために、あえて奇癖をもたせてその挙動を描写しようとする。しかし奇癖をのぞけば、人物は「木偶一般」となる。そもそも「東洋小説の人物は一々作者の口上に依りて其如何なる性質なるやを現はし西洋小説の人物は自己の挙動に由りて其性質を示すの差」があるが、この点からいえば、逍遙は「未だ東洋小説家の臭気を脱せず」といわざるをえないという。たしかに逍遙の「作者」は、たとえば小町田を「神経質の人物らしく、俗に所謂苦労性ぞと傍で見るさへ笑止らしく」とか、田の次を「割合に挙動《とりなし》ハしとやかにて。客あつかひの調子もよき。

……まづ一篇のヒロイン〔立おやま〕にハ。何《どう》やら斯《かう》やらなりそうとハ。作者がひとり極《ぎめ》の鑑定《めきき》ぞかし」というように、人物の性質やタイプをきめてかかるのである。出版当時すでに高田は自身の西洋小説の読書経験にもとづいて、逍遙の人物がなお個としての内面をもたず類型にとどまること、またいうところの「人情、世態の写真」が、なお浮世床、浮世風呂流の風俗描写にとどまることをするどく見抜いていた。逍遙自身のちに『回憶漫談』で、幼児以来親しんだ曲亭臭味はけっしてぬけ切るものではなく、文章は「すべて七五か八六の而も拙劣な馬琴調崩しであったのは、畢竟、あの頃の私としては、他に持合わせの表現様式が無かったからではあるが、曲亭排斥の発頭人としては頗る滑稽な矛盾であった」といい、表題を書生「気質」としたのも、自笑、其碩の八文字屋本「気質」ものにならったのだが、「自覚が加はるにつれて、我れながら気障な文体だ、いやだなと思ひながら、どうしても蟬脱が出来ず、あれから幾何年も、十何年の後までも、ひどく苦しんだ」という。『書生気質』は「要するに、暢気な、なまけ学生のいたづら書き」にすぎず、「所謂明治文学の胎生期」は「私に取っては、余り憶ひ出したくもない不愉快な時代だ」というのである。

ともあれ、帝大出の学士が小説を発表したという事実は、当時の学生たちに大きな影響をあたえた。二葉亭四迷もそのひとりで、すでに明治一九年一月には逍遙をたずねて、ツルゲーネフ『父と子』部分訳やゴーゴリの戯曲断片の訳を逍遙に見せたりしている。とくに『中央学術雑誌』（明19・4・10）に発表された「小説総論」は、自分でもベリンスキーらロシアの芸術論を読み、その訳を発表したりしていたものが、『神髄』に触発され、また「今書生気質の批評をせんにも、予め主人の小説本義を御風聴して置かねばならず」と考えた上での、かれなりの小説論であった。かれは、「小説は浮世に形《あら》はれし種々雑多の現象（形）の中にて其自然の情態（意）を直接に感得するもの」だといい、そのように「実相を仮りて虚相を写し出す」模写、すなわち「主実主義（リアリズム）」こそ小説の真面目だという。だが二葉亭のいう「自然の情態（意）を写す」ことは、逍遙のいう「人世の情態を写す」こととはかならずしも重ならない。ここで「自然」というのは、現象の「形（フホーム）」に対する「意（アイデア）」であり、つまりは「宇宙間の森羅万象の中にある」自然本性、本質、真、おそらくはかれがヘーゲルにもとづくべリンスキーの芸術論から学んだであろう「理念」を意味しているといってよい。にもかかわらず、かれが実際に「意」としてなにを具体的に想定していたかということになると、二葉亭もなお逍遙から遠くはないといわなければならない。たとえばかれが「小説の意」としてあげている例は、「恋情の切なるものは能く人を殺す」といった人生のいわば一般則のようなもので、逍遙が「人生の因果の秘密」といい「自然の機関《しかけ》」というものとさほど変わらない。

じっさいにも二葉亭が明治二〇年に発表した『浮雲』は、世におもねることを潔しとしない潔癖漢の文三と権力に媚び世渡りがうまい昇の対立を、お勢というひとりの女をはさんで描いたものである。石橋忍月（「浮雲の褒貶」『女学雑誌』明20・9・3－10・15）はこれを、「浮雲の著者は小説を知る故に性質《キヤラクテル》、意想《アイデーア》を写し又は地位境遇の変化と其性質、意想の発現との相関を画く甚精密」にして「近時抜群の上出来なる書なり」と高く評価している。二葉亭（「予が半生の懺悔」『文章世界』明41・6）によれば、執筆に当たっての手順は、まずは「当時の日本の青年男女の傾向」についてぼんやりと「自分の有ってる抽象的観念」があり、この「天下の意」を「具体化」して形となすために、自分がこれまで会ったひとのなかで適当なひとを土台にして「その人の個性《インディビジュアリティー》はあるが、それは捨て、了って、その人を純化してタイプにして行く」のだという。それゆえ忍月のようにたかく評価するものがあったにもかかわらず、この作はなお人物の性質を描くのに、文三は「愛嬌気といったら微塵も」なく「性質が内端」、昇は「いわゆる才子で、すこぶる知恵才覚があって」また「すこぶる愛嬌に富んでいて、きわめて世辞がよく、お勢は「根生《ねおい》の軽躁者《おいそれもの》」で「開豁《はで》な気質」というように、作者の口上をもってするところ大であり、ために人物の類型をまぬがれてはいない。文体は、『書生気質』がほぼ会話で物語をすすめるのに対して、はるかに多く地の文によって物語が語られるが、逍遙が地の文は雅俗折衷体を勧めたにもかかわらず、会話の詞、地の文ともに「た」式の言文一致体が用いられている。とはいえ逍遙との合作のかたちをとる第一編では、冒頭に「千早振る神無月ももはやあと二日の余波《なごり》となった二十八日の午後三時ごろに、神田見附の内より、と渡る蟻、散る蜘蛛の子とうようよぞよぞよ沸き出でて来るのは、いずれも頤《おとがい》を気にしたもう方々」というように、自身のいう「三馬、風来、全交、饗庭さんなぞがごちゃ混ぜ」（「予が半生の懺悔」）の文体で、「［高い男は］トある横町へ曲がり込んで、角から三軒目の格子戸作りの二階屋へ入る。いっしょに入って見よう」と、これも『書生気質』に似て「作者＝語り手」が姿を見せる。情景描写にしても、「庭の一隅に栽《う》え込んだ十竿《ともと》ばかりの繊竹《なよたけ》の、葉を分けて出る月のすずしさ。月夜見の神の力の測りなくて、断雲一片の翳《かげ》もない、蒼空一面にてりわたる清光素色、ただ亭々皎々として雫もしたたるばかり」というように、なお伝統的な美文である。しかし第二編（明21）になるとみずから「最早《もう》日本人を離れて、西洋文を取って来た。つまり西洋文を輸入しようといふ考へからで……主にドストエフスキーの書方に傾いた」（「予が半生の懺悔」）というように、作者はあまり姿を見せなくなる。ここで「ドストエフスキーの書方」というのは、『罪と罰』にさかんに見られるような心理描写の多用をいうのだろう。たとえば「想うに文三、昇にこそ怨みはあれ、昇に怨みられる覚えはさらにない。……口惜しい、腹が立つ。余の事はともかくも、お勢の目前で辱しめられたのが口惜しい」というように、多くは『書生気質』とおなじ「肚《はら》の裏《うち》で独り言をいう」内的独白である。もっとも第三編（明23）では、それまでの文三自身の内言による自己の心理描写に代わって、地の文による第三者的な心理分析とそれについてのコメンタリーがふえてくる。ともあれそのかなり詳細な心理描写と主人公による内省的な心情吐露という点でも、『書生気質』とくらべて、たしかに西洋近代小説の特色を見せているといってよい。

山田美妙（「新編浮雲」『いらつめ』明21・5）が「文三の心理の左右は写し得て至極面白いです。この一段に於ては今日自餘の作者にまだ例の無い処です」というのも、そのことをいっている。だが一方で美妙が、「併しながら猶惜しい處は数有ります。文三があゝかう色々に思直すのでほとんど第二編の過半は塡《うずま》ッて居ます。が、その種類は何々かと問へば、第一、阿勢は本田に気が有るか、第二、気が無いか、第三、叔母は薄情か、第四、薄情で無いか、この四つより外は有りません」といい、じっさいに「文三の胸に浮かぶべき考」はこれ以外にも多々あったはずだが、作者はそれらを省略して「ただ同じやうな事がらが幾度も繰返して」でてくるといい、そのように内面の自我における葛藤というよりはそのときどきの情況に振り回されるような文三を「柔弱で女々しい」と評するのもまた、妥当な批評といってよい。磯貝英夫は、「ここに典型的に出ているような、内的独白のかたちをとった心理叙述は、高座における心理表現の方法を踏襲したものである」[43]という。この小説が未完に終わったのも、あるいは人物の類型であるだけに解決も類型にならざるをえず、それをさけようとすれば、人物に十分に複雑な内面をもたせなければならないが、それがなお技倆においてできないために、二葉亭としてやむをえなかったのかも知れない。

なぜ逍遙や二葉亭たちには、あたらしい小説が書けなかったのか。かれらの「人情世態を写す」試みが、近代リアリズムに届かなかったのか。その理由は、かれらにはなお個々の人物による自己の内面と世界のリアリティの発見と、そしてその表現を可能にする語りの技法、そしてリアルな文体の発明がかなわなかったからである。逍遙のいう人情とは、まずは当の人物がその内部に「已《すで》に既に所有」している「人間の情欲《ぱつしよん》」であり、作者は「しかじかの事件おこりて箇様々々の刺激をうけなば其人如何なる感情をおこすや」を探り写して、「外面に見えざる表情《したごころ》をあらはに外面に見えしむ」べきだという。だがこの「人間＝人物」は、八犬士のような「理想上の人物」ではない「現世の人間」ではあるにもせよ、「善人にて実事師」や「悪質《あくがた》」であり、「才子」や「傭人」であり、いずれにせよ類型にとどまる。それゆえ近代的自我意識に支えられた一人格としての「個人」というような観念はここにはなく、「世態」というのも、この個人によって経験され認識され「リアリティ」として了解されるような世界、チエンバース原文のいう「リアリティの雰囲気」に包まれた世界ではないといわなければならない。また逍遙が、「作者＝語り手」は人物の人情を私心なく、いわば「造化の翁」の指す将棋のなりゆきを「虚平［虚心］」に傍観するように観察して、その「自然の趣をのみ写す」のだというとき、この語り手は神の視点に立ってすべてを俯瞰し、またただれであれ人物たちの内面で起こることをもすべて見透しているような、ロラン・バルトのいう「非人格的な、一種の完全な意識」[44]、いわゆる〈全知〉の視点に立つものである。これは叙事詩に代表される語りの伝統的様式で、たとえば、ホメーロス『イーリアス』の冒頭の部分で

「この折りほかのアカイア人らは、みな一様に賛成して、
神の司を敬って、きらやかな身の代を受け取るようにと　勧めたけれども、

アトレウスの子アガメムノーンは これにたいそう機嫌を損じて……」（呉茂一訳、岩波文庫）

というように、語り手はアカイア勢の面々、アガメムノーン、それぞれに対してだれにとくに荷担することもなく等距離に立ち、そのつどの心の動きを単刀直入に「一様に賛成した」、「機嫌を損じた」と要約するが、この語り手にとってかれらの内面はつねに一義的で透明で、隠しだてはない。ジャン・プイヨンはこの〈全知〉の視点の語りの特徴を、人物の内面心理を外的世界ときりはなして一個の独立した観察対象、「感情や観念の小世界」と考え、これをもっぱら客観的かつ直接的に反省し分析し、要約し記述する「古典的心理学」の認識方法にたとえているが、逍遙のいう「心理学」や「人心の解剖」とはまさにこのようなものである。これによって語り手は、物語世界に対して超越的で普遍的なその位置から、登場人物の「操り人形を動かしている糸の一本一本を見る。かれは人間を解体する」[45]。この視点からすれば、「人物も、かれらが生きている世界も、その位置からしてすべてわれわれには透明なのである」。西洋近代小説草創期におけるそのような語りの典型は、たとえばフィールディングの『トム・ジョウンズ』（1749）である。

「オールワージ氏はいつに似ぬ怒りの顔色でトムのほうにむきなおり、聞き出さずにはおかぬと再びくり返しつつ、だれといっしょだったのかを言えと勧める。が少年はなおもがんばる。……
トムはこの刑罰を大決心をもって堪える。先生が一鞭ごとに、白状するかせぬかとたずねたが、トムは友を裏切ったり約束を破ったりするよりはむしろ打たれて赤むけになるがましと考えていた」。（『トム・ジョウンズ

（一）』、朱牟田夏雄訳、岩波文庫）。

このようにフィールディングは〈全知〉の語り手として、情況の意味や人物の心理をも分析し説明し、人物やできごとにコメントし、しばしば読者に直接語りかけるのである。

だが西洋近代において内面とは、たんに良心と情欲との葛藤に引き裂かれた古典的な「心」、したがってプイヨンのいう古典的心理学の対象として、外部世界からはっきりと区切られ、他者によって外から観察される一定の情欲の器ではない。近代以前に、自分という意識や心理の内的経験がなかったわけではもちろんない。だがそれらは自然や社会や神といった、自分にとっての超越との関係において意識され経験されていたのであり、自分に先立って自然や社会や神が、またそれによって課される法則や規則や掟や宿命があったのである。だが近代的自我意識にとって内面とは、そこで個々人の現実経験が発生する領域であり、世界が意味として浮かびあがってくる場である。内面の発見とは世界の発見である。それはまた、柄谷行人がいうように[46]、みずからが個としてそのなかに住みこんでいる風景の発見でもある。だが逍遙や二葉亭は、そのような個人や内面、そして自らが住みこんでいる世界のリアリティを描く近代リアリズム小説という観念と、それを可能にする「小説法則」を十分に理解するにはなおはるかに遠いといわなければならない。

第二章　内面のドラマ

1　続き物、翻訳小説、政治小説

逍遙は『神髄』緒言で、文化文政のころに流行した小説稗史は明治維新になって衰えたが、このごろになって復興して「小説全盛の未曾有の時代」となったという。じっさいにも、幕末の戯作者仮名垣魯文の弟子でもあった野崎左門によれば、画家がそうであったように、明治七、八年ごろまでは「戯作者にとっての飢饉年」[1]であったが、決定的だったのは明治五年四月の教部省発令「三條の教憲」である。これは「敬神愛国」「皇上奉戴」等の皇国思想による国民教化の基本大綱で、その主旨普及のために神道家、仏教家、民間有識者などが教導職として動員され、戯作者、俳優、講釈師なども啓蒙に一役買うべく要請された。これに対して戯作者を代表して山々亭有人（條野採菊）と仮名垣魯文が政府に対して、いまや「知見日に開け月に進み、稗史の妄語たるをいやしむ」時代となれば、以後従来の作風を一変し、教則三條の主旨にもとづき著作なすべく「商議決定仕候」との「著作道書き上げ」を提出した。これ以後魯文は、「断然架空の業を廃し。稗史の筆を机上に投棄」（『高橋阿伝夜刃譚《やしやものがたり》』序文、明12）して、地理教科書や実用書を書いたりするが、明治七年には『横浜毎日新聞』に入社、八年には『仮名読新聞』を創刊し、新聞記者として西南戦争のルポ『西南鎮静録』（明8）などの実録や、巷で起こる事件の雑報を書くようになる。

ここにいう「新聞」とは、『郵便報知新聞』（明治五年創刊）などの漢文くずし文で政論をもっぱらとする大新聞に対する、総ルビの俗文体で巷間のできごとや読み物を主とする『読売新聞』（明治七年創刊）や『仮名読新聞』（明治八年創刊）などの小新聞で、読者も草冊子の読者層であったために、その記者は戯作者にとってはお誂え向きの職業であった。読者も小新聞に戯作的な娯楽性をもとめるようになり、記事は雑報の実録にとどまらず、虚実まじえて読み物風に仕立てあげる必要が生じ長編化して連載となり、やがて「続き物」のかたちをとるようになるが、これが新聞小説の先駆である。なかでも『仮名読新聞』（明10・12・10－明11・1・1）に連載された「鳥追お松の伝」は、非人お松が美貌を武器につぎつぎと男をだますいわゆる毒婦物だが、その序にいう「大実録」とは名ばかり、文章は五七調の掛詞もあり、黙阿弥の名乗りのような芝居がかったせりふや、ときに熊まで登場する伝奇的な因縁話の読本体である。これに対して『西国立志編』（明3）の訳者である中村敬宇（「小説を蔵する四害」「淫書を焚燬するの十法」『東京新報』明9・12）のように、新聞に戯作小説のようなものをのせてはならないと非難するものもあったが、戯作者の側からは高畠藍泉（三世柳亭種彦「文明開化は小説安を害す」『芳譚雑誌』明13・5）のように、「開化を恨む所はなけれど相成べくは小説本や劇場《しばい》などが御好な方は学者然たる理屈を云ずに小説や狂言は眼を楽ませる物として理屈とは別の物に見做《な》していただき度《たい》ものだ」と弁明するものもいた。ともあれ「鳥追お松の伝」は新聞の続き物としては中断し、あらためてこれを戯作風の読本にし挿絵を加えて『鳥追阿松海上新話』（久保田彦作、明11・2）が刊行されたが、これは「三條の教憲」以来「稗史の筆」をすてた戯作者の復帰第一作であり、以後流行する毒婦物の第一作である。翌明治一二年二月一一日には、そのわずか一〇日前に市ヶ谷監獄刑場において処刑された高橋おでんの、夫を殺し、つぎつぎに男を騙しては殺していく毒婦物『其名も高橋毒婦の小伝東京奇聞』（岡本起泉）がでる。同月一三日には魯文も『高橋阿伝夜刃譚』をだすが、ここでも「事は架空無根の噺にあらず。……少しく潤色の筆を加ふる者は看客《みるひと》に倦まざらしめんとのすさびなり。其事実においては聊かも原意にたがふ事なく」とことわっている。だがその一方で、「久し振での稗史の操觚《ふでとり》」といい、それが「実事に嘘をまぜた伝来の戯作であることを認めている。

続き物は毒婦物にかぎったものではなく、「金之助の話説《はなし》」（明11）や「浅尾よし江の履歴」（明15）など、いかにも雑報にありそうな市井の話もある。また多くは講談種に依拠した時代物も流行し、三遊亭円朝らの講談速記も続き物として掲載されるようになる。明治一八年にはそれまで続き物を載せなかった小新聞の『読売新聞』も載せるようになるが、同年末には続き物を雑報欄から切りはなして、独立した小説欄を設けるという大改革をおこなった。明治一八年一二月二七日の記事「新聞紙の小説」で記者であった加藤瓢乎は、ある人がいうに「足下等の従事する処の読売新聞に記載する処の続話しは……其書く処のもの小説に類し、然も趣意もなく寓意も無く唯事実を述るに過ぎざれば、此の如きものを他の雑件に混載せんよりは、寧ろ純然たる小説を編述し、之を別欄に記載するに如ずと」と述べているが、この「或る人」とは逍遙である。結果として『読売新聞』では明治一九年正月に小説欄が独立し、「事実の報道なのか創作なのか性格の曖昧であった続き物は消滅し、雑報欄はニュース記事だけとなり、小説欄に「小説」が発表されることになった」[2]。

明治一〇年代には続き物や戯作の復活とならんで、翻訳小説が流行するようになる。明治以前にすでに『ロビンソン・クルーソー』の翻訳が二種あることが知られているが、これらはいずれも粗い梗概をつづったものである。のちに探偵小説翻訳の元祖とされる神田孝平訳「楊牙兒奇獄《ヨングル》」（文久元年頃）は、これを成島柳北が簡略にして明治一〇年に雑誌『花月新誌』に連載したが、翻訳小説がさかんに出版されるようになるのは明治一一年六月にでたジュール・ヴェルヌ『新説　八十日間世界一周』（川島忠之助訳）以降のことで、とくにヴェルヌのSF的冒険小説は明治二二年まで多数出版されている。明治一一年一一月には、リットン『花柳春話』（丹羽純一郎訳）がでて、戯作の情話に代わる才子佳人離合の人情小説として大きな影響をあたえた。逍遙も明治一三年にスコットの『春風情話』（『ランマムーアの新婦』）をだし、明治一七年に『自由太刀余波鋭鋒』（シェイクスピア『ジュリアス・シーザー』）をだしたあと、明治一八年にはリットンの『慨世士伝（*Rienzi*）』をだしている。このあいだにはほかにも『アラビアン・ナイト』や『デカメロン』、『ロビンソン・クルーソー』、『ドン・キホーテ』など翻訳はさかんにおこなわれたが、その多くは抄訳や粗い梗概を述べるもので、正確で原書がもつ文学的情趣をつたえるものは例外的であった。そのような例外のひとつとして逍遙は『花柳春話』をあげて、これは「頗る小説の体を備へておさおさ原書の妙味をさへに窺ひ得らるる心地ぞすれ」（『慨世士伝』はしがき）といい、森田思軒も『花柳春話』がでて「我国小説の趨向将に一変せんとする」というが、その文章は漢文直訳体であった。明治一八年にリットン『繫思談』（『ケルネム・チリングリイ』）がでるが、これについて思軒は益田克徳訳『夜と朝』（リットン、明22）序で、「造句措辞別に一新機軸を出だし。……其の原本を臨する謹厳精微。今日無数の周密文体は其の紀元を此に溯求せざるを得ず」としている。訳者の藤田鳴鶴（じっさいの訳者は朝比奈知泉）はその「例言」で、「稗史は文の美術に属せるもの」であるから「搆案と文辞と相待て」その妙を見るべきものだが、世の訳者多くはその搆案のみをとって文辞に心を用いることのないのは「美術の文」を訳す本意にもとるものだとして、自分は「一種の訳文体を創意し、語格の許さん限りは務めて原文の形貌面目を存せんこと」を期したという。思軒自身はながくヴェルヌを訳していたが、明治二一年にユゴー「探偵ユーベル」を訳し、その正確な訳文が「周密体」として賞賛されたが、その前年には二葉亭四迷がツルゲーネフ「あひびき」を言文一致体で訳して賞賛され、ここに翻訳小説も美術としての位置を確立するのである。

明治一三年には国会開設をもとめる自由民権運動の気運が高まり、これに応じていわゆる政治小説が書かれるようになるが、その作者は多く洋学に接し、みずから政治活動にもかかわったものである。政治小説の嚆矢とされる『民権演義　情海波瀾』（戸田欽堂、明13）は著者が冒頭に「漢土の荘爺《そうじ》［荘子］欧洲の伊蘇普《イソプ》翁に擬し、寓言自ずから世を諷せん」ことを意図したというように、「自奮不屈の気節」ある美妓阿権《おこん》すなわち権力をめぐって、「情客《いろおとこ》」和国屋民次すなわち民衆と「放縦自恣」な国府正文すなわち政府とがつばぜり合いをして、結局民次と阿権が結ばれるという、「専ら佳人情縁の事」に托した自由民権思想をめぐる戯作風の寓話にすぎない。またデュマのフランス革命に取材した小説『自由之凱歌』（宮崎夢柳訳、明15）や『政党余談　春鶯囀』（ビイコンスフィールド『コニングズビイ』、関直彦訳、明17）のような翻訳物もあった。なかでも自身、官吏でもあり新聞経営にもあたった矢野龍渓の『経国美談』（明16）は、古代ギリシャの小国テーベ勃興の歴史をもとに、自由平等、議会主義等をもりこんだ小説で評判となった。龍渓はその自序で、たまたま手にした洋書にテーベ勃興の事蹟の記述があってこれがおもしろく、訳述しようと思い立ったが、史書は「当時の顚末」をくわしく述べていないので、その「欠漏を補述」し「人情滑稽」を加えて「戯れに小説体を学ばんと欲するの念」が生じたという。とはいえ稗史小説は「音楽画図の諸美術と一般、尋常遊戯の具」にすぎず、小説体を用いるのは方便にすぎないという。小説体は娯楽のための遊戯具であり方便であるという考えは、『経国美談』がでたあとの六月九日の『日本立憲政党新聞』の記事（「我国に自由の種子を播殖する一手段は稗史戯曲等の類を改良するに在り」）にも見られるが、そこでは社会全体が進歩するためには「我社会の多き部分即ち婦女及び凡べて下等者流」を教育する必要があるが、そのためにも「稗史戯曲の類」の改良がもとめられるという。これに対して逍遙は「小説を論じて書生形気の主意に及ぶ」（『自由燈』明18・8・4－5）で、近代小説は「人情を主髄として其脚色と趣向を設けて専ら美術的の精神にて」編むものであり、「ヂスレリイの著したる政事小説の類」も自分の政論を拡張するのを主眼とはせず「専ら政治会の情態をば写しいだすことを主眼」とするのだが、「我国の作者達が往古《むかし》の事蹟を写しいだして暗に方今の政治を風刺し、あるは当局者を筆誅する」のは、「皆是所謂アルレゴリイ（寓言小説）の類にして真の小説とはいひがたかり」と批判している。明治一八年には、これもアメリカに留学しのちに代議士となった東海散士（柴四朗）の『佳人之奇遇』がでるが、これは不平等条約の下にあった日本の国権伸張のナショナリズムを説く日本の才子と、これをとりまくいずれも政治的に虐げられたスペインとアイルランドの二佳人の物語で、全文が漢文読み下し体である。明治一九年には新聞記者でのちに代議士となる末広鉄腸の『政治小説　雪中梅』がでるが、これは国会開設を前に政党は大道主義をとって一大政党を結び、過激思想と空理空論を排して理想の国会をめざせという才子国野と、これをたすける佳人お春の情話で、『雪中梅　上編』序では二宮孤松が「小説の上乗なるものに至りては、能く世人を感化し、想像を以て造り出だせる世界に向ふて、歩を進めしむるの利益あり」といい、『雪中梅　下編』序でも尾崎行雄が「巧みに虚実を湊合《そう》し、人をして開巻手を釋《と》くこと能はざらしめ、而も娯読の間覚えず益を得せしむる者にして、始て有用の小説と云ふべき乎」として、龍渓と同様に政治小説の有用性を説いている。逍遙も『雪中梅』について、「鉄腸人人の縦横の筆いとよく獄中の真景を写し演説場頭の実状を画きさながら其現場を見えしむる」といい、「我国終に『ヂスレイリ』を出さんとする歟」（「雪中梅（小説）の批評」『学芸雑誌』明治19・10・5）と最大限の賛辞をおくっている。その一方で逍遙はその問題点をも指摘して、主人公の国野がお春の許婚の深谷梅次郎と同一人であったことがのちに判明するといった戯作にありがちの「奇遇の挿入」や、国野やお春の内面描写がなく「真に公平に評する時には傍聴筆記とかいへる者」（「雪中梅下編の批評」明19・12・5）に似ている点を難じている。

これら政治小説の流行に対して徳富蘇峰（「近来流行の政治小説を評す」『国民之友』明20・7・15）は、「今日の文学世界にて……特に驚く可きは、面白からざる小説の流行是れなり」といい、いまの政治小説はただ「政談演説に従事するもの」で、人物が登場しては数千言の演説をなすばかりで、しかも「性急短慮なる著者先生は、是れすら面倒なりとなし、遂には矢も鉄砲もたまらず、自から幕を排《おしひら》ひて、講壇に現れ出て、恰も人形師が人形を使ふ如く……勝手次第に指図をなし」、結局はみずから演説するにいたると批判する。こうして蘇峰は、「著者先生達が美術的の思想を適用せんことを願はざるを得ず」というのだが、ここで注目するべきは、蘇峰が登場人物の外形（言行）のみならずその内面（胸中）の描写が小説の要だとして、そのための方法ないし態度について「小説家は、尚ほ上帝［天の神］の如し、見ざる所なく、聞かざる所なく、知らざる所なく、在らざる所なく、彼の政治家等が夢に見たることとさへも、其記録に筆記し居れり」といっている点である。これはすでに見たように神の〈全知〉の視点であるが、そのかぎりでは蘇峰もまた逍遙や二葉亭らと同様に、古来の物語の叙法を一歩もでることはないといわなければならない。要するに、逍遙や二葉亭、そして蘇峰らにとって、そもそも近代リアリズム小説とはなにかがよくわかっていないのである。

2　内面のリアリズム

『小説の勃興』(1957) の著者イアン・ワットは、「十八世紀初期の小説家の作品をそれ以前のものとはっきり区別する特徴はリアリズムにある」[3]といい、「小説のリアリズムは、どういう類の人生を描いているかではなく、描き方にある」とした上で、その特徴をあげている。近代小説誕生以前は「しかるべき文学的しきたりによって決められた背景の下に、一般的な類型的人物が物語を演じる」のに対して、近代小説で語られるのは個々の人物の「リアリスチックな個別性」を具象化する物語であり、その技法として「性格描写と背景描写」、すなわち「登場人物への個性の賦与」と「彼らがおかれている環境の細かい描写」とに多大の関心を払うことが重要である。「個性」とは当の人物がおかれている環境すなわち「時と所の状況」が特定されたときにのみ定義されるが、これによって小説のプロットは「時間を通して働く因果関係」にしたがう点で、それ以前の「道徳的な真理を反映すべく時を超越した物語を用いてきた昔からの文学的伝統」とことなっている。この意味においてデフォーの一人称の小説は、「ま近に接近してその時その時の思考や行為という背景のもとに演じられる過程としての人生も描いた最初の小説」である。さらにワットは、「言葉と事物との照応性ではなく、修辞的技巧を用いて描写と行動に美を賦与すること」が古典的な文芸批評の伝統であったが、デフォーやリチャードソンがめざした「個々人の実際の体験を迫真的に叙述したものを生みだすという目的」のためには、一般に受容されていた様式に則った文学的散文とは大きく異なる性格の散文を必要とした。そしてこれには、「十七世紀後半の明晰で平易な散文を唱道する運動」が貢献したという。

　ワットがあげる近代リアリズム小説の特徴のいくつか、たとえば「時間を通して働く因果関係」、類型ではない「個人」とその「性格描写」、「背景」すなわち「情況」の描写、そして現実を写す「文体」などは、逍遙の『神髄』にもそれに類した表現――「人生の因果の秘密」、「人情の奥」、「景色形容《けしきのありさま》を叙する事」――で言及されているものだが、逍遙たちにとっての問題は、まさに「個人」や「性格」や「情況」が意味する内実と、それを具象化し叙述する技法にかんする理解の未熟である。西洋近代における個人とは自我、したがって自己意識の主体であり、世界とは当の個人が他者や風景やできごとを自己の内面の、反省以前の意識経験というフィルターをとおして、それゆえそれについて自分が否応なくもつ感情をともなって姿をあらわしたものである。これについてプイヨンはつぎのようにいう。

　「意識の主体は、それを中心として、その周囲にひとつの世界がとりあつめられているところのものである。《世界》はその主体にとってのみ存在するものだからだ。したがって、ひとつの主体を端的なかたちで措定しようとするならば、その主体を、それが見る世界から、またそれが世界に付与し、そのかぎりでその世界に特有の組織と意味とから切りはなすことはできない。ひとはもはや感情というものを、それ自体変化することなく固定されたひとつの世界の内部にあって、そのつど変化するひとつのものとして描くことはできない。描きうるのは、世界＝主体（monde-sujet）という一種の複合体であり、現象学者たちがハイデッガーにならって

《情況（situation）》とよぶところのものである」。[4]

世界にあるわたしの存在情況としての感情や気分を、ハイデッガーは「情態性（Befindlichkeit）」[5]と呼ぶ。それは世界における特定の〈いま・ここ〉という場所をしめる現存在としての個人による、いまみずからがおかれている存在情況についての、なお非反省的な次元における自己了解であり、それはたとえばはっきりした外的原因が自分としても不明ながら、否応なくまとわりつかれている気分として感じとられる。古典的小説は世界の外に立って世界から超越した、それゆえしばしば〈神〉の、〈全知〉の視点と呼ばれる地点から、人物の行為や感情を見通し、普遍的な意味体系にしたがって一義的に分析し説明する。だが近代小説、そのつどの個々人が否応なくおかれた存在情況を描写しようとする小説の登場人物は「自分自身から抜けだすことができず、そもそも抜けだそうと思ってもいない。（それこそがドラマをひきおこす）」[6]。個々の人物にとって自分が世界や他者とかかわるそのつどのがれようのない存在情況は、自分自身にとってさえかならずしも透明ではない。そして現実のわれわれの人生がまさにそうであるような、そのような不透明な存在情況こそがドラマとなる。われわれとしてはそれゆえ、この近代小説の特徴を「内面のリアリズム（内面のリアリティの物語）」と呼ぶこともできるだろう。だが逍遙の人物は、西洋近代リアリズムの担い手である内面の自己、意識主体としての個人ではないし、人情、心理や世態風俗を外から観察し傍観してくまなく写し批判的に説き明かす作者とは、語りの手法からいえば、現代の物語論《ナラトロジー》がもっとも古典的とする神の視点に立つ〈全知〉の語り手である。だがそれは、外界に対してそのつど反応する人物の内なる心理を穿って観察し説明することはできても、小説世界のただ中を生き、この世界をみずからの風景として受けとめる人物の、まさにその内面のドラマを描くことはできない。

ワットはこの、「状況の面から見た人間生活」を近代小説が具象的に表現する手法を「小説の表現形式のリアリズム」[7]と呼ぶ。デフォーの小説が虚構の物語の歴史のなかで画期的なのは、それが「表現形式のリアリズムのすべての要素を具現した最初の重要な作品」だからである。一七世紀のラ・ファイエット夫人の『クレーヴの奥方』には「夫が出て行ってしまって一人になると、クレーヴの奥方は自分のしたことを考えてみて、実際のことと思えぬほど驚いていた」（生島遼一訳、岩波文庫）といった心理描写が見られるが、ワットによればそれはなお「法廷弁論に見られる類の論理的思考」、したがってプイヨンのいう古典的心理学による〈全知〉の語りである。フィールディングは大学出の古典的教養人であり、なお伝統的な三人称の「全知の作者」として「外面的で確固たる姿勢で登場人物を描写する」。これに対してデフォーは、「個人の心理の動き」に対する関心を小説にもちこんだ。たしかにデフォーの一人称の小説には、嵐に直面して「前檣《しょう》が切りたおされた。すると大檣《メイン・マスト》もぐらつきだし、船の動揺がはげしくなった。やむをえず、大檣《メイン・マスト》も切りたおした。甲板にはじゃまになる檣《ほばしら》は一本もなくなった」（『ロビンソン・クルーソー（上）』、平井正穂訳、岩波文庫）というように、「登場人物の特定の時、特定の場所での行為を、程度の差はあれ逐一比較的細かく描く場面描写」がある。だがそれにつづいて、「船の経験も浅く、ほんのちょっとした嵐でも前にあれほどすくみあがった私が、この嵐でどんなみじめな思いをしたか、誰でも判断がつこうというものである。その当時私がどんな気持ちを味わっていたか、歳月をへた今日うまく伝えられるかどうかわからないが」というように、デフォーの自伝的回想録形式の小説は「せっかちに、しばしば気ままに」前後をつなげて、すでにことがすべて終わったあとの時点から、自分の経験したできごとを俯瞰し要約的に回顧する「古典的な筆法」をひきずっていて、「そのたびに緊張感が弛緩する」という「素朴未発達な面」が見られる。これに対してリチャードソンの書簡体小説は、かれ自身がその序文でいうように、「書き手の心がいま自分がかかわっている事柄（その時点ではなお概してその事情が不分明なできごと）にすっかり占有されているにちがいない時点で記されたものである」から、その書簡には「危機的な情況のみならず、瞬間瞬間の描写や省察とでも呼べるもの」が、さらにはドラマの対話の方式で書かれた「心を掻き乱す会話」[8]がたくさんでてくることになる。そしてワットは、このような描写によって読者は「主人公の心に瞬間瞬間映るそのままに、暮らしの中の未整理の人生の素材そのものに触れている」気持ちにさせられるという。

「たいていの文芸の形式は……あるがままをとらえるには、時間の目盛りが粗すぎ、そのために回想を記すことになる。しかし、人の個性を構成するもの、そしてまわりの人との関係を左右するものは、瞬間瞬間の意識の内容であり、読者が虚構の人物の生活に完全に入っていくのも、この意識と接触を保つことによってなのである」[9]。

こうして小説は古典的心理学による内面の記述、分析ではなく、瞬間瞬間の心理の動きと、そこにあらわれる人間の生の「曖昧性」をそのままとらえる「内面生活の描写」を可能にした、とワットはいう。いまわれわれとしてこれらの語り口のちがいを区別するための分析的術語として、古典的心理学のように内面を目盛りが粗く反省的、分析的で要約的に語るものを「内面記述」とし、これに対して「心に瞬間瞬間うつる」内面生活を未整理のままに写しだす語りをとくに「内面描写」とすれば――英語では「記述」も「描写」もおなじdescriptionだが――そのちがいをよりはっきりいいあらわすことができるだろう。

ワットはこの内面生活の描写によって「小説というものがついに文学的に成熟の域に達した」というが、それは「セリフでは表現できず、合理的な分析も不可能な想念や感情を……傷ついた感受性が動揺する様子を」微細に描出する「内面の衝動と抑制のドラマ」のリアリズムである。だがリチャードソンの書簡形式も「あまりにも頻繁にペンを手にする不自然さ、必然的な繰り返しと冗長さ」によって、それはデフォーの語りの手法のもつテンポと歯切れのよさを欠いている。フィールディングの、そしてデフォーもなお引きずっている古典的な〈全知〉の視点の限界と、他方でリチャードソンの書簡形式の不利な点とを克服して、これら両者が「部分的に解決した、二つの物語の手法がもつもろもろの問題」を和解させたのは一九世紀初頭のジェーン・オースティンであり、これによって小説というジャンルの十分な成熟が達成された、とワットはいう。彼女は前者の「外面的手法」がもつ強みと後者の「内面的手法」のもつ強みを「一緒にして調和を保つ世界を創造し得た」[10]というのである。ここで「外面的手法」とは、古典的な〈全知〉の視点の語りである。それではワットのいう「内面的手法」とは、どのような語りなのか。物語論では、たとえばプイヨンはこれを当の人物と「〈ともにある〉視像（la vision «avec»）」と呼び、トドロフはこれを「話者＝作中人物」[11]という公式で示す。つまり、語り手は〈全知〉ではなく、作中人物と同程度に知っている。語りの視点は、焦点が合わされている当の人物が自分で見たり聞いたりすること、またそのつど感じたり考えたりすること、したがってかれのそれ自体複雑な内面の意識経験に限定される。それゆえジュネットはこれを「内的焦点化の物語言説」[12]と呼び、またチャットマンはこれを「登場人物の意識――知覚、認知、感情、夢想……を媒介する機能」[13]としての「フィルター」と呼ぶ。プイヨンによれば、この登場人物の「内部から出発した外部の視像」を描く視点においては、さまざまなできごとや風景、他者、つまり世界は、反省以前の経験そのものとして、われわれが寄りそい〈ともにある〉当の人物の目にうつるものとして、かつうつる範囲において描かれる。描かれた世界はすべて、この人物の内面の意識経験というフィルターを通して姿をあらわしたものである。われわれとしてはプイヨンにならって、これを〈ともにある〉視点と呼ぼう。

ここで注意しなければならないのは、しばしば混同されているのだが、ジュネットのいう「どの作中人物の視点が語りのパースペクティヴを方向づけているのか」[14]という問題すなわち「語りのモード（叙法、mode narratif）」と、「語り手は誰なのか」という語りの「声」すなわち「態（voix）」とは、まったく別の問題だという点である。フィールディングの三人称の全知の作者は、しばしば読者に顔を見せる発話者、すなわち語り手でもある。人物の内面のドラマを語る〈ともにある〉視点が成立する際に、デフォーの自伝的回想形式やリチャードソンの書簡形式のように、まずは特定の個人の視点からの発話の基本形である一人称の語りが選ばれたというのは、自然のなりゆきだったろう。だがオースティンがもたらした近代リアリズム小説という「ジャンルの十分な成熟」にあっては、いわゆる「語り手」は、作者や一人称の「わたし」に特定される「発話者」というのではなく、むしろだれでもない三人称の「非個人的な精神」[15]であり、オースティンにおいて語り手としての作者はほぼ姿を消す。近代小説において「語り手」とはひとりの人格的主体ではなく、テクストに内在する語りの装置であり、そしてそれは結局「語りの視点」に還元される。エミール・バンヴェニストがいうように、物語のなかでは「だれ一人話すものはいないのであって、出来事自身がみずから物語るかのようである」[16]。それゆえ作者とは「語っている者」ではなく「書いている者」[17]であり、要するにそのテクストの「制作者」なのである。語りの視点にかんして注意すべきもうひとつの点は、一人称だから〈ともにある〉視点、三人称だから〈全知〉の視点というように、視点と人称とがかならずしも対応しないということである。西洋近代小説はまさに三人称〈ともにある〉視点の発明によって成熟したのだが、一方でデフォーの自伝的回想録がそうであるように、語りの現在時点から過去の自己の経験を反省的に回顧し要約し評価する一人称〈全知〉の視点の語りというものもある。

オースティン以後意識的に開発された視点の操作という方法について、これが近代小説のリアリズム、とりわけ内面のドラマにとってきわめて重要な技法として、英語圏ではっきりと理論化されるのは二〇世紀になってからであって、逍遙たちがこれについてまったく思いもよらなかったのは無理のないことであった。逍遙は明治二〇年の『教育雑誌』（1・1、1・15）に「実伝（バイヲグラヒー）論」を発表して、我が国の実伝（伝記）はたんに編年に類したものでしかないのに対して、西洋におけるルソーなどの「懺悔の主意に出《いで》し自伝」に見られるように、「凡そ実伝の本意とする所は心の変遷を叙するにあり性質の隠微を探覈《たんかく》する［探り明らかにする］にあり」という。そのような嘘いつわりのない一個人の来歴は他人の鑑となるから、「我国の文壇の才子よ今より時好を追ふ浮気を打すて蹶《けつ》然実伝の壇上に登りて自伝の鼻祖たるの栄誉を求めよ」と呼びかけている。森田思軒も明治二〇年九月『国民之友』に発表した「小説の自叙体記述体」で、三人称の記述体に対する一人称の自叙体の効用について、「他人の悲喜を悲しく喜ばしく物語る事は己れの悲喜を其儘《まま》に吐露する事の身に染むに及《し》かざればなり……一人物が其の場合其の境遇に立ちし時の感情有様を刻画し……読む者恍然神馳せて現に之を目睹する如き想あらしむるの妙は自叙体独壇の処にして記述体の企及し難き所なり」という。かれはまたディケンズの『大いなる遺産』三九回、嵐の夜にロンドンのピップの下宿に、年老いたかつての罪人が突如たずねてくる場面、たとえば「わたしは、たったま、階段の手すりごしに、ランプをさしだしていた。その男は、ゆっくりその明りのなかにはいってきた。……彼が最後の一、二段を上りきって、わたしのランプの光が、わたしたちふたりを照らしたとき、その男が両手をわたしの方に差しだしているのを見て、びっくりして、呆然となった」（山西英一訳、新潮文庫）の「余と云へる一人称を三人称に改ため其他都《す》べて記述の体に換へ視るべし。自叙体の妙思半ばに過ぎん」といい、「余は今の小説家が記述体を以て唯一の世界となさず更らに進て自叙体の地を拓き以て其領分を拡めんことを欲するなり」という。だがじっさいには、ディケンズの一人称を三人称に代えても、いずれも〈ともにある〉視点としてさほど決定的な変化はない。思軒はあきらかに、伝統的な〈全知〉の視点と近代の〈ともにある〉視点の語りの美的効果のちがいに気づいている。それにもかかわらず思軒は、一人称は〈ともにある〉視点の自叙体、三人称は〈全知〉の記述体とあやまって認識しているのである。逍遥や思軒の呼びかけに応じたものか、美妙「ふくさづつみ」（明20－21）や広津柳浪「残菊」（明22）、嵯峨の屋おむろ（矢崎鎮四郎）「初恋」（明22）など、一人称言文一致体の小説が出現するが、一人称ではあってもこうした語りは、前田のいうように「身の上話もしくは懺悔譚の素朴な体裁」[18]にしたがい、あるいは絓《すが》がいうように、浄瑠璃的な「独白的語り」[19]ないしせりふ回しにとどまっていて、この点では『浮雲』の文三の内的独白とことならない。杉井和子は、モーパッサンの最初の翻訳である「首輪」（明30）について、訳者人見一太郎（築地庵主人）は原文の三人称を意識的に一人称に変えることで、これを一人称の語りによる「伝記」としたのだが、これによって自然主義的な現実描写とアイロニーや諷刺をもつ原作は「いわば、年とった夫人が過去を回想して、懺悔と反省の心境を語った」[20]道徳的な告白小説に変質してしまうという。いずれにせよこれらの事例は、当時の日本人にはまだ三人称の〈ともにある〉視点についての理解がないことを示している。

オースティンが「外面的手法」と「内面的手法」との和解によって完成した近代的リアリズムの叙法というのは、こんにちのわれわれにとってはごくなじみの語り、つまり〈全知〉の視点と〈ともにある〉視点との調和を保った混合からなる三人称の語りである。三人称〈ともにある〉視点はただひとりの人物に固定することもできれば、人物から人物へ視点を移行することによって何人かの人物のあとを追うこともでき、また〈全知〉の視点が併用されることによって、一人称の語りでは自分が見聞きしたことしか語れず、筋全体を俯瞰することができないといった、人物やできごとの多面性が脅かされるという難点を回避できる。たとえばオースティン『自負と偏見』で、エリザベスがダーシー邸を見学に訪れた折りに、予想外にダーシー本人と出会う場面では、

「ところで、当のエリザベスだが、これはもうすっかり度を失ってしまって、まともに相手の顔を見ることもできず、やさしく家族のことを訊かれても、なんと答えたか、それさえほとんどわからないくらいだった［〈全知〉］。それにしても、この前別れて以来、なんという彼の変り方だろう！　おどろきのあまり、彼の言う言一言が、いよいよ彼女の当惑をつのらせるのだった。とにかく、こんなところで見つかるというのは、まことにまずい。そのことばかりが、またしても浮かんできて［〈ともにある〉］、およそこのときいっしょにいた数分間ほど、気まずい思いをしたことは、あとにも先にもほとんどなかった［〈全知〉］」（中野好夫訳、新潮文庫）。

というように、〈全知〉の視点と〈ともにある〉視点とがなめらかに混融されている。

じっさいにはジュネットがいうように、内的焦点化つまり〈ともにある〉視点が「完全な厳密さをもって」適用されることはまれでしかなく、〈ともにある〉視点と〈全知〉の視点もまた「時としてまことに区別の困難」なことがある。たとえばスタンダールの『パルムの僧院』の一場面――「一発の弾丸が、鼻の脇から反対側のこめかみへと貫通していた。そしてこの銃弾のために、死体の顔はおそろしいまでに変形していた。死体の片眼は、見開かれたままであった」――では、主人公に見えるものしか記述されていないから「内的焦点化は完全である」。だがこれにつづく

「嫌悪感のあまりいまにも卒倒しそうになりながらも、ファブリスはためらわずに、馬からおりると死体の手をとって、それを強く振り動かした。それから放心したかのように彼は立ちつくした。彼には、もう一度馬に乗るだけの気力があるとは感じられなかった。彼を怖がらせたのは、とりわけ、死体の見開かれた片方の目であった」。

という一節についてジュネットは、焦点人物の思考も知覚もすべて「語り手によって客観的に分析」されているからここには「厳密な意味での内的焦点化は存在しない」[21]というが、これは正しいとはいえない。なるほど「放心したかのように彼は立ちつくした」という描写は、ひとまずはファブリスの様子を外部から〈全知〉の視点で描いたものといってよい[22]。だがこれは、ウスペンスキーが「出来事の場に居あわせた共時的な観察者」と呼ぶものの視点

からの描写であり、これには「……らしい」「……のように見える」「……したかのように」といったタイプの挿入語がひんぱんに用いられるが、それによって「その場の雰囲気や人物の内面情態について、その情況に身をおくものの個人的な推測や印象をまじえることになる」[23]。それゆえこれは、登場人物のだれにも帰せられない第三者的な語りという点では〈全知〉の視点に属するが、対象人物の内面状態を古典的心理学のように客観的に分析し要約して記述するのではなく、その人物とおなじ情況に身をおき、その人物に寄りそってその内面の瞬間瞬間の動きそのものを描こうとする、その態度の親密さという点では、むしろ〈ともにある〉視点に近いというべきである。それは厳密に考えられた〈ともにある〉視点のように、いわば人物に即して[24]その意識の瞬間瞬間にあらわれた感覚や印象、感情や思考の動きをそのまま描写するのとも、人物に対して第三者的な距離をとって、その言動のようすや内面状態を観察し説明する古典的な〈全知〉の視点による記述ともことなる、いわばその中間の描写といってよい。そこでわれわれとしては、〈ともにある〉視点の補助概念として、これをとくに人物に〈密着〉する視点と呼ぶのがよいと思うが、ここいう〈密着〉とはいわゆる「密着取材」というばあいの対象人物につかずはなれずの距離感をいおうとするものである。テクストの物語論的分析の道具立てとしては、古典的な〈全知〉と〈ともにある〉視点の中間に〈密着〉の視点をおくことで、よりなめらかな使用が可能となるだろう。たとえば『自負と偏見』の一節は、ダーシーは「はじめはエリザベスを、ほとんど美人とは認めていなかった」[〈全知〉]」が、やがて「そのいたずらっぽくて、屈託のない様子を見ると、なんとなく心惹かれざるをえないのだった」とダーシーの心の変化をかれに〈密着〉した視点で語り、つづいて「彼女にとっては、彼はただどこへ行っても人好きのしない男、そして自分のことを、踊りの相手とするにも足りないほどの不美人と見てくれた、ただそれだけの男だった」と、こんどはエリザベスに〈密着〉した視点の語りとなるという具合である。そしてこのように登場人物たちの瞬間ごとの心の動きが詳細に描写されることによって、近代小説がめざす内面のドラマのリアリズムがはたされるのである。ジュネットはまた、「内的焦点化が完全な形で実現するのは、「内的独白」による物語言説」[25]だというが、これも問題である。いわゆる「内的独白」ないし「内言」は、三人称小説でもふつうは引用符でかこまれた直接話法か、あるいは自由間接話法のかたちをとるが、いずれにせよそれが〈ともにある〉視点の語りかどうかは、デフォーの一人称の語りがかならずしも〈ともにある〉視点とはかぎらないように、人称や話法といった形式ではきまらず、結局はそれが反省以前の内面生活の「描写」か、それとも反省的で要約的な内面の「記述」かという内容にかかわるというべきである。たとえば『浮雲』の文三の「昇なんぞは蚊蜻蛉とも思っていぬが、シカシあの時なまじこっちから手出しをしてはますます向こうの思う坪に陥《はま》って玩弄されるばかりだシ、かつ婦人の前でもあったから、しにくい我慢もしてやったんだ」というのは文三の内言だが、内容は文三の自己に対する〈全知〉の視点からする、反省的な自己分析である。

　じつは〈全知〉の視点と〈ともにある〉視点をつなぐ道具立てにはもうひとつあって、それは物語の舞台となる情景を描写する視点である。ワットはフィールディングの自然描写について、それはなお「慣習的な色彩の濃いもの」だというが、たとえばオールワージ氏の邸宅の「脚下の谷の美しい眺望」の描写はつぎのようなものである。

　「森の中央にみごとな芝生があり邸のほうにむかって斜面になっている。その一番高いあたりに近く、泉がわき出る。……最後は邸の南面四分の一マイルほど下方の、丘の麓の湖にそそぐのだが、その湖が正面むきのどの室からも見えている。……この湖からは一本の川が発して……果ては海にそそぐ。その海の大きな入江とそのむこうの島が、ここから見える景色を限っている」。

これはいかにも観光案内によくありがちな、情景を俯瞰的に説明し記述するたぐいの〈全知〉の視点によるもので、『修辞及華文』のチェンバース原文にいう「鳥瞰図ないし山岳眺望」にあたり、いわば舞台の書き割りのようなものである。これに対してエリザベスがダーシーの邸をおとずれる場面のオースティンによる描写は、以下のようである。

「半マイルばかりだらだら坂になっていて、「かれらが」それを登りつめると、高い丘の頂に出た。森はここで尽きて、たちまちパッとベムバリーの邸が目に入った。邸は、ちょうど谷をへだてて向かい側に建っており、道は急角度のカーヴを描いて、その中に消えている。……エリザベスは、すっかりうれしくなった。これほど自然がそのまま生かされ、自然美が、つまらない趣味によって傷つけられていない景色を、今まで見たことがなかった」（『自負と偏見』）。

ここでベムバリーの情景を描写している目も、特定の人物に帰属しないという点で〈全知〉の視点といってよいが、あたかもひとりの「語り手」が特定の場所に身をおき、自分の動きにあわせてつぎつぎにあらわれる風景やそれにともなう情況の変化を、自身の経験のフィルターを介して書きとめたというような按配である。おそらくこれも

『修辞及華文』のチェンバース原文にいう、読者をこの「語り手」が立っているところに立たせ、それが見ているものを見せる「旅行者の視点」に対応する。そして事実、この情景に身をおいているエリザベスは、自分がおかれているこの情況に対して「すっかりうれしく」なるのであり、この情景の語りからエリザベスと〈ともにある〉視点の語りとはひとつづきにつながっている。それゆえこうした「情景＝情況」の語りはしばしば、それが語り手が見たものか登場人物が見たものかを区別することが困難になる。われわれとしてはこれを、古典的〈全知〉とはことなった近代的な〈全知〉の補助概念として、〈情況〉の視点と呼ぶことにしよう。つまり近代リアリズム小説では、古典的〈全知〉と〈ともにある〉視点、そしてそのあいだをつなぐ〈情況〉の視点と〈密着〉の視点との混合がふつうであり、その境界を区切るのはしばしば困難だとしても、おおよそ〈全知〉から〈情況〉、〈密着〉をへて〈ともにある〉視点までの移行と交替によって、ストーリーの一連のなめらかな語りが可能となるのである。[26]

3　ツルゲーネフ翻訳と西鶴調

だが『書生気質』や『浮雲』の逍遙や二葉亭たちにとって、このことは思いもよらない。すでに見たように二葉亭は『浮雲』第二編ではおもにドストエフスキーの心理描写の書き方にならったというが、それは多くのばあい一人称の内的独白として、主人公の反省的な〈全知〉の視点からする自己の心理の分析と記述である。第三編に顕著な、三人称の地の文における文三の心理の叙述にしても、「文三はすでにお勢にたしなめられて、憤然として部屋へ駆け戻った。さてそれからは、独り演劇《しばい》、泡をかんだり、拳を握ったり。どう考えて見ても心外でたまらぬ」のように、なお古典的な〈全知〉の視点による心理記述で、そうした怒りや悔しさや気持ちの迷いも「想うに文三……」と、その概略が当人にとって一義的で透明なかたちで説明されるのである。それゆえ小森陽一がこれを、「文三と同じ「ことば」を使う「語り手」の外側からの文三の心理の説明」だというのは正しいが、それはわれわれのいう〈全知〉の視点による心理記述であって、小森がこれを「視点的な描写」あるいは「作中人物の意識に即した描写」、つまりはわれわれのいう〈ともにある〉視点ないし〈密着〉の視点による描写だとするのはまちがいである。もっとも第二編第一〇回で、文三が奥座敷でのお勢と昇の騒ぎに聞き耳を立てる以下のような場面では、「語り手と文三はほぼ一体化」[27]し、その結果「語り手は文三の口真似をするようになる」というのはほんとうで、ここにあるのは文三と〈ともにある〉視点および〈密着〉の視点の語りである。

> 「「奥坐舗《おくざしき》は」と聞き耳を引き立てれば、ヒソヒソとささやく声が聞こえる。全身の注意を耳一ッに集めて見たが、どうも聞きとれない［〈ともにある〉］。ソコでぬすむがごとくに水を飲んで、抜き足をして台所を出ようとすると［〈密着〉］、たちまち奥坐舗の障子がサッとあいた。文三は振り返って見て、覚えず立ち止まった［〈ともにある〉］」。

それゆえ小森がここに、『書生気質』とはことなるこの小説の革新を見るのもまちがってはいない。翌二一年にツルゲーネフ「あひびき」や「めぐりあひ」を言文一致で訳し、しかも当時としてはまったく例外的に原作の情趣を遺憾なく伝え得た二葉亭だからこそ、こうした表現が可能だったのかもしれない。だが『浮雲』においてはなお、こうした描写が見られるのはきわめて例外的で、全編にわたる語りの手法として自覚的に用いられたわけではない。情景描写にしても、なお型どおりの美文調を脱けきらない。

前章で見たように、丹羽純一郎によるリットン作『アーネスト・マルトラヴァース』の翻訳『花柳春話』の情景描写は、原文の〈情況〉の視点による叙述に対して、漢文体の書き割りのような紋切り型の舞台設定になっている。逍遙が訳したリットン作『慨世士伝』（『リエンジー』）第七套の原文は

「彼女の目は紙上にはなく、窓の下からひろがる庭に向けられていた［〈全知〉］。年経た果樹と、そしてたれさがった葡萄のつるに月光がふりそそぎ、ほとんど放置された緑の芝生の中央には、小さな円形の泉があって、その完璧な均斉ははるか昔の時代を物語っていたが、そこから吐きだされる水は星々の光にふれて戯れていた［〈情況〉ないし〈ともにある〉］」（Book I, chp. XIII）。

となっているが、逍遙の訳では「［那以那姫の］向ひに一箇《ひとつ》の古池あり。冴渡りたる月影の。しばし雲間に入るときは。星光水に映ずるありさま。幾千万の蛍火の。散りて乱れる風情あり」というように、なお原文にはない美文調の形容が加味されていて、小森がいうような「作中人物の独自な視野（視点）を意識した表現」[28]、したがってわれわれのいう〈情況〉ないし〈ともにある〉視点による描写になっているとはいえない。またこれにつづく原文

「しかしナイナは情景の静けさにも美しさにも思いめぐらすことなく、その庭のなかでもっとも薄暗く荒れ

果てた一点にのみ、彼女のまなざしはむけられていた［〈全知〉］――そこには一叢の木々が密集して立っているが、それによってラゼーリの邸を囲っている低いがっしりとした壁はさえぎられて見えなかった。木々の大枝は静かにそよいでいる［情況］。しかしナイナは、それらが大きくうねるのを目にした。そしていままさに灌木林のなかから、ただひとり、ゆっくりとかつ慎重にその姿をあらわしたが、それは長く黒々とした影を、芝生の上に投じた。それは窓へと歩み寄り、そして低い声でひとこと、ナイナの名をささやいた［〈ともにある〉］」。

では、リットンは〈ともにある〉視点でナイナの意識経験を逐一語っているといってよいが、逍遙では「那以那の姫は……眼を注ぎつつさながらに。人待貌なる折しもあれ。風なき園にさわさわと。梢揺《うご》きて忽焉《こつえん》と。塀の下へ降《おり》立《たつ》者あり。四下《あたり》見廻し忍《しのび》やかに。さし足して那以那姫が。書を読居たる牖《まど》［窓］の下へ。歩寄りつつ声うちひそめ「首尾はいかにや那以那御寮」」というように、すべて〈全知〉の視点で訳している。それゆえここでも小森が、逍遙はナイナの「内面の描写としてこの部分を訳そうとしていた」[29]といい、亀井が「作中人物の感性とその環境描写とが無理なく統一され、読者は作中人物の感性に即した形で小説世界を生きることができる」[30]というのはいいすぎで、おそらく逍遙にはこの時点で、原文のもつ〈情況〉の視点や〈ともにある〉視点の叙法についての認識はなかったといわざるをえない。思軒が周密体の起源と評価する明治一八年の『繋思談』にしても、原文は

「ケネルムが門扉のなかを覗いて見ると、草地のなか、数ヤードをへだててよい身なりをしたひとりの少年

が、かれを腕にまかせて乱暴に引きずっていこうとする頑強な中年の男相手にはげしく揉みあっているのが見えた［〈ともにある〉視点］」(Book II, Chpt. II)。

とあるのを、「ケネルムは進寄りて門より内を窺ふに少しく隔たりたる庭草の上にて揉合ふ二人、見ればいと強健なる一個の中年男子が腕に任せて一個の着飾りたる少年をば引摺行かんとするを少年は左はさせじと太《いた》くも挑み争ふ様なり」と訳していて、原文に忠実な訳ではあるが「窺ふに……見れば……様なり」という文章構造によって、原文の〈ともにある〉視点の語りを〈全知〉の語りへとあいまいに変形している。明治二二年六月には思軒もユゴー「探偵ユーベル」を訳してその周密体が賞賛されたが、これは小説ではなく、ユゴーの死後に刊行された未定稿集『見聞録』のなかの一編で、ユゴーが一八五二年から亡命していた英国領ジャージー島で見聞した官憲のスパイ、ユーベルをめぐる騒動を、ユゴー自身の一人称の語りで述べたものである。思軒はその英訳版を訳したのだが、高橋修によればそれは「漢語的な措辞をもとにする、欧文の「主格と賓格」をはじめとする文法的要素を踏まえた逐語訳的な翻訳文体」[31]である。高橋はまた、思軒の周密体がたんに「造句措辞」や文法のみならず、「作中人物に焦点化して語る語り口」——すなわち〈ともにある〉視点の語り——のように、原文の叙法をもできるだけ忠実に訳していることにもふれているが、これはそのとおりである。たとえばユーベルを捕えたとの報に応じてユゴーが「亡士［亡命者］倶楽部」におもむいて、その一室にはいったときのようすは、つぎのように訳されている。

「余は顧み視たり。街上に向へる中央の窓の下に壁を背にし、テーブルに凭《よ》り、前に煙管を持ち、頭に帽子を戴き、齢五十歳ばかり、白髪黒髭面色強壮にして痘痕散点せる一個の人あり。其眼は鋭くして且つ深沈なり。渠《かれ》は時々其帽子を脱しては大やかなる青色の手巾を把《とり》て其の前額を拭へり」。

二葉亭がツルゲーネフ「あひびき」と「めぐりあひ」を翻訳したのは明治二一年だが、このときかれにはまちがいなく〈ともにある〉視点の語りについての認識はあった。明治三九年一月の「余が翻訳の標準」（『成功』）で二葉亭は、翻訳に際してはつとめてその作者の「詩想を忘れず、真に自分自身其の詩想に同化してやる心積《つもり》」でなければならない」というのだが、二葉亭はみずからはつくりだせなかったにせよツルゲーネフにはあった〈ともにある〉視点の語りに敏感に反応し、これを言文一致体に移そうとした。「あひびき」ではその有名な冒頭から、一人称〈ともにある〉視点の語りははっきりと見てとれる。

「秋九月中旬といふころ、一日自分がさる樺の林の中に座してゐたことが有ッた［〈全知〉］。今朝から小雨が降りそそぎ、その晴れ間にはおりおり生ま煖かな日かげも射して、まことに気まぐれな空ら合ひ。……自分は座して、四顧して、そして耳を傾けてゐた。木の葉が頭上で幽かに戦《そよ》いだが、その音を聞たばかりでも季節は知られた。……と小雨が忍びやかに、怪し気に、私語するやうにパラパラと降ッて通ッた［〈ともにある〉］」。

「めぐりあひ」になると、これも一人称だが、〈ともにある〉視点の語りがもたらす臨場感はいっそうあざやかである。

「只《と》見れば、黒い衣装を着けた婦人が円柱に靠着《もた》れてゐる。……自分は婦人の靠着《よりかかつ》てゐた円柱の後へ廻て、首を婦人の耳の辺まで傾けて、小声に、「Passa《ぱッさ》 que'《くぇ》 cilli《こツりい》……」といった。
ぶるぶるとして、婦人は急に此方《こちら》を振向いた。眼と眼と近々と出逢ったので、婦人の眸子《ひとみ》の驚愕《おどろき》に拡がったのさへ解った。不審そうに、力なく片手を差延して、自分をながめてゐた」。

二葉亭自身はこの翻訳について、「ぎくしゃくして如何にとも出来栄えが悪い。従って世間の評判も悪い、偶々賞美して呉れた者もあったけれど、おしなべて非難の声が多かった」というが、その非難はまずはその言文一致の文体に対するものである。たとえば石橋思案（「「あひびき」を読んで」『国民之友』明21・9・21）は「一体に言文一致の文章はややともすると形容がヒッコイ様です」といい、「小雨が忍びやかに、怪し気に、私語するやうにパラパラと降ッて通ッた」を引いて、「意味を強める為かは知りませんが、小雨の降り様にはチト大業［おおげさ］ではありませんか」というのだが、そして思案もこれらは「成程原文の通りかも知れませんが」ともことわっているのだが、こうした反応はひとつには当時の、話しことばである言文一致体で書かれた文章を読むことに対する生理的な違和感のせいである。「形容がヒッコイ」というのは、描写が詳細であること、そしてその一々に対して人物の感じる印象を描くという行き方に対する当時の不慣れな反応を示している。伝統的な美文なら、「落花狼藉」とひとことといえばそれなりに情景は理解されるのが、言文一致でその情景を描写するには、当然「ヒッコク」なる。だが「落花狼藉」ではできあいの類型は語れても、個人の経験や情況の造形はできない。

明治二二年一二月一四日の『女学雑誌』（「今の小説界文派」）には、いまの小説界における言文一致体を三種に類別し、「(甲) 美妙斎主人　通常言文一致を学ぶもの大抵此派に属す」、「(乙) 二葉亭主人　此派言文一致の極実を極めたるものなれど学ぶ者更になきは其精神に到る事難きが故なり」、「(丙) 嵯峨の屋主人　此派前両者の中間にたつものにして最もよし」とあり、二葉亭の言文一致がたんに生理的違和感のみならず、その「精神」において理解困難であることに言及している。じっさい思案にしても、「あひびき」の脚色は「私見た様な俗物が読んだ所では焼麩の水煮」のように「無味淡泊な小説」だといい、「モチット身のある小説」を訳してほしいというのである。石橋忍月も「二葉亭氏の「めぐりあひ」」（梅檀生『国民之友』明22・2・12）で、「一読未だ其味を知らず再読猶ほ模糊として得る所なし」というが、さらに「三読稍々其何たるを覚へ、四読初めて其趣向の精巧なるを発見し、五読するに及んで字々皆金玉紙上花あり光あるを悟り、愛賞賛嘆其美其妙忘れんと欲して忘るる能はざるもの」といい、「其筆法其写し方無類なり不可思議なるが故に彼の冷淡なる読者は其真味を甞《な》むる能はず。或人は曰く「めぐりあひ」は漠然として雲を攫《つか》むが如しと。或人は曰く「めぐりあひ」は面白くなくつまらぬ小説なりと」という。だがさすがに忍月は「其筆法其写し方」の無類不可思議である所以をよく理解して、この作は「表面より見る時は只著者が（原著者ツルゲノーフを指す。以下之に倣ふ）名も知らず素性も知れぬ一佳人を屢々《しばしば》瞥見せし有様を写せしに」すぎないが、「裏面より検査する」ときは語り手である主人公の心が「佳人に傾き佳人を慕ふ」にいたる「其筆法の霊活なるに驚服せずんばあらず」という。さらに「鶯はとくに鳴き罷《や》んでしまった……さればと云って飛びすがる虻のふと唸る声、園の盡頭《はずれ》の菩提樹の蔭にある養魚桶《いけす》の中で少《ち》ひさな魚の跳ねる音、驚き覚めた鳥の睡《ね》むそうな啼き声」といった「月夜の景色の一段は……宛然現場に在るが如し」というのも、語り手である「自分」の〈ともにある〉視点による語りが読者をその情況に立たせ、主人公に対する関心と共感を喚起するその効果をよくいいあてている。蒲原有明は、中学にはいりたてで『佳人之奇遇』などを高誦していた時代に「あひびき」にふれて「抑も何を書いてあったのだか、……作物の目的や趣意に就ては一向に要領を得ない」という一方で、「巧に俗語を使った言文一致体――その珍らしい文体が耳の端で親しく、絶間なくささやいて居るやうな感じがされて、一種名状し難い快感と、そして何処か心の底にそれを反撥しやうとする念が萌して来る。余りに親しく話されるのが訳もなく厭であつたのだ」[32]という。その情景描写と「その中で男の傲慢な無情な荒々しい声と、女の甘へるやうな頼りない声が聞える」、その語りの「刺激は全身的で、音楽的で、また当時にあっては無類《ユニク》」の「インプレッシオンは到底忘れることは出来ない」が、同時に「私はこのインプレッシオンを内心気味わるく思って居た」というのである。そしてそれはおそらく、伝統的な稗史小説の、〈全知〉の距離をおいた視点からもっぱら表面上の筋と趣向を追う読書経験にあったものがはじめてもった、〈ともにある〉視点のあたらしい経験に対するとまどいであったろう。ともあれ小森もいうように、「作中人物の外界を描くことが、実はその人物の内面を形象化する突破口になるような、ツルゲーネフの独自な「自然」の描き方に二葉亭は敏感に反応していた」[33]。だがその二葉亭にしてさえ、三人称の語りを採用した自作『浮雲』について、しかも明治二二年の「浮雲　第三編」になってもなお、それが雑誌『都の花』に掲載されたのを読んで手先おののきだし、顔を深紅に染めて「かほどまで拙なしとはおもはざりしが印刷してみれば殆ど読むにたへぬまで（拙）なり」（『落葉のはきよせ　二籠め』）と嘆かざるをえないのである。

明治二三年八月から二五年一月まで『女学雑誌』に連載された若松賤子の言文一致体による翻訳『小公子』前編は、原作の三人称のままに、しかもそこに見られる〈ともにある〉視点の語りをもおおむね再現しているという点で注目すべきものである。これについて『女学雑誌』（明24・11・21）誌上で嵯峨の屋おむろは、「一読の所にては、唯セドリック及其母に同感を持ちつつ何の考もなく殆んど其人と共に身自ら実況に対するの思ひ致候」といい、忍月（『女学雑誌』明25・1・16）も「筆に一片の華になく師なくして此好評を博す、最早吾文学界は華飾を除け質実を尊び外形を忌みて内面を嗜むの域に達したりと謂ふべし」と評価している。だがその一方で、紫山人（『読売新聞』明24・11・15）は「小公子自ら己れの経歴を叙するが如き文法［自叙体］を用ゆるかと思へば忽《たち》まち筆を転じて然うでもないように思はるる文勢［三人称］となる、概して云へば此の一篇は文章の上よりすれば、自他混淆支離滅裂と云はれても蓋《けだ》し弁疏の辞なきに苦むなるべし」と指摘している。じっさい原文では「パパのことをいいだせば、ママはいつも泣きだすので、これはあまりいわない方がよいと、かれは内々心にきめて」となっているのを、翻訳では「自分がおとつさんのことを云ひ出せば、おつかさんはいつもお泣きなさるから、コレハ餘り度々云はないほうが好いのだろう、いふまゐと内々心に定《き》めて」というように、「かれは」という三人称の語りがいつのまにか「自分は」という一人称の語りをひびかせるような不安定な揺れをみせている。[34] 賤子自身（『女学雑誌』明23・4・5）は翻訳の筆をとった動機について、「未熟の身にとっては心の中さへを、文に綴る事が容易《たやす》く御座いませんので、……いつそそれ故人の著したものの中、手頃のを撰んで訳したほうが、はるかに心易い様にも考へて居《おり》升《ます》」と語っているが、彼女自身が原文の三人称〈ともにある〉視点の叙法をなおはっきりと理解していないために、一人称と三人称の語りの揺らぎが生じているのである。じっさい『小公子』にさきだつ明治二二年の創作「すみれ」は、地の文は擬古文で三人称の語りをとるが、テクストの大部分は人情本のように人物たちの口語の会話でなりたつ古いタイプのものである。明治二三年の「忘れ形見」は一人称だが、「あなた僕の履歴を話せつて仰《おつしや》るの？　話し升とも」というように、二人称の聞き手に面とむかって話しかける口語体の語りである。明治二〇年代における二葉亭や若松賤子等の事例に見られるのは、西洋近代小説が発明した三人称の〈ともにある〉視点の語りを自覚的にわが国に移入することが当時の日本人にとってきわめて困難であったという事実である。一人称の語りにくらべて、とりわけ三人称の〈ともにある〉視点の語りの理解と実践が困難であるということ、そのことの理由のひとつはおそらくはテクストを、これを発話する「声」の主体、したがって物語のできごとを目撃し報告する「だれか」ある「語り手」に帰すという、伝統的な音読共同体における物語の慣習にあると思われる。

山田美妙は、二葉亭の『浮雲』とほぼ同時期に、言文一致体の小説「武蔵野」（明20）を発表して大評判となる。美妙は、明治二〇年に「大学教授チヤンバヲレン氏」が羅馬字会での講演「Gen-bun-Itchi」（B. G. Chamberlain『羅馬字雑誌』一一冊二四号、明20・5）で、ヨーロッパでも中世は文はラテン語で俗語の言と乖離していて、現時の日本はまさにそうだが、「開化した国ではみな話すとおりに書く」のが多く日本もそうあるべきだというのを読んで、自分も「断然馬琴の文章を捨てて、言文一致といふ新しいものに就いた」（美妙「言文一致の犠牲」『文章世界』明40・10）という。こうして明治二〇年に「風琴調一節」という言文一致で語尾が「だ」調の処女作をだしたが、「世間の頑迷連の攻撃といふものは、実に大したもので『俗だ』と罵り、『下品』と譏《そし》る。私は包囲攻撃の中心点となった」と回顧している。ついで「武蔵野」をだしたが、これは時代物語だというので、「左様じゃ。酷い有様でおじゃるわ。あの先年の大合戦の跡でおじゃらうが、跡を取収める人も無くて」というように、慶長頃の俗語に足利頃の俗語をまぜた「おじゃる」詞を用いる一方で、地の文は「はっし、ぬかった、気が注《つ》かなかった。馬ぢゃ……敵ぢゃ」のように誇張した文句や、「……」という西洋由来の符号を用いたり、「跡は降った、剱の雨が。草は貫った、赤絵具を。淋しさうに生出る新月の影。くやしさうに吹く野の夕風」といった西洋修辞学の擬人法や倒置法を試みた表現によって珍しがられて喝采される。「武蔵野」についでた、おなじく時代物の「胡蝶」（明22）は「だ調」に対する批判を受けて「です調」に変えたが、これには渡辺省亭による胡蝶の裸体姿の挿絵がつけられていて世間の好奇心を喚起し、またのちに見るように裸体画論争もおこって評判をとった。

その極端に西洋臭い言文一致の文章上の新味によって一躍時代の寵児になった美妙の人気があっけなくおとろえ、それといれかわりに尾崎紅葉と幸田露伴が注目されるようになるが、それはまた一時流行した言文一致体に対する失望とその衰退に呼応している。じっさい、明治二二年に紅葉が『二人比丘尼色懺悔』と「恋山賤《やまがつ》」をだし、露伴も「風流佛」をだしたとき、それらはいずれも雅俗折衷体を基本にした三人称〈全知〉の視点の伝統的な語りである。紅葉はその冒頭で「文章は在来の雅俗折衷おかしからず。言文一致このもしからずで。……一風異様の文体を創造せり。……対話は浄瑠璃体に今時の俗話調を混じたるものなり」というが、これについて内田魯庵（「紅葉山人の「色懺悔」」『女学雑誌』明22・4・20、27）は、「詞を浄瑠璃風にせられし故、丸で芝居かと思ふ処」あり、趣向も二人の尼が偶然出会いおたがいの身の上話をするうち、ひとりは戦死した若武者小四郎守実の正妻若菜、他方は幼少時からの許婚芳野であることが判明するというもので、すでに仮名草子の「二人比丘尼」などにもあって「一向に新らしくない」し、「地の文少なく詞沢山――わけてアサイド［傍白、独言］沢山にして小説としては頗るダレル気味」があるという。じっさい守実の内的独白はながく、しかも守実の心を反省的に説明し記述するたぐいの古典的な〈全知〉の視点による心理分析である。忍月（「新著百種の「色懺悔」」『国民之友』明22・4・22、5・2）もこれを傑作とする批評家があるのに対して、「結構句調事実の戯曲に傾き過ぎて小説の体裁を遠かる」こと、若菜と芳野は「其心情性質互ひに」相同じで個性がないことをあげて批判している。忍月はまた、「脚色の構造其順序を失ひしこと」をあげるが、それは、「発端　奇遇の巻」では二人の尼がであってまずは若菜が身の上話をし、ついで芳野が「然様ならお聞下さりまし。かういふ訳でござります」で、つぎの「戦場の巻」へと展開するのだが、この場面の多くは語り手であるはずの芳野や若菜が見聞きできるものではなく、それゆえ〈全知〉の視点で語られていて、その物語の構造が一貫しないことをいう。[35]

「恋山賤」は、山村の戸長のところに東京から客としてやってきた若い美女が山遊びの途中でころんでなかば気をうしなっているのを見つけた山賤が、その美女に心を奪われて、つのる欲情とそれを制する良心との葛藤を描いたもので、これについて露伴は、『色懺悔』が第二義の浮世の義理と浮世の人情の葛藤であるのに対して、「恋山賤」は「第二義を出で、幾微《きび》の境界」すなわち「良心と欲心」という人間に普遍的な葛藤を描いている点、しかも「魯西亜《ろしあ》流とか呼ぶ、地質図の横截面を見るごとき文法を以て為ざる」[36]点をたかく評価している。ここにいう「文法」とは『浮雲』の言文一致による詳細で「ヒツコイ」心理描写をいうのだろうが、紅葉の描写にしても〈全知〉の視点の分析と説明による古典的で要約的な心理記述である。興味深いのは魯庵（『女学雑誌』明22・11・16）の評で、かれは「「恋山賤」は実にゾーラの「アベ、ムール」〔『ムーレ神父のあやまち』〕に胚胎せり」とした上で、「平生ゾーラを天下の悪魔と罵りし女学記者」がこれを「山賤がフト煩悩心を起し、乍《たち》まち又後悔して、身の毛よだち、目をねぶりて唱名申すところ、中々の筆なり」（『女学雑誌』明22・11・2）とほめているのは不思議だと皮肉っている。この記者は巌本善治と思われるが、巌本は『女学雑誌』（明22・3・9）の社説「文章上の理想」で、嵯峨の屋おむろの「くされ玉子」（明22）が、女学校教師松村文子が少年を誘惑して同衾し、そこへ以前からつきあいのある宮川が来合わせる三角関係を細叙しているのを非難して、これを「ゾラの作に係る悪小説」に比しており、また「小説家の着眼」（『女学雑誌』明22・3・23）では、こうした小説は「尤も普通なる無定見なる着眼を以て「其の実を写せり」と云ふに止まる」と批判している。だが魯庵は、ゾラは「今世界の大小説家」で、「彼好んで下賤なる情欲の微を写し人間心裏の醜悪を暴露」するが、「人間は皮一枚、若し皮破るれば汚穢なる臓腑溢出し……よしや表面は実義正直に見へても心に悪魔の存せぬ事やある。……さすれば人情の微を写さんにいかでか醜悪を除き去るを得べき」といい、「恋山賤」を「近日出色の立案」と称賛するのである。

もうひとつ注目すべきは、魯庵が「西鶴の文はねぢりたる白銀の如《ごとき》か、ひねりたる厄神の如《ごとき》か」と西鶴をひきあいにだして、「恋山賤」の文は「拙悪文字」だと評している点である。魯庵が西鶴に言及したのは、明治一三、四年ごろから淡島寒月が当時忘れられて一般に知られることのなかった西鶴の浮世草子を集めはじめ、それを明治一八年ごろから紅葉や露伴、魯庵らに見せた[37]ことから生じた元禄文学復興と、いわゆる「西鶴調」文体流行の気運による。これについては逍遙（「明治廿二年文学界の風潮（続）」『読売新聞』明23・1・15）も、「文章を重んずるの傾きと文学界の反動とが相合して言文一致熱」大いに弛み「輿論大に在来文に」むかったと記している。西鶴調の文体は「連句の技法が散文に表れた俳諧的な表現[38]」といわれるが、その特徴はいくつかの短文を、それぞれの述部を省略し、接続助詞「て」や体言止め、また掛詞や縁語などでつなげることで、音調はテンポよく連綿とつながる体のものとなり、あるいは主語が省略されたまま別の主語に転換されて、一文が完結しないまま他の文に転化したり合体したりすることで生じる、いわゆる「捩れ文（曲流文）」などである。もっとも逍遙でさえ「外国語よりむづかしい西鶴語《ことば》、通辞［通訳］なうては埒あくまじ」（「梓神子」『読売新聞』明24・5・15－6・17）というように、当時のひとにとってもこれは異様な文体ではあったらしい。

一方露伴は明治二二年九月に『風流佛』をだすが、これは若き仏師珠運が修行の旅の途次に花漬売りのお辰と出会い結ばれようとしたが、お辰が岩沼子爵の落胤であることが判明して別れさせられ、失念のうちにお辰の面影を宿した仏像を彫りあげて、最後はその帰依仏すなわちお辰とともに昇天するという幻想物語である。露伴はここで「［お辰は］持ち来りし包静かにひらきて二箱三箱差し出す手つきのしほらしさに、［珠運は］花は余所になりてうつつなく覗き込む此方の眼を［お辰は］避けて背向くる顔、折から隙洩る風の燈火動きて明らかには見えざるにさへ隠れ難き美しさ」のように、省略された主語が転換されて一文が別の文と連綿とつらなる西鶴調を見せている。それだけではなくここには、

「衣脱ぎかへて転《ころ》りと横になり、夜着引きかぶればありありと浮ぶお辰の姿、首さし出して眼をひらけば花漬、閉づればおもかげ、是はどうじゃと呆れてまた候《ぞろ》眼をあけば花漬……梅の花の香は箱を洩れてするすると枕に通へば、何となくときめく心を種として……」

というように、なお〈全知〉の語りではあっても珠運の一瞬一瞬の心の動きを写した描写は、西鶴にはもちろん紅葉にも見られないあたらしさ、〈密着〉の視点の語りといってもよいものを見せている。

これ以後、紅葉と露伴は『読売新聞』を舞台に紅露とならび称されて、新文学におけるわかい世代のホープとされるが、紅葉はしばしば「写実派」と呼ばれ、露伴は「理想派」と呼ばれた。これについては忍月（「此ぬし」『国民之友』明23・9・23）が、「予輩紅葉の著書を読む毎に、概ね普通と平常といふことを感ず……此奇といふ事を写すは紅葉のメッタになさざる所なり、奇を写すは露伴の専有物にして紅葉の長所にはあらざるなり」と述べているが、紅葉の「写実派」、露伴の「理想派」とはまずはこういうことで、紅葉の「写実」というのも、その題材がわれわれの平常目撃する事物だというにとどまる。逍遙も明治二二年一月に「細君」をだしたが、『女学雑誌』記者（あだし野の友「春の舎主人の「細君」」明22・2・9）が「細君は他の春の屋小説と趣を異にせり」というように、「細君」の冒頭は語尾「たり」をのぞけばほぼ言文一致といってよい文体で、美文の修辞もほとんど見られず、〈全知〉ではあるが、女中お園が経験しているものと区別がつかないほどにリアルな〈情況〉の視点の語りを実現している。

「引窓を引いて後は、昏《くら》さ四方より掩ひかかり、ランプの影は台所の天井に月の形を写したり。秋の日はとっぷり暮れて柱に掛かる時計の音耳につく程鳴ひびく。……奥も台所も寂《ひつそ》として、別けて新参ものの手持なさ、お園は独りツクネンと女中部屋に物思ひ。此時づかづかと出で来るは此邸にゐる書生なるべし、長火鉢のそばへ突立ち湯呑と鉄瓶を左右にとりあげ、二三度おっかけて白湯を飲み、こちらへは見向きもせず、畳を蹴立て帰り行くを、お園は目を丸くして見送れり。跡は又一倍の寂しさ」。

また〈ともにある〉視点というほどお園に即しているわけではないが、ほぼ〈密着〉の視点といってよい語りも見られて斬新である。

「娘は急に泣顔を直し、おそるおそる跡につき、台所の次の間を通り、閾《しきい》のそばへ坐りしが〔〈全知〉〕、……麁相《そそう》をした覚えはなけれど、叱られるのではあるまいか、言葉少なで意地わるさうな。ニッコリともなさらぬが、若し奥さまの気に入らず、さげられたらば如何がしよう。ゴクつぶしと叔母に叱られ、又つらい日を算へる事か、と小さき心おちつかず〔〈密着〉〕」。

依田学海（「春の舎君小説細君」『国民之友』明22・2・12）がこれを評して、逍遙が「他〔の人物〕よりしてこれ〔主人公〕を模写するときはその人の意想の外に出て、反て直にその人を写すよりも真情を得べし」と語ったことを紹介した上で、「細君一篇はその自説をもて筆を執られたりと見えて妙いふ可からず。……その〔小婢の〕眼中と意中より一個の細君を描き来る、以下ますますその精密を加えて細君の心情見るが如し」というのも、逍遙のこの語りの効果に言及したものである。[39] とはいえ「細君」も後半になると、男女同権もいまだとおいわが国の実情をうれえる美文調のながいコメンタリーのあとに、夫人の内実を語るながい説明文、『女学雑誌』記者のいう「談《はな》し家流の来歴談」がつづき、跡はほぼ従来の〈全知〉の語りになっている。あるいはこの作のあたらしい試みにも十分満足できなかったものか、逍遙は明治二一年一一月三日の日記に「此夜二葉亭来るを幸、感ずる所あり。断然文壇を退かんと決心す」と記し、二二年一月には「今より断然小説を売品とすることをやめ、只管《ひたすら》真実を旨として人生の観察に従事せんと思ひ定む。ゾラ、サカレー等の作の一部を時々翻訳す」[40]と記して、以後小説の筆を断つ。逍遙は後年「小説の筆を抛《なげう》ったのは、二葉亭の新作に驚かされて、深く前非を自識したからでもあったが、一つは、到底、こんな堪らない様式では、何を書いたとて物にはならぬと煩悶したからであった」（『回憶漫談』）と述懐している。こうして逍遙も、そして二葉亭も、かれらがめざした西洋近代のリアリズム小説をみずからの手で実現することができないまま、これを断念せざるをえない。

リアルな表現を可能にする口語的文章語、とりわけ「です」や「た」、「である」といった待遇感情がからみついたその文末辞のひびきが違和感なく受けいれられることと、「作者＝発話者」の消去と、そして古典的な〈全知〉の視点に加えて〈情況〉の視点、〈密着〉の視点、〈ともにある〉視点という語りの装置の開発とは、それぞれ問題としてはべつのものでありながら緊密にむすびついてもいる。これらのいずれをももたないわが国の旧来の小説の圧力のもとで、西洋的な近代リアリズム小説をめざそうとするとき、その成就のためには、この三つの問題を同時に解決することが必要であった。のちに見るように、おそらく国木田独歩の「今の武蔵野」（明31・1）、「忘れえぬ人々」（明31・4）において、もっともはっきりしたかたちでおこったことはそれである。ただし例外がある。明治二三年一月に発表された森鷗外の「舞姫」をはじめとするこの時期の森鷗外の短編は、文体は当時落合直文ら国文学者によって改良された雅文としての「新国文」をとっているにもかかわらず、当時としては例外的に、すでに主人公の内面のドラマとしての成熟を見せているのである。

第三章 「想」と「実」

1 「舞姫」論争

明治二一年九月にドイツ留学から帰国した森鷗外は、翌二二年八月に訳詩集『於母影』を発表し一〇月には『柵草紙』を創刊するが、二三年には「舞姫」、「うたかたの記」、二四年に「文づかひ」とやつぎばやに短編小説を発表する。「舞姫」は一人称（余＝太田豊太郎）の自伝的回想形式で、基本は〈全知〉の視点からひんぱんに反省や後悔が述べられ、しばしば「嗚呼、何等の悪因ぞ」といった詠嘆もまじえて、すでに見た当時流行の一人称小説の特徴を共有しているが、特筆すべきはそこにまぎれもない〈ともにある〉視点の語りがはっきりと姿をあらわしている点である。「余」がはじめてエリスに会ったときの印象の描写は、ことにそれが際立っている。

「今この処を過ぎんとするとき、鎖《とざ》したる寺門の扉に倚りて、声を呑みつつ泣くひとりの少女《おとめ》あるを見たり。年は十六、七なるべし、被りし巾《きれ》を洩れたる髪の色は、薄きこがね色にて、着たる衣は垢つき汚れたりとも見えず。我足音に驚かされてかへりみたる面〔〈ともにある〉〕、余に詩人の筆なければこれを写すべくもあらず〔〈全知〉〕。この青く清らにて物問ひたげに愁を含める目の、半ば露を宿せる長き睫毛に掩はれたるは〔〈ともにある〉〕、何故に一顧したるのみにて、用心深き我心の底までは徹したるか〔〈全知〉〕。

磯貝は、人物イメージにしても従来の「人相書きのような人物描写」による「細叙よりは、一点集約的描写の方がどんなに効果があるかということも、ほとんど心得きっており、西洋短編の味読ぶりが察せられるのである」[1]というが、当時の読者は、たとえば山口虎太郎（「舞姫細評」『柵草紙』明23・1）が「舞姫」にきわめて好意的だったにもかかわらず、「然れども漁史〔鷗外〕が筆は人物の成形的に及ばず、粧点〔修飾、彩り〕の足らざる、人をして主なる人物の容貌衣服を推察するに苦ましむ」というように、まだそれについていけなかった。磯貝は、当時のひとびとには「これは骨の髄からバタくさい文章」[2]であったという。「文づかひ」も一人称（われ＝小林）の語りだが、語り手小林はあくまでも目撃者にすぎず、主人公は小林によって語られるイイダ姫であり、しかも筋の中核は最後にイイダ姫の口から明かされる事の顚末にある。それゆえ「舞姫」にも見られた自伝的回想形式や懺悔談ではないために、小林と〈ともにある〉視点の語りはいよいよ自在に展開されている。思軒（「鷗外の「文つかひ」三昧の「桂姫」並びに西鶴の「約束は雪の朝食」」『郵便報知新聞』明24・2・10）が「全体の妙はイイダ姫の境遇を従頭正面より描かずして壹《ひとえ》に日本士官小林の耳目中より側写せるに在り」といい、事の顚末は末尾にいたってはじめてあきらかにされるが「前半篇にありては読者は小林とともに折り折り様子ありげなるを疑ひ思ふのみ」で、「是等の手法は平生西洋の小説若くは物語《テール》に熟せる者に非ざれば輒《たや》すく悟到する能はざらん」というとき、かれはこのことに気

づいていた。「うたかたの記」は三人称ではあるが、ここでは

「こよひも瓦斯燈の光、半ば開きたる窓に映じて、内には笑ひさざめく声聞ゆるをり、かどにきかかりたる二人あり。……先づ二人が面を撲つはたばこの烟《けぶり》にて、遽《にわか》に入りたる目には、中なる人をも見わきがたし」。

というように〈情況〉の視点が成立している。巨瀬が花売りの少女マリイにであった経緯、マリイ自身の身の上話はそれぞれに、いずれもながい一人称の会話体のもの語りだが、たとえば巨瀬の語りのなかの

「われは珈琲代の白銅貨を、帳場の石板の上に擲《な》げ、外套取りて出でて見しに、花売の子は、ひとりさめざめと泣きてゆくを、呼べども顧みず。追付きて、「いかに、善き子、菫花のしろ取らせむ、」といふを聞きて、始めて仰見つ」。

には、一人称〈ともにある〉視点はあざやかである。だが地の文の三人称の語りとなると、おおむね主語が省かれているために〈情況〉の視点なのか、巨瀬と〈ともにある〉視点なのかが曖昧な叙述が多くなる。

「巨瀬は脱ぎたる夏外套を少女に被《き》せて小舟に乗らせ、われは櫂取りて漕出でぬ［〈全知〉］。……蘆の一叢舟に触れて、さわさわと声するをりから、岸辺に人の足音して、木の間を出づる姿あり［〈情況〉］。……舟にて

は巨瀬が外套を背に着て、蹲《うづく》まりゐたるマリイ、これも岸なる人を見ゐたりしが、この時俄《にわか》に驚きたる如く、「彼は王なり」と叫びて立ちあがりぬ〔〈全知〉〕。

それゆえこの時点での鷗外には、三人称〈ともにある〉視点の語りについてはなおその方法意識ははっきりしていないと思われる。じっさいこれらの短編に見られる、当時としては稀有な叙法は、西洋を舞台にし、味読のうちにいわば直観的に身につけた西洋小説の手法にならうかぎりで鷗外に可能だったのである。それゆえ巌本善治（撫象子「文づかひ」『女学雑誌』明24・2・7）が鷗外に対して「ただ此上は、舞台を独逸ならざる我国に置《す》え、日本人のみを用ひて一篇の趣向を搆《かま》へ玉へ」というのに対して、忍月（「新著百種第十二号文つかひ」『国会』明24・2・14〜15）が鷗外の最大の特色は「舞台を西洋（独逸）に取り、好んで異邦人物を交ゆること是なり。……若し鷗外予に許さば予は鷗外に今後と雖も常に西洋の舞台、人物を取り以って専売となさんことを勧告す」というのも、この時点での「鷗外筆意の在る所」をするどく見ぬいていたというべきである。

いずれにせよこれらの小説の近代性はあきらかである。忍月（「舞姫評」『国民之友』明23・2・3）も「舞姫」を「稀有の好著なり」と評価するのだが、その一方で本篇の主とする所は太田の懺悔にあるからその表題を「舞姫」とするのは適切ではないとか、太田の履歴の長々としたくだりは無用だとか批判し、また主人公の人物像は「前後矛盾」していてその行為の一貫性が見られないといい、さらに太田のように「薄志弱行にして精気なく誠心なく随って感情の健全ならざる」は小説の主人公としてふさわしくないと非難している。このうち標題と履歴にかんしてはいわずもがなのことであり、あとのふたつにしても鷗外（「気取半之丞に與ふる書」『柵草紙』明23・4）が、むしろひととはそうしたもので「われとわが心さへ変り易き」ものであり、また薄志弱行だから主人公にふさわしくないというなら、『ハムレット』を作ったシェークスピアもそのように非難されるだろうと、いずれも正当に反論している。ところが忍月が「うたかたの記」を批評するにおよんで、ことはにわかに不穏な論争の調子を帯びる。忍月（水泡子「うたかたの記」『国民之友』明23・10・23）はその描写を称賛しつつも、「そは唯其外形についていふのみ、其内面の果して健全にして不朽幽玄の意思精神なるや否やは別問題に属す」という。それというのも「うたかたの記」は忍月のいう「三種の狂」すなわちマリイの偽狂、国王ルウドキヒの真狂、そして巨瀬の学問狂を書きわけることと、巨瀬とマリイの愛情物語と、そして国王とマリイの溺死という事件からなるが、これら三つの物語はそれぞれ独立していてそのつながりがはっきりしないために、忍月は「此篇の成立したる所以、此篇の精神の注ぐ所を知らず」というのである。じっさい清艶子（「うたかたの記」『女学雑誌』明23・11・1）も「本篇読み終りて一種高尚なる思想胸間に充ち渡り殆《ほとん》ど其作意を知らず」といい、一読その「作為の主眼」を「巨瀬とマリーの愛情」にありと思い、再読して忍月のいう「三種の狂」にありと思い、三読四読して「美術家を諷誡」するにあるのを「発見するに至る」というように揺れ動いている。また道楽屋人（「此頃のもの」『国民新聞』明23・9・27）も、これは「石礆《しゃぼん》玉の如く五色の彩もありて奇麗なれど眼の肥へた人ならでは解らず、又眼の優れた人が妙を見分け様と睨めると忽ち消へてしまう墓なきものなり。……容易に感服する批評家は有まい」という。

　鷗外の反論（「答忍月論幽玄書」『柵草紙』明23・11）は、忍月が「うたかたの記」の「外形に取るべき」ところはあるが「其内面は言ふに足らざるもの」と批判したと受けとめた上で、「其外形」である「文章の末技」と、「其内面」である「此篇の成立したる所以、此篇の精神の注ぐ所」ないし「不朽幽玄の意思精神」というふたつの概念の当否に集中する。

忍月はすでに明治二三年に「想実論」（『江湖新聞』3・20－30）を発表していて、そこでは「詩とは言葉の働きに由って、人間の性情生活《ゼーレンレーベン》と意思生活《ガイステスレーベン》とが、美術的に発揮せられたるもの」だが、「性情《ゼイレ》［Seele、心］」とは外的現実の現象を感知（感覚知覚）した結果生じる「感情」であり、「意思《ガイスト》［Geist、精神］」とはこの感知された内的感覚・感情について「考察」するはたらきだという。「詩の成るや先づ感念起る」が、これは目に見えず耳に聞こえない永遠不朽の「幽玄」を感得するものであり、「此感念を支配する者は即ち所謂精神」である。そしてこの感念が正しくはたらくとき、その感念と精神とは健全である。ここにいう永遠不朽の「幽玄」すなわち「現象以外に無形の真理」は、人間が営む個々の現象のうちに「反照［反映］」するもので、それはたとえば古代アテネの詩人が当時のアテネ人を描写するとしても、それが描くものは、その「皮を貫き核に至り人類の徴を」発するもの、したがって人間の普遍的な本質であり理念であり真理だというのである。さらに「想」と「実」に説きおよんで、想は「虚象」で実は「真景」であり、性情は実（現実現象）にかかわり、意思は「想」すなわち思考や観念をベースにした想像ないしイメージを産みだすが、「詩の要は内に虚象を設けて文字之を実にし、外に真景を探りて又之を虚象に帰するに在り。故に詩は想より出でて実に入り、又実より出でて想に入るべし」という。こうして性情と意思、実と想とが齟齬することなく「唯一の象形に収合する」ときはじめて真の詩すなわち作品となり、読者はこの幽玄を反照する作品のうちに「現象以外に無形の真理」である「事物の真相」すなわち「感念」（観念、理念）を「感得黙会」するという。これは美を「理念の感性的あらわれ」とするヘーゲルを踏まえた、わが国でもフェノロサ以来一般的に流通する観念論（理想主義）美学の立場である。そしてこの点でそれは、鷗外がもちだしてくるハルトマンの「具象的理想主義」にもとづく「小天地想」とほぼおなじものといってよい。

だが鷗外は、そうはとらなかった。かれによれば、忍月は「文章の末技」を「外形」とするが、ここで文章とは「詩形」のことである。一方で忍月のいう「想」は「想髄《イデエルレル、インハルト》［ideeller Inhalt、理念内容］」であるが、忍月も想は現象としての作品の「外形中に存ずるもの」だという以上、忍月のいう「外形」はすでにして詩形と想髄とが調和合体した「唯一の象形」としての作品であり、そうだとすればこれとはべつにさらに「一種の内面」すなわち「精神」を立てるのはおかしい、というのである。これに対して忍月（「鷗外の幽玄論に答ふる書」『国会』明23・12・3）はあらためて、自分が「うたかたの記」の「内面の果して健全にして不朽幽玄の意思精神なるや否やは別問題に属す」といったのは鷗外の作品が「内面は言ふに足らざるもの」だという意味ではないと弁明した上で、鷗外の「答忍月論幽玄書」には「予の意を誤解したるが如きものあり」と反論している。自分のいう「外形」とは「文章及び結構」を指すのであり、「予の所謂小説の内面とは、即ち其精神を謂ふなり。……君の所謂想髄なる者と同一に帰するならん歟」ともいう。ところがこれに対しても鷗外（「忍月が再び我に答ふる書を見て」『柵草紙』明23・12）は、忍月のいう「結構」が「詩材の排置」、したがって内容（内面）をもふくむ構想にあたるものだとすれば、忍月は「うたかたの記」の「外形＝結構」に言及することで「自ら知らずして、一小説の内面を評し」ながら、「其外に猶内面の別問題に属するあり」と主張するあやまりをおかしていると非難する。そして鷗外は、かれが考える忍月のあやまりをあきらかにするには「先づ幽玄の何物たるかを解釈せざるべからず。願わくは君我が美術の幽玄を説くを聴け」として、ハルトマン美学をもちだすのである。

2　ハルトマンの「小天地想」

鷗外は明治四四年に自伝とも小説ともいえるような「妄想」という小品を発表しているが、それによれば語り手である「自分」がベルリンにいたとき「痛切に心の空虚」を感じて哲学の本を読んでみようと思い、はじめて手にしたのが「その頃十九世紀は鉄道とハルトマンの哲学とを齎《もたら》したと云った位、最新の大系統として賛否の声が喧《かまびす》しかった」ハルトマンの『無意識の哲学』(1869)であったといい、また帰国後「芸術の批評に口を出して、ハルトマンの美学を根拠にして」論じたが、それは「かれの美学は当時最も完備したものであって、而も創見に富んで」いて、「自分は美学の上で、矢張一時の権威者としてハルトマンに脱帽した」からだという。たしかに『無意識の哲学』は当時大きな注目を集め、一八七〇年初めにはすでに千部売れ、一八七八年までに八版でて一八八四年には英訳もでた。しかし一九〇六年のハルトマンの死の三年後にでたオットー・ブラウンの評伝によれば、最初の熱狂と成功の一方で、哲学の専門家や自然科学者からは、そうした熱狂は「素人の目からする声望」[3]にすぎず、ハルトマンは「無知でディレッタント」だと攻撃された。すでに見たように、鷗外はジャーナリストのヴェロンによる『維氏美学』を「非学問派なるヱロン［ヴェロン］の美学」というが、講壇に属さないハルトマンもまた「非学問派」の美学なのである。たしかに明治二五年には、のちにドイツに留学し明治三三年に帰朝して東京帝国大学に新設の美学講座の初代教授となる大塚保治が東京専門学校でハルトマン美学を講じているし、鷗外自身も慶應義塾や東京美術学校で「審美学」の講義をしているが、大塚が帰国後におこなった講演「美学の性質及其研究法」(『哲学雑誌』明34・6）でかれは、ドイツにいってみると「今の作家や評家に向かってフィッシャーやハルトマンなどの話を持掛けたならば、真面目に挨拶するものは恐らく一人もありますまい。……哲学的美学は……一般の文学美術といふ現象の説明として甚だ不完全である、さうして其不完全の原因は全く研究方法の宜しくない故であるといふ事を悟りました」というのである。

ハルトマン自身、自分の哲学の諸原理が「プラトンとシェリング、ヘーゲル、そしてショーペンハウエル」と重なるものであることを認めているが、その哲学はたしかに折衷論である。それは絶対精神が自己を自然の生成の諸階梯から人間世界の歴史的諸段階を経て展開させて完全な自己意識化と自己認識にいたるヘーゲル哲学を骨格として、その「精神」と「意識」をショーペンハウエルの「意志（Wille）」ないしシェリングの「意欲（Wollen）」と「無意識」に、「理念」を「表象」におきかえ、精神の弁証法的自己展開を当時流行していた進化論的展開におきかえ、これにやはり当時流行していた厭世主義的世界観を加味したものである。ハルトマンによれば、世界の根拠はヘーゲルの、自己についての完全な意識へとむかう絶対「精神」ではなく、むしろそれ自体無意識でただ存在ないし生へとむかう「意欲（Wollen）」である。そしてこの意欲がそのつど特定の「意志（Wille）」として現象世界へと「個別化」することで、無機的な物質から、ポリープのような原細胞の発生、そこから生長する植物、動物、そして脳の意識をもつ高等動物へと進化する過程を、それ自体無意識の意欲の展開としての「世界過程」と、それに対応した「意識的な知性の展開」として構想するのである。だがヘーゲルと決定的にことなるのは、この意欲の個別化の展開は、その結果生じた個々人の意識的な意志の増進による「エゴイズム」へとむかい、その結果「失望の苦痛」や「現実存在の悲惨」に終わるほかはないという点にある。ショーペンハウエルなら、この苦痛からの救済を

「個人の無化」あるいは仏教にいう「輪廻からの解脱」にもとめるが、ハルトマンはこれを「個々の人格の世界過程への完全なる帰依」すなわち「諦念（Entsagung）」[4]に見る。

一八八七年の『美の哲学』ではハルトマンは、この「意欲＝無意識」をよりヘーゲル的な術語を用いて世界創造における「絶対精神（絶対的理念）」と名指し、そしてヘーゲルのいう美は、この絶対精神が美という現象のうちに自己を個別化して姿をあらわしたもの、したがって「具象的理念」として理解されるべきものだとして、これをもっぱら絶対的理念に還元するシェリングのような「抽象的観念論」に対して、みずからの立場を「具象的観念論」とする。こうしてハルトマンは、無意識の意欲による世界の現実化に動機づけられた世界過程の諸階梯に対応した「美の具象化の諸階梯」を展開する。これは無機的自然の合法則性に対応した形式美から、生命体のうちなる有機的合目的性に対応した形式美へ、そしてたとえば虎や馬の個体がまさに虎や馬として理想的な姿をしているという意味での虎や馬の「類的理念（Gattungsidee）」としての美から、個々の存在者にあって、まさにその個別性において「顕現した理念」すなわち「個的理念（Individualidee）」の表象としての「具象美」にいたるが、そのような具象美を生みだすのは「芸術家の意識」である。もっとも芸術家の意識も絶対精神（意欲）の個別化の所産であるから、個別的な「具象美＝芸術作品」を創りだす芸術家の意識は、それと知らず無意識にいわば世界過程の「創造者の意識にとり憑かれて」おり、これが芸術家における「創造的精神あるいは天才」の基底をなす。また「個的理念」のうちに絶対精神の理念が顕現している以上、それは絶対精神の世界過程の総体である「マクロコスモス（大宇宙）」に対応したひとつの「ミクロコスモス的理念」、すなわち鷗外のいう「小天地想」といってよい。そのかぎりで個的理念は、「世界理念の模像」である。こうしてわれわれには、「個的理念の十全な感性化」である美の経験のうちに、無意識の絶対精神の「マクロコスモス的理念」についての「無意識で予兆にみちた、感情的で暗示的な把握」が可能となる。なるほどその理念内容それ自体はわれわれの意識にとって「神秘的」なものにとどまるが、「美的把握の行為」がもたらす美的感情にあって、われわれは当の美にわれを忘れてうっとりと没入し、この「美への没入（帰依、Hingabe）」にあってわれわれは、個的主観としての自己の、この美を創りだした「絶対精神との統一」を美的に感じとるのであり、そしてこれが、『無意識の哲学』がいうあの「個々の人格の世界過程への完全なる帰依」による「神から分離した自我性の救済」[5]への憧憬を喚起し、たとえ一時的な「美的イリュージョン」ではあってもこれによって慰められる、というのである。しかしブラウンによれば、ハルトマンの美学は当時は「完全に無視された」[6]という。

　ともあれ鷗外はハルトマンのいう「ミクロコスモス的理念」すなわち理念が現象のうちに具現した「小天地想」に照らして、忍月が「形式＝内容」である作品とはべつに「一種の内面」である「精神」を立てるのは誤りだと批判する。鷗外はまた忍月の「意思」をとらえて、これをハルトマンのいう「ヰルレ」、すなわち意欲が個別化したそのつどの「意志（Wille）」と解し、忍月のいう「不朽幽玄の意思精神」をハルトマンのいう意欲すなわち絶対精神それ自体を抽象的に名指すものと理解したようだが、忍月のいう「意思《ガイスト》」は思念の働きであって、ハルトマンのいう世界過程の根拠たる「意志」を意味しない。じっさいには作品を、目に見える「文章及び結構」と、その内なる目に見えない「意思」ないし「想」とが「唯一の象形に収合」したものだとする忍月の主張は、作品を形式と内容からなるものとするごく一般的な考えにもとづいていて、鷗外のいう「想髄即外形」すなわち「小天地想」というのもおなじ主張である。忍月は露伴の「一口剣」（明23）について、「独立心と専念」が「本篇に流通するところの観念にして、所謂一口剣の意匠を形造るもの」（「一口剣に対する予の意見」『国民之友』明23・10・3）で、これは「普通にして且つ微妙なる真理」だといい、「舞姫」についてもその「意匠は恋愛と功名と両立せざる人生の境遇」（「舞姫評」）だというが、ここにいう「意匠」とはいわゆる人間の普遍的な本質にかかわる「主題（テーマ）」のことである。鷗外にしても、忍月との論争に先だつ「明治二二年批評家の詩眼」（『柵草紙』明23・1）では、小説の「意匠と云ひ着眼と云ひ注視点と云ふ、皆な想のみ、「イデー」のみ」という。そして忍月は「うたかたの記」については、形式はともかく内容にかんして、これは「巨勢とマリイの愛情の成立」を描こうとして、その交情の風情は漂うもののそれ以上に一篇のストーリーとして展開するというわけでもなく、結局全体は一個の奇譚というべきで、その全編をつらぬくテーマ、意匠、したがって作者の精神の意図するところがはっきりしないというのである。それゆえこれを、作品の外にある超越的で抽象的な「精神」に言及することだと非難するのは、あきらかに鷗外の誤解というより曲解であり、ほとんど屁理屈というほかはない。

「文づかひ」についても忍月（「「新著百種」第十二号文つかひ」『国会』明24・2・14－15）は、「知るべし鷗外がエピック的の叙述法に一種独有の妙腕を有するを」と称賛する一方で、イイダ姫は父親によってきめられたメエルハイムとの結婚を嫌って王宮に宮仕えするという、遁世ともいうべき決断をするのだが、はたしてイイダ姫が「貴族の繁習慣を厭へるか、父母の干渉を厭へるか」、あるいはただ「厭世主義の人なるか」は不明だと批判する。じっさい、イイダ姫自身が「メエルハイムなどの如く心浅々しき人にイイダ姫われを嫌ひて避けむとすなどと、おのれ一人にのみ係ることのやうに思ひ做されむこと口惜しからむ」というからには、姫を遁世にまで追いつめたのはたんにメエルハイムを嫌うからだけとは思えない。またイイダ姫の世を捨てて宮仕えするという決断はやはり唐突で、忍月が「文づかひは終局の結果に誘ふまでの径行《みちゆき》を写すに於ては懈怠《かいたい》〔怠たる〕不注意多しと云ふべし」というように、この小説はイイダ姫の物語としても十分に成立してはいない。この小説における一人称の語り手の小林はたんなる報告者で、文使いはしたものの、イイダ姫をめぐる物語にはまったく関与しないし、これについての説明もない。この小説は、主眼が小林が見聞きした演習や夜会の場面の描写にあって物語としては未熟であり、それゆえ忍月はこれを「漫録随筆」のようだというのである。

これについては『日本評論』記者（「新著百種第十二号　鷗外漁史の文つかひ」明24・2）も、「遠きが如く、邇《ちか》きが如く、気あり焰ありとは、鷗外漁史の筆勢を評するの好文字なるべし」と評価する一方で、「然れども、深く其想の在る所を考ふるに至っては、実に茫乎として迷なき能はざるなり」と、その物語の主眼がどこにあるかがわからないと評している。だがこれに対しても鷗外（「文使に就きて忍月居士に與ふる書」『国民新聞』明24・2・16）は、忍月が引いたイイダ姫のことばだけを取りだせば解しがたきふしもあろうが、他の評者がみな認めているように「姫がメエルハイムを嫌ひて宮仕したるを種々の方角より写して疑なからしめたること」はあきらかだといい、姫の宮仕えは貴族の習慣である強迫結婚を強いる父親によってメエルハイム以外の「男に添ふべき縁」を絶たれた境涯に帰因するというのだが（「再び忍月居士に與ふる書」『国民新聞』明24・2・18）、それにしてもイイダ姫の「おれ一人にのみ……口惜しからむ」ということばは、忍月のいうようにやはり不分明である。

ともあれ鷗外は「文づかひ」ののち、いったん小説の筆を断つ。そして明治三〇年八月にとつぜん、「そめちがへ」を発表する。だが鷗外でさえ日本の風土に舞台を設定したとたんに、身に染みついた伝統的・共同体的感性と文体、そしてそれに支えられたものの見方や感じかた、表現の仕方の枠にひきずられたものか、題材は待合いの色模様であり、文体さえもこの題材にあわせてというのか、かつての浪漫趣味ゆたかな新国文ではなく、ことさらに為永派流の俗文体をもちだして、しかも全編ほとんど会話体で、西洋直伝の〈情況〉の視点や〈ともにある〉視点の語りを忘れたかのようである。斎藤緑雨（「鷗外氏の新作」『文芸倶楽部』明30・9・10）は、「鷗外漁史がそめちがへは鷗外漁史がそめちがへなり。得意の作にあらざるべし。……書き過ぎたり。キチヤウメンなる漁史が筆は竟《つい》に這《この》種のものに適せざるなり」として、これを失敗作とするし、梅渓生（「新小説」『よしあし草』明30・9）は「鷗外の「そめちがひ」に至りては全篇軽浮淫猥一読唾して捨てむと欲す」という。つとに忍月が予見したとおりにというべきか、鷗外の当時としては稀有な叙法はたしかに「舞台を西洋（独逸）に取り、好んで異邦人物を交ゆる」かぎりで鷗外に可能だったのかとも思われる。

　忍月と鷗外のあいだには、「舞姫」論争と重なるように「罪過論」、そして次章で言及する「醜論」についての論争もおこっている。また鷗外の「レッシングが事を記す」（『柵草紙』明24・6）では、その注記と見られる部分で、二年前にでた忍月の「レッシング論」（『国民之友』明22・3・22）[7]の記述の誤りや不適切な点、誤訳を逐一指摘している。両者のこのような関係については嘉部嘉隆がいうように、かれらの「文学に関する知識が同じドイツ系であること」[8]が対抗心をかきたてたということもあるだろう。すでに「「しがらみ草紙」の本領を論ず」（『柵草紙』明22・10）のなかで鷗外は、「伝奇の精髄を論じてアリストテレスの罪過論を唯一の規則とするは既に偏聴《へんちょう》［一方のことばだけを聴いて信用すること］の誚《そしり》を免れず。況やこれを小説に適用せんとするをや」というが、ここで批判されているのは、明治二二年八月二二日の『国民之友』（「新著百種第四号妹背貝」）で「心中には心中に誘ふに十分価値ある原因なかる可からず。術語に此等の原因を称して罪過《シュルド》と言ふ。罪過は即ち書中の人物をして不幸惨憺の境界に堕落せしむるに足る伏線なり」という忍月である。それゆえ忍月はあらためて「罪過論」(『江湖新聞』明23・4・1－3)を発表し、アリストテレスのいう「罪過とは悲哀戯曲〔悲劇〕中の人物を悲惨の境界に淪落《りんらく》〔零落〕せしむる動力《モティブ》(源因)なり」という。またその意味では罪過は原因であり、伏線であり、「衝突《コンフリクト》」であるともいい、これを表現するべく悲劇は、そして小説も「主人公其人と客観的の気運《シックザール》との争いを写す」のだが、「此争ひの為めに主人公知らず知らず自然の法則に違反することもあるべし」[9]というのである。

ここにいう「罪過」はギリシャ語では「ハマルティア」といい、アリストテレスによれば、それはある種の過失である。アリストテレスは『詩学』で「いかにすれば、悲劇的な感動をもたらす筋が出来るか」[10]を問い、悲劇の主人公は観客の「同情(eleos、憐れみ)」を喚起することのできる人物でなければならず、そして「同情とは、身にふさわしからぬ不幸を蒙る人に対してこそ湧く思い」[11]であるから、主人公はおのれみずからが意図した「悪行や悪徳」ではなく、みずからの決断がはらむ「致し方ない過誤」によって「不幸な境涯に至るような人」、たとえばオイディプスのようなひとだというのである。それゆえこの点で、忍月はさほどまちがったことをいっているわけではない。なるほど小説は「人物の意思と気質とに出づる行為、及び其結果より成立」し、そして「此源因は即ち広意に於ける罪過と同一意義なり」となると、行為の原因は罪過とはかぎらないから、これはまちがいである。それゆえ鷗外(「読罪過論」『柵草紙』明23・4)が、「世の批評家が一小説を評して、其人事にアリストテレエスの罪過なきゆゑ、以て小説となすに足らずといひし」を批判するのは正当だが、罪過が原因となり伏線となって葛藤を生みだすというだけならば、このことば遣いをとりたてて難じるにはおよばない。また鷗外が「アリストテレエスの罪過説の決して近此世の批評家のなしし如く、小説に応用すべきものにあらざること」を主張するのは、過失によって不幸におちいる主人公は悲劇にかぎらず小説にも多々ある以上、あきらかにまちがいである。要するに両者とも受け売りで、アリストテレスのいう「罪過」の意味を十分理解していないのである。

3　没理想論争

逍遙は明治二三年一二月に「新作十二番のうち既発四番合評」（のちに「小説三派」と改題）という記事を『読売新聞』（明12・7－15）に寄せるが、そこで現時点での明治の小説を三種に分類している。饗庭篁村や宮崎璋蔵らの小説は「着想も文章も専ら在来の枠を採れる」もの、すなわち「物語を作るに事を主として人を客」とするもので、それゆえこれを馬琴に代表される「固有派」としあるいは「主事派若くは物語派」とする。そして紅葉や美妙の「新文脈をまじへ用ひて着想も頗る外国振り」のものを「折衷派」とするが、これは「人を主として事を客」として「人物の哀歓悲喜を外よりのみは見で内よりも見る」ものだが、しかしなお「或特別なる事変に於ける或特別なる性情の状態を写す」心理学でことたれりとするものであり、それゆえ「性情派若しくは人情派」ともいえるという。だがこの時点での逍遙にとって、人情派とその心理学はもはや小説のあるべき姿ではなく、ここに『神髄』における逍遙自身の、人情世態を写す「小説（ノベル）」概念の深化を見ることもできる。それでは、あるべき小説とはなにか。それは「人間派」の小説であり、その模範はシェークスピアの「ドラマ」である。物語派は「偏《ひとえ》に普通［普遍］なる」もので、「死したる観念はあれど活きたる観念はなく、ゼネラリチーはあれどインヂギヂュアリチ」はなく、人情派は「大かた特殊なる」ものだが、これに対して「人間派の写す所は……其表は特殊にして其裏は普通」にある。たとえば『シーザー』におけるブルータスが思量足らずシーザーを殺し身を滅ぼすのは自業自得だが、一方でブルータスは「義と勇」という人間の普遍的価値を示していて、われわれはこれを「遂に貶《おと》すこと」はできないという。

とはいえ露伴の『風流佛』のような人情派の小説でさえごくまれにしかないわが小説壇にむかって、唐突にゲーテの『ファウスト』やシェークスピアのドラマを標準として物語派の作を叱咤して「是小説にあらずと喝破」するのは、「猶風韻ある日本画の粗なるを見て密なる油画に劣れり」というようなもので正しいとはいえない。それゆえ逍遙は、現にある小説を三派に分かつとしても、それは「必しも三派の優劣をいへるにあらず」という。さらに逍遙は人間派の代表であるシェークスピアを「底知らずの湖」（『読売新聞』附録「筆はじめ」明24・1・1）とする戯文を書くが、ここにいう「底知らずとは無量無数の異類を容れて余ある」ことをいい、それゆえ「勧懲諷刺の旨を此中に求め、区々小理想を此中に求め」ること、あるいはそもそも「池を作りし者の素志如何」を問うことはまちがいだという。ここで排除されている「小理想」とは、すでに『神髄』でも明言されていたように、作者のがわの一方的な「世界観及び人生に對する観念、及び其の品性」、つまりは勧懲のような「道徳の模型《いがた》」を意味している。逍遙は明治二四年の五月から六月にかけて『読売新聞』（5・15–6・17）紙上に「梓神子」という戯文をも連載するが、ここでもシェークスピアは「小理想の奴とはならで、造化〔自然〕が教ふるまま」を写すから「其理想広く遠くして遍く人間を」容れるもので、この意味で見れば「没理想の詩」であり、これを評するには自分の小理想を前提した「演繹的専断批評」ではなく、「没理想の評」すなわち「帰納的批評」でなければならないという。

逍遙は明治二四年一〇月二〇日に『早稲田文学』を創刊しそこで「マクベス評注」を連載するが、その冒頭に掲げた「『マクベス評釈』の緒言」でも、シェークスピアの傑作は「殆ど万般の理想をも容れて余りあるに似たり。是れ最も造化の本性に似たる所なり」という。それゆえシェークスピアの作品に特定の世界観、人生観を認めて、「其の理想をほめて、大哲学者の如く高しといふは信け難《う》し。むしろ其の没理想なるをたたふべきのみ」という。

これに対して鷗外は『柵草紙』第二四号（明24・9）より第三三号（明25・6）にいたるまで実に一〇か月にわたる論難をくりかえして、いわゆる「没理想論争」がくりひろげられるのだが、最初の「逍遙子の新作十二番中既発四番合評、梅花詞集評及梓神子」で鷗外は自分の立場について、以下のように宣言する。

「われ嘗てゴットシャルが詩学に據《よ》り……程経て心をハルトマンが哲学に傾け、其審美の巻に至りて、得るところあるものの如し。その頃料らずも外山正一氏の画論を読みて、我懐けるところに衝突せるを覚え、遂に技癢《ぎよう》［腕を振るえないもどかしさ］にえ禁《た》へずして反駁の文を草しつ。かかればわれはハルトマンが審美の標準を以て、画をあげつろひしことあれども、嘗て小説に及ばざりき。今やそを果すべき時は来ぬ。いで逍遙子が批評眼を覗くにハルトマンが鬉鬟《めがね》をもてせばや」。

ここにいう「外山正一氏の画論」とは、次節に見る「日本絵画の未来」と題する講演で、鷗外はこれを論難するのである。鷗外（「逍遙子と烏有先生と」『柵草紙』明25・3）はまた、「逍遙子が没理想論出でて、その勢ほとほと我国の文学界を風靡せむとするを見て、われはハルトマンが現世紀の有理想論を鈔《しょう》［抜き書き］して世の文学者に示しなり」ともいうが、じっさいに鷗外は、逍遙のいう小説三派の「固有と云ひ、折衷と云ひ、人間と云ふ、その義は皆ハルトマンが審美学の中に存ぜり。……固有は類想なり、折衷は個想なり、人間は小天地想なり」(「逍遙子の新作十二番中既発四番合評、梅花詞集評及梓神子」)というのである。なるほど逍遙が、固有派すなわち物語派に登場する人物はいずれも類型だというのは『神髄』以来の主張であり、これをハルトマンの「類想」に対応させるのに不都合はない。だが折衷派について逍遙は、それがひとりの特定の人物の特定の性情の動きを描くもの、したがって人間派のように「其表は特殊にして其裏は普通」とはちがって「大かた特殊なる」ものだとはいうが、鷗外がこれをハルトマンの「個想(個的理念)」にあてるのはあきらかにまちがいである。すでに見たように、そもそもハルトマンのいう「個的理念」とは、世界の普遍的根拠である「精神＝意欲」が個別化の過程において個々の存在者として「現実化した理念」のことであり、絶対精神の世界過程の総体である「マクロコスモス」に対応したひとつの「ミクロコスモス的理念(「小天地想」)」である。それゆえ鷗外のように、人間派を「個想」と区別された「小天地想」だというのもまちがいである。じっさいには鷗外も「ハルトマンは真の個想を、おのづから小天地想たるべきものと看破したり」といい、「小天地想ならざる個想は、即是れいまだ至らざる個想ならむのみ」ともいう。それゆえ鷗外の真意は、「美＝芸術作品」はほんらい「真の個想(小天地想)」であるべきだが、じっさいにはたんなる類型に終わっているものや「いまだ至らざる個想」でしかないものもあるということなのだが、逍遙の三派を性急にハルトマン用語にあてはめようとして、あやまって「固有は類想なり、折衷は個想なり、人間は小天地想なり」といってしまったのである。

鷗外はさらに逍遙が「三派に優劣なし」といい、批評は「帰納的なるべし。没理想的なるべし。……標準に拘泥することなかれ」というのに対して、ひとの著作を批評するにはまず観察し探究する必要があるという意味では、これを帰納的批評といってよいが、「観察し畢《おわ》り、研究し畢りて判断を下さんずる暁には、理想なかるべけむや、標準なかるべけんや」といい、「理想とは審美的観念なり。標準とは審美学上に古今の美術品をみて、帰納し得たる経験則なり」という。鷗外がいうように、これまでに知られた経験から帰納してえられた経験則を一般的な仮説として設定し、ここから演繹的にあらたな事例を説明しあるいは予測するのが科学的手段だというのはなるほどそのとおりなのだが、しかも鷗外は「唯哲学者は経験則を経験則として応用せず、これをおのが哲学統裡に収めたる上にて活かし使はんとする」という。そしてこの「おのが哲学統裡」こそは鷗外のいう「理想」でありハルトマンの「審美的観念」であって、それはもはやたんなる経験則や仮説ではないひとつの形而上学的概念である。この点を逍遙は、「夫れ将軍［鷗外］はハルトマン先生が一元哲学を奉じて、少くとも現在に於ては、そを無二の真理なりと信じたまへるなるべし」（「雅俗折衷之介が軍配」『早稲田文学』明25・4・30）といい、これに対して自分は「わが小経験が生みいだしたる小哲学をもて絶対を規するに忍びざるがゆゑに、断えず絶対に対しては、迷惑［迷い惑う］の境にあり」という。自分が「没理想」という語を用いたのはほかに適当な語がないための方便であって、それゆえ鷗外が依拠する「ハルトマンが現世紀の有理想論」ではないが、世界に理想は存在せずと断言する、そのかぎりでやはりひとつの形而上学である「無理想もしくは無理性の義」（「烏有先生に答ふ」『早稲田文学』明25・2・15、29）でもないといい、その意味するところは絶対の標準たる「理想」にかんするいわば不可知論の立場であることをくりかえし表明している。にもかかわらず鷗外は、没理想を「無理想といひてもさし支えなし」（「早稲田文学の没却理想」『柵草紙』明25・3）と断定するのである。

鷗外はこの論争に終止符を打つ「早稲田文学の後没理想」（『柵草紙』明25・6）でやっと、「われは逍遙子が絶対に対する没理想といふものの形而上論上の無所見に過ぎざることを認めき」という。そして自分のいまの「立脚点はハルトマンが審美学なれど、われは必ずしもハルトマンが全系を確信せず」といい、また「われは烏有先生にあらず。われはハルトマンの烏有先生が逍遙子の言を聞かば斯くいふべしとおもひ量りて、没理想の評を作りしのみ。われは哲学系統を有するものにあらず」（「逍遙子と烏有先生と」）ともいう。だが鷗外は、ハルトマンの無意識哲学の全体系はともかく、その「精神＝意欲」を世界の根本原理すなわち「哲学統裡」ないし「理想」とするハルトマンの審美的観念は「確信」しているのである。このように鷗外は、高飛車にハルトマン用語をふりまわす一方で、はたしてかれ自身がハルトマンの形而上学とその「理想」の概念をどれだけ理解していたかは疑わしい。このことは逍遙が、「先生［鷗外］は、戯曲家の理想は結象［具象］して無意識の辺より躍りいづる個想なり、と信じ、われはこれを解する能はず。……先生の謂ふ無意識の精霊［精神］は、客観の実体か、そが全世界《ユニヴァース》を造りし窮竟の目的は何ぞ。彼れは何が爲めにとて意識を造りしぞ。先生乞ふ、これを教へよ」（「烏有先生に答ふ」）と問うとき、いっそうあきらかとなる。というのもこれに対して鷗外は、「ハルトマンの烏有先生これを聞かば、唯わが無意識の哲学を読めといはむ」（「逍遙子と烏有先生と」）といい、この応答を「不親切」と難じる逍遙に対して、「われ若し我草紙にて無意識哲学を講ぜむとせば、果して幾歳月をか要すべき」（「早稲田文学の後没理想」）と答えるのだが、これに対して逍遙は「烏有先生とはハルトマンにしてわれにあらず、と敵将軍は逃《に》げつれども」（「入道常見が軍評議」『早稲田文学』明25・4・30）というように、これはやはり逃げ口上でしかない。鷗外はまた、作品はそのほんらいからすれば「具象理想」としての「個想（小天地想）」である以上、「シエクスピイヤが傑作の全局」（「逍遙子と烏有先生と」）に理想はあらわれているというが、これに対して逍遙は、自分の知りたいのは「理想見えたり、といふ、抽象の議論にはあらずして、如何なる理想が見えたる、といふ疑問」(『雅俗折衷之介が軍配』)なのだが、「将軍の所謂理想」は作品のうちには「如何なる理想」があらわれているのかに答えるものではなく、もっぱら「総合の根本となりたる一種の観念」ではないかと反問する。これに対して鷗外は、自分のいう「理想」とはプラトン以来の理想が変化して「その第十九基督世紀の形而上論の理想」となったもので、「天造〔自然〕人為すべての美を貫きたる時間に限られざる思想なりとも、審美世界の論理的なりとも、ひとへに言はば言ひつべし」(『早稲田文学の後没理想』)と答えるのだが、これも結局「抽象の議論」に終始しており、これらから推しても、鷗外自身自分が使うハルトマンの「理想」の具体的な意味内実をよく理解していないといわざるをえない。

逍遥は明治二五年四月一五日の「没理想の由来」(『早稲田文学』)で、没理想論争を終えるにあたってその議論の顚末を要約しているが、自分のいう理想とは「世を楽土と観ずる」や「人間は皆狂人なりと観る」、「浮世は畢竟夢局なりと信ずる」など、作家が平生の経験、学識等によって得た世界観や人生観を「多少いちじるくその作の上に現示したる、これをおしなべて理想といふ」のであって、「理想《アイデアル》」という語をこのような意味で用いるのは「ヘーゲルが謂ふ理想《アイデアル》と殊なれば、ハルトマンの謂ふ所とも異なるべきなり」という。逍遥はまた、自分が「ドラマの本体を底知らぬ湖」にたとえたのも、自分が読んだエドワード・ダウデン『談話と論考』(1888)の「文学の解釈」という章のなかに、シェークスピアを「大洋」にたとえて、その作を「或一観念、又は或抽象の論より成れるものとして解釈する」ような「演繹的解釈の誤り易き」を述べた一節があり、そこから思いついたのだと明かして、その部分の原文を揚げている。それによれば、われわれが偉大な作家の作を読むのは「かれのうちに、またかれを通じて遊動している自然と人間性の善良なる力との生き生きとした関係をもつ」[12]ためだが、そうした作家、たとえばシェークスピア（あるいはゲーテ）のような作家は「つまらない格言や道徳的警句」をさも重大そうに語るような「区々たる精神の分別」を脇に置いて、大洋のごとく「その茫洋たるうちに地上の悪臭を放つ腐敗物や塵芥のようなものをも」ふくむという。それゆえシェークスピアの作になにか特定の「理想見えたるか、見えざるか」と問えば、「今日に至るまでの経験の結果は、見えずと答へざるを得ざるべし。即ち没理想なり」というのであり、また「没理想」とは「不見理想」すなわち「其の理想の見えざる所」（「烏有先生に答ふ」）をいうが、それは要するに作者自身の「性情と理想とを、その作中に没却して、容易く見えざらしむること」で、これは『神髄』以来の逍遥の主張である。そしてこの意味で「没理想」は、鷗外が誤解したように有理想に対する無理想ではなく、「没」理想なのである。

　鷗外もこの「没理想の由来」を読んで、「始て逍遙子が理想といふものの解釈を聞くことを得たり」（「早稲田文学の後没理想」）といい、「作者の哲学上所見のあらはるべからざるは詩の本性なり。作者の実感のあらはるべからざるもまた詩の本性なり。詩は初より没却哲理なるべきものなり。詩は又初より没却実感なるべきものなり」として、「理想」の語義にこだわらないかぎり、逍遙がなにか特殊な主張をしているわけではないことを認めている。だがそれ以前の逍遥のテクストからもそれはわかりそうなもので、鷗外はこれを性急に「ハルトマンが靉靆《めがね》をもて」議論するからわからないのである。そのかぎりでこの論争は、これまで見てきた鷗外の論争同様、語義の異同についての議論に終始して、長期にわたり、双方とも相当のエネルギーをついやしたにもかかわらず、その内実は逍遙が「此のたびの論戦の甚だ無用にして、更に無益なるを思はずばあらず」（「雅俗折衷之介が軍配」）というように、中身に乏しく不毛な論争といわざるをえない。臼井吉見が「その大がかりな様子にも似ず、殆ど論争の態をなしていない」[13]といい、中村光夫がこの論争は「「理想」とか「実」とか「美」というようなあいまいにしかとらえられない文学の根本概念をめぐって行われたので、ことばの行違いに終ったようなところがあり、同時代の文学界に、あまり実質的な影響をのこさずに」[14]おわったというのも、そのとおりである。また逍遙が「小羊子が矢ぶみ」（『早稲田文学』明25・4・30）で「小生儀は、此の度を以て、没理想に関する論弁は、一旦、相止め候はん存念に候へども」と一方的に通知したこともあって、一般には逍遙の降伏のように受けとめられ、また土方定一のように、鷗外ないし烏有先生は「逍遙の敵ではなかった」[15]とする評価はこんにちでもしばしば見られるが、これはあたっていないというべきである。中村が「逍遙がシェークスピアを材料にしても、ともかく自分でものを考えようと」したのに対して、鷗外はハルトマン哲学の「借りものの信念をほんとうに自分のものにするために、払うべき代償について、三十歳の彼はまだ考え及ばなかった」[16]というのは、そのとおりである。

もうひとつ、この論争で注意すべき点は、鷗外が明治二五年一月の『柵草紙』に「エミル、ゾラが没理想」を寄せて、逍遙の「没理想の造化は酷《はなは》だゾラが造化に似たり。されば逍遙子とゾラとは共に客観を掲げて主観を抑へ、叙事の間に評を挿むことを嫌ひたり」としている点である。鷗外は「逍遙子と烏有先生と」でも、逍遙のいう「非想論即没却理想論」すなわち無理想は「現実主義のみ、自然主義のみ。図らざりき、逍遙子は覆面したるゾラならむとは」というのだが、これがいかに見当ちがいであるかは、これまで見てきたことからもあきらかである。逍遙も、寺山星川が『城南評論』（「坪内逍遙氏の没理想弁を読む」明25・3）で没理想とは「他の人物人事を構成する場合にも作家胸裏の空想にもとむることをせず、ただ自然の導線を辿りて直写せんとするに在り……嗚呼この没理想豈《あ》に新ならむや、即ち是れ今の実際主義なり、世相主義なり、自然主義なり、極実主義なり」というのに対して、

「わが逍遙子いつさる事をば云ひし。当推量も程あり」といい、「われ不学なりと雖も、二三の審美論の片端を窺ひ、若干の批評家が詩を論じたる文をも見たり。実の模倣を美といはんや」（「城南評論」城主と逍遙子とのパーレー」『早稲田文学』明25・4・15）と抗弁している。じっさいに逍遙は、「今の写実家も、ある一條の学説を、その総合の基礎として、さて実相を摸倣するものとせば、我はこれを理想家の中に加へて没理想の中には列せざるべし」（「没理想の由来」）というが、ここにいう「写実家」はおそらくゾラをさすと思われる。

没理想論争における鷗外のこれらの評論文は、この時期の鷗外の他の主要な評論とともに、明治二九年に『月草』と題する評論集に収められて出版されるが、その叙で鷗外は、新時代のゾラなどの議論では「審美学は不用だと断ずるまでになった」が、たしかに「例のシェルリングや、又具象理想の側ではあってもヘエゲルなどのやうに、漫然と形而上学の中から演繹してきた美の標準で……批評をする時代は既に過ぎ去った」という。またハルトマンのドイツでの流行も「その無意識論に止まって居て、その審美学は余り世間の注意を惹いたものでは」なく、「今はハルトマンの流行の一面は既に過去に属して」いるともいうが、その一方で審美上の特殊問題にかんしてはハルトマンの審美学は「目下最も完備して」いるとして、従来の評価をくずしてはいない。しかも鷗外がつづけて以下のようにいうとき、その立場は微妙な揺れを見せている。

「審美学の専門家である、ハルトマンなどをば高閣に束ねても好いと威張る人のある今の世になっても、まだ審美学といへば己の名が出る。……僕をハルトマン一点張の批評家として冷かすと共に、人を射るには先づ馬を射るとかいふ訳で、ハルトマンに対する攻撃さへ始った。……己は果してハルトマン一点張りであらうか。

ハルトマンの審美学に騎《の》りまはって、馬を射られると落ちるであらうか。事実は立派にこれに対する反證を挙げて居る。……己は某の事はハルトマンの所見に合はぬから悪いといったことは決してない」。

ここにいう「審美学の専門家」とはおそらく鷗外より一〇歳若い高山樗牛で、かれは鷗外・大村西崖共編の『審美綱領』を評して、「本書の編者はハルトマン氏を以て、古今美学者中最も完全なるものと称すと雖も、是は予の服する能はざる所也。ハルトマン氏の美学は、美の種類を論ぜる所に長所あれども、其の仮象論と具象理想説とには偏見甚だ多し。且つ歴史上より見るも氏の創見として見るべきもの甚だ少し」（「審美綱領を評す」『哲学雑誌』明32・8・10）と批判している。鷗外は、審美上の特殊問題はその形而上門をはなれてなりたちうるものであるから、「己の書く芸術的批評などには、形而上派と経験派との争はさほど密接に関繋して居らぬ」というが、悲壮や滑稽等についての議論はともかく、これまで見てきたようにかれの評論がもっぱら「小天地想」を中心概念としており、そしてこれは「大天地想」すなわち世界の根拠をなす精神、理念を前提している以上、けっして「形而上門を離れて成り立ち得る」ものではない。じっさいにも鷗外の批判の鋭峰は一にこの点にかかっていたのであり、これをふりかざして「ハルトマンの所見に合はぬから悪い」と論難したのである。

樗牛と同年生まれの島村抱月は、明治三〇年二月一日の『早稲田文学』に「「月草」を読みて」を寄せているが、そこでかれは「我が明治の文壇は創作に於てもはた評論に於ても、近く廿一二年より廿七八年までに一小時期を画し、廿八九年後は更に別様の彩色を着け来たらんとするに似たり」といい、この一小期を「前期」とした上でかれは、「吾人は鷗外氏が過去数年間の評論文を輯めたる此の「月草」に接して、疇昔《ちゆうじやく》［昔日］の感今さらに深きを覚ゆ」という。そしてさきにあげた鷗外の叙の一節「己は果してハルトマン一点張りであらうか」を引用しつつ、「其の同じ人が五年前の文」には「いで逍遥子が批評眼を覗くにハルトマンが靉靆《めがね》をもてせばや」とあるのをとらえて、以下のようにいう。

「今の鷗外と昨の鷗外と、何ぞ其の調子の相似ざるや。蓋し鷗外氏移れるにあらざるも、世間の変移は鷗外氏をして今日此の言を為すの已むを得ざるに至らしめしものか。数年前に初めてゴットシャルを援《ひ》きハルトマンを援くと公言せし人をして、今は其の援けるものに対する自家の地位を弁ぜしめんとす、これをしも時勢の推移と言はずして何ぞや、吾人は此の点に於て寧ろ我が文壇の進歩を祝せずんばあらざるなり」。

ここには、没理想論争がおこった明治二四年に東京専門学校に入学し、逍遥を師として、明治三一年には東京専門学校講師になる抱月の鷗外に対する反感も見られようが、それ以上にわかい世代の、抱月のいう明治文壇の「前期」に対する醒めた、しかも的確なまなざしが見てとれる。塩田良平は「鷗外逍遥の評論界に於ける位置は、啓蒙批評の最後であると共に、次期批評へ幾多の暗示を残してゐた」[17]というが、これはおそらく正しい認識である。明治文壇前期はこれまで見てきたように、まさに美とはなにか、理想とはなにか、美術はどうあらねばならないか、小説はなにを対象とし、いかに語らねばならないかといった、西洋近代のアートワールドを移入してわが国の芸術の改良をめざすものたちにとっての原理論が論争の中心テーマであり、その意味でそれはまことに「啓蒙批評」といってよい。それは中村がいうように、移入された「借りものの信念をほんとうに自分のものにする」ための論争だったが、これをつうじて近代芸術や文学に関心をもつ新世代の青年書生たちは、理想といってもその意味内実は多様であり、美術（芸術）や文学といっても個々の作品にはそれぞれにことなった題材や描写方法と、その結果としてのジャンルのことなりがあるといったより具体的な諸問題に直面するようになったのであり、こうした個別具体的な諸問題が「次期批評」の主題となるのである。

4　「日本絵画の未来」

明治二二年に開校した東京美術学校では、国風をまもろうとする天心らによって西洋画科は排除されたが、これに対して同年五月に工部美術学校出身の小山正太郎や浅井忠ら洋画家に、原田直次郎や山本芳翠、松岡寿らの新帰朝者を加えて、わが国最初の洋画美術団体である明治美術会が結成される。この年一〇月には第一回展覧会が開催され、翌二三年四月二七日には明治美術会第二回大会がひらかれ、総勢五百余人の聴衆を前に顧問の帝大教授外山正一が「日本絵画の未来」と題する講演をおこなった。そこで外山はわが国の絵画を論じるものに二流派あって、ひとつは外国人におだてられて日本画の卓越性を鼓吹するもの、もうひとつは日本はなお半開国であって絵画においても西洋に劣るとするものだが、この両派とも全面的に正しいとはいえないという。両派の画家の作品を見ても、日本画が世界に冠たるものだとはにわかに信じがたいし、現今の油絵画家の技倆にしても「数年前に比すれば大いに進歩」したとはいえ、とくに西洋画がすぐれているわけではない。「日本流なると西洋流なるとを問わず」、いまの日本の画家は「画題の撰擇」に「此上もなく困《くる》しめるもの」である。前年の明治美術会第一回展を見てみれば、油画の画題は神社仏閣、菜畑、田舎家、死したる雉などで、いま開会中の第三回内国勧業博覧会でも「龍に乗るの女神」、「海面に茫然たるの天人」など、日本画にしても「鯉に乗るの女神」、「古来常例の山水」、自分が見たこともない「虎の闘ひの画」など、すべて「在来の画題を焼直したるもの」である。それらはいずれも「其形を取るに過ぎざるなり。思想を取るものは極めて少なし。……殿堂は殿堂に過ぎざるなり。……軍人は軍人に過ぎざるなり」という。西洋の画家は天使やヴィーナス、悪魔等を想像で描いてきたが、これをまねてわが国の画家も「龍に乗る観音」などを描いているが、それらはいずれも「真物に依らざるの想像物」であるために「凡庸看るに足らざる者」である。もしも現実に美人にであえば、その美人が目に焼きついて忘れられず、その恋慕の情にしたがって想像の美人を描くことができるのであって、これは現実の美人によりつつも「其脳中に在る美人の観念其物」というべきである。「神霊の肖像」にしても、「神霊に触れ、神霊に感じて、あら有難や、あら尊ふとやと心根に銘じ信心全身に充満したる時に際して画《えが》きたる」ものこそ、「見る者をして必らず崇拝心を発さしめんとするの神像」といえるのであって、こうしてはじめて「真に高尚なる想像画」が可能となる。それゆえ外山は、「想像物も必らず真物に依らずんばあるべからざるなり」というが、だからといって絵は「実体として外界に存在する」もののみを描くべきだというのではなく、その時代にあって「我れも人も外界に存在するものなりと想像する所の現象」を真物にもとづいて製出するのであり、画家は「我れも信じ人も信じ得るものを画かずんばあらざるなり」というのである。画家が「自ら信じたるもの」を表現するのは、みずからその対象に「情機衝動せられたる時」、それを見て「感動の情、胸裡に迫まりたる時」、したがって「インスピレーション」を得たときに、その「感動せる情緒を表発」するのであって、それなくしてただ形を表はし彩色するだけでは、それは「一個彩色したる写真画」にすぎず

「真の美術画」ではない。それゆえ自分が「真に龍なり」、「真に観音なり」と思えるようなものを描けないものは龍や観音を描くべきではないという。

ここで外山が「脳中に在る美人の観念其物」というのは、いわゆる「理想」や「イデー（妙想）」をいうのだろうし、画家が「自ら信じたもの」とは、かならずしも「実体として外界に存在する」ものではなく、それによって「あら尊ふとや」と思う信心や目に焼きついて忘れられない「恋慕の情」といった「感動の情」が胸に迫るようなものをいう。外山はまた画題の歴史的変遷に言及して、「画題の変遷は必らず内外情勢の異同」に応じて、「当時世人の最も注意し当時世人の感情に最も関係を有する所の事物」が描かれるという。そしてこの観点からすれば、いまの画家のように「龍を信ぜず観音を信ぜずして観音の龍に乗るの画を画かんか」、これを見るひとはそうしたものをもはや信じてはいないために「松明のあかりにてチャリネ［サーカス］の女が綱渡をする」のかと思わせることになるから、そうしたものはこんにちでは不適当な画題である。こんにちにおいてはとりわけ「人事的の画題即ち「ジェンル、サブジェクツ」」、つまりひとびとの日常生活をリアルに描いた風俗画が「今後最も行はるべきもの」だが、ここで人事画というのは「浮世絵者流の画く如きもの……土佐家絵巻物の画の如きもの」ではなく、「思想画」でなければならない。古来わが国の絵画はほぼ形状、活動、情緒をあらわすもので思想をあらわすものはまれで、それはなお「感納的段階」すなわち「レセプチブ、ステイジ［receptive stage］」にあって、いまだ「思想的段階」すなわち「コンセプチブ、ステイジ［conceptive stage］」にはいたらないものであり、今後は「単純なる情緒」ではなく「錯雑なる思想を含有したる」思想画をめざすべきだという。そして外山は、自分が考える思想画が描くべき画題の実例をいくつかあげている。たとえば外山がさいきん鎌倉で、山を背にして蔦におおわれ老朽した石の数尺の墓標が太平洋を望んでひとり佇んでいるのを見、そしてそれが頼朝の墓であったことを知って「甚だ感動」したが、これは「深遠なる思想を含有するの画」の画題として「描くべきの価値なきものなるや」と、多くは画家である聴衆に問うている。ほかにも、晩秋に息せき切って大森のステーションに引きたる車夫が、客の外国人から賃銭を受けとろうとして倒れ、客は一顧だにせず立ち去る一方で、車夫の老いたる父親が死んだ息子を見て茫然としている場面や、明治の初め、時は冬、父親が両国橋から乳飲み子を水中に投げようとしているのを、その兄にあたる児童が必死で止めようとしている場面など、日本帝国の現実にあって「何ん人も見ることを得べきもの」であり、「優美好尚なる思想を表出し得べきの画題」ではないかという。そしてそのような描くべき材料を得る方法は「常に能く百般の人事に注意して観察を下し、特に肉眼を以て事物の外形のみを見ることを止めて、心眼を以て其外状の下に存在する思想を発見することを勉め」ることで、この意味で「画人は詩人の目を以て事物を観察する」ものでなければならないというのである。

外山が第三回内国勧業博覧会に出品された絵画、とりわけ原田直次郎の《騎龍観音》や後年の《素盞嗚尊八岐大蛇退治画稿》（明28頃）、また山本芳翠の、亀の上に乗った浦島太郎が人魚だか天女だかわからない裸の女たちにかこまれて海を渡っている、ギリシャ神話に倣ったような《浦島図》（明26－28）などを見て違和感をもったのは、じっさいに歴史画や宗教画がもはやリアリティをもたず描かれなくなった現代のわれわれにはいっそうよくわかる。外山のいう画題の歴史的変遷と、いまの時代は「人事画」、すなわちひとびとの人生や日常生活にかかわる複雑な情緒や思想を表出する絵画を描くべきだという主張も、なお具体性を欠いて一般論ではあるものの、それなりに理解できる。画家はそうした「錯雑繁多」な現実生活における「百般の人事」に注意して「詩人の目を以て事物を観察する」ことが必要だというのも、近代リアリズム小説のあり方に呼応したものとも考えられる。かれがあげる人事にかかわる思想画の例にしても、その場面はいかにも陳腐で通俗だが、これを外形にあらわれた形状や活動のただ見えるままを感受し受動的に描くというのではなく、外山自身がその場面や情況に遭遇しあるいは想像して「甚だ感動」を覚えたものであり、画家はそのように自分が心を動かされたその「錯雑した」情緒なり思想なりを誠実に表現するべきだという主張も、近代ロマン主義の「自己表現」の美学として評価することもできるだろう。じっさいにも、すでに明治二〇年に描かれた浅井忠《農婦帰路》や二三年の《樋口大尉小児を扶くる》などは、外山が考える人事画、思想画の実例ともいえる。また明治二九年に東京美術学校の西洋画科教授となった黒田清輝がその指導の方針として、「人物の置き方、光線の取方、色の配合など其想像力を養ひつつ絵を教へて往く」ことが必要で、そのためには「假令ば知識とか愛とか云ふ様な無形的の画題を捉へて充分の想像を筆端に走らす」(「美術学校と西洋画(下)」『毎日新聞』明29・6・9)作品、いわゆる「構想画」が必要だと主張し、みずからも《昔語り》(明29)を描いたが、これなども森口多里がいうように「外山博士の所謂「人事的思想画」に近いもの」[18]である。またその影響下にあった青木繁が《黄泉比良坂》(明36)や《海の幸》(明37)等、『古事記』などの神話や古代説話を画題として、「何所からこの様な画想が湧くのかと唯々敬服に堪へぬ」(「白馬会画評」『明星』明37・11)と三宅克己をうならせたロマン主義的絵画を描いたのも、おそらくは外山の望んでいたものに近い成果といえるだろう。じっさい中村義一が「本場の西洋で西洋画を学んできた山本芳翠、松岡寿、原田直次郎ら多くの洋画家たちの帰国後の作品が、滞欧作品にくらべてあきれるばかりに見劣りするのは、なぜだったろう。……それは油絵が日本の生活や風俗や環境に不適のものであったことを、歴然と示す」[19]というのはほんとうで、このことはおそらく、さきに見た鷗外の「そめちがへ」にもいえることだろう。ともあれ「外山正一の提起した問題は、明治期の日本美術にとっては、無視することのできない重要な意味を含んでいた」[20]のである。

外山の演説は、その速記の全文が『東京朝日新聞』（明23・4・30－5・16）に連載されるが、おそらくは滞独時代の友人である原田の《騎龍観音》が嘲笑されたことに対する憤激もあったのだろう、鷗外はさっそく『柵草紙』（明23・5）に四五ページという、その号のほとんどを使った長大な「外山正一氏の画論を駁す」を掲載している。これがでると新聞雑誌もこの論争についてさかんに書き立てたが、その多くは鷗外の執拗な論難に乗っかるかたちで、外山の主張を美術に素人の論として非難し揶揄するものであった。たとえば『東京新報』（「美術論場に一大戦端を開かんとす」明23・5・25）記者は、「外山文学博士の哲学的用語は森医学士に比して甚だ精ならざるを見る」といい、また烱々生（「外山博士の絵画論を評す」『東京新報』明23・5・29）は浅薄、愚論、陳腐といい、画題論と思想画の主張を笑い、青山鉄槍（「駁外山文学博士日本絵画未来論説」『東京日日新聞』明23・6・7－8）は、外山のあげた六つの画題例を批評し、とりあげようもない素人料見という。昭和五〇年になっても土方定一は、外山の講演を「「画題数箇」として幼稚な自己の画題を語っている箇所など、現在からは読むに堪えない講演」だといい、鷗外は「外山正一の常識的な論旨をハルトマンのドイツ美学によって整理しながら、想像画論を厳密に展開し、徹底的に批判している」[21]と評価している。

ほんとうのところは、どうだったのか。原田の《騎龍観音》について鷗外は、「観音大士の如く、天人の如く、人形《ひとがた》なるものの、以て油画材となすべきは、希臘神学中の画材と擇ぶことなきなり。又殆どかの人となりたる神像《テオファニィ》、基督教中の童女聖児と擇ぶことなきなり」といい、現在でもフランスのブグローやドイツのガブリエル・

マックス、イギリスのアルマ＝タデマらが宗教画を描いており、マックスに師事した原田が「騎龍灑水の観音大士を画きしを怪まむや」と擁護している。だが鷗外がここで名をあげる西洋の画家たちは、マックスがミュンヘン・アカデミーの教授であるように、おおむね歴史画（宗教画）を絵画ジャンルのヒエラルヒーの頂点におく伝統的なアカデミズムの画家たちである。原田直次郎自身も「絵画改良論」（『龍池会報告』明20・12）で、「古今の歴史戦争神学高名なる詩文等にもとづきたる」歴史画の意義を説いている。だが一九世紀になるとジェリコーやドラクロワらの、時事的なできごとに材をとってドラマティックに描くロマン主義絵画が台頭してアカデミズムに対抗し、この論争がおこるころには印象派もさかんになっていて、アカデミズムの歴史画はすでに時代遅れになりつつあったのである。だが鷗外は、そのことに思いいたらない。鷗外も、現在はたしかに宗教信仰の時代ではないし、その意味で「宗教画の将来は実に望少きに似たり」としながらも、「而れども基督教の天地にて、古希臘の神を材としたる美術の滅びざる如く、縦令後来仏教破滅の天地ありとするも、印度神学は永く画題を遺さむこと知るべきなり」という。そして外山が「自ら信じたるもの」を表現せよというのを、「美術家の空想と宗教家の信仰《クルツス》とを混同したるものにて、画論上よりは大なる謬見」だと批判する。たしかに外山の「自ら信ずる」という語は、あいまいではある。だがすでに見たように、その意とするところを解釈するかぎり、「我れも信じ人も信じ得るもの」を描くということばは、宗教的信仰がある社会では聖母マリアや観音といった画題に対する「信仰」を意味するが、そうでない現在にあっては画題に接して「感動の情、胸裡に迫まりたる」ことをいうのであり、この「感動せる情緒を表発」するのは「インスピレーション」であり、それは鷗外のいう「美術家の空想」である。また外山が《騎龍観音》などを「少しも真物に依らざるの想像物」だと批判し、西洋の画家はラファエロが「マドンナ」のような想像画を描くにも自分の妾をモデルとしたというのをとらえて鷗外は、「想像画を作るものが、必ずラファエルの其妾に於ける如き模型を使ふべき理」はなく、マックスの制作を自分は見たがかれが「想像画を作るに、模型を用ひることなかりき」と反論する。だがこれは他愛もない揚げ足取りというべきである。現にモデルを使うかどうかはべつにして、マックスも自分のそれまでの現実経験をもとに想像を組み立てるはずで、外山も「固より真物の画なるを要さざるなり」というように、かれがここでいおうとしているのは描かれたもののリアリティである。外山が画題は「当時世人の最も注意し当時世人の感情に最も関係を有する所の事物」であるべきだというのに対しても鷗外は、それは「時好に投じ世俗に阿《おもね》りたる画」にすぎないとして、ラファエロの「マドンナ」が傑作であるのも「時好に投ぜざる想」を得たからこそ「古作なれども、時に適ひたり」というのだが、ここで「時に適う」というのは、おそらく外山も同意するだろう作品の価値の時代をこえた「普遍性」をいうのであって、これもたんなる論点ずらしにすぎない。外山が、いまのわが国の画家はなお「感納的段階」にあるがめざすべきは「思想的段階（コンセプチブ、ステエジ）」だというのに対しても鷗外は、ここにいう「コンチェプチオン」については「審美学上の定義」があって、それは「美術家の空想裡」に「内術品《インネレス、エルク》［inneres Werk、内的作品］」がはじめてかたちをなしたもの、したがって画家の胸中に構想された着想をいうが、外山のあげる思想画の例は、たとえば頼朝の墓の図にしても、この絵がはじめて画家の空想に浮かんだとき、その「コンチェプチオン」ははたして複雑か、むしろ極めて簡単平凡なものではないかという。またそもそもこれが頼朝の墓であることを観者はいかにして知りうるのか、「説明書を待ちて知るべき」なのではないかともいう。だが外山がこの太平洋を望んでひっそりと立つ古色をおびた墓石を見て感じたものは、その通俗性はともかく、やはりある種複雑な思いというべきだろうし、歴史画なども多くは夕イトルを必要とするだろう。

結局問題は、外山のいう「思想」の意味内実である。そして鷗外はここでも、ハルトマンをもちだすのである。鷗外は「通常思想といへば、「イデエ」の事」だが、外山が「思想」ということでいおうとしたことは「則ち個想《インヂヰヅアル、イデエ》のみ。個想とは類想《ガツツングス、イデエ》に対していふ思想なり」という。外山が感納的段階画に見る「殿堂に過ぎざる殿堂」や「軍人に過ぎざる軍人」というのはたんなる「類想」にとどまり、この点では外山も「個想と類想との別を説かむ」としているのを認めた上で鷗外は、殿堂であれ軍人であれ、マドンナであれ観音であれ、それらが個想において描かれ、その画中に「想髄《イデエルレル、インハルト》」があるかぎり、それはたんなる粉本や挿図や工芸品ではなく美術品となるという。こうして描かれた「観音の人形《ひとがた》」は、「個想上より見て一人」だが「小天地主義より見て一人に非ざるなり。蓋し人形中に仏性あり、人性あり。此小天地主義上より見れば人々皆観音なり」というのである。だがここでも鷗外の主張は、個想（個的理念）、類想（類的理念）、小天地想（ミクロコスモス的理念）が「マクロコスモス的理念」の「標《ジンボオル》」となるという主義――といったハルトマン用語を用いなければ、そしてハルトマン特有の「精神＝意欲」の個別化、具象化といういささか時代おくれの形而上学、いわゆる具象的観念論の枠組みをとりはらってしまえば、美術はたんなる類型の「操り人形」ではなく自ら意志し行動する個人を描くべきであり、そうして描かれた個人はひとりでありながら人間の普遍性をそなえていて、それが作品のリアリティを生みだすのだという、すでに『神髄』にも説かれ、魯庵や忍月の批評にも見られる、当時一般に受けいれられていた共通了解となんらことなるところのないものである。

鷗外は六月二五日の「外山正一氏の画論を再評して諸家の駁説に旁及す」（『柵草紙』）では、外山のいう「思想」

の語の意味内実はすでに見た「イデエ」と「コンチェプチオン」の二義のほかにも、「形美」に対する「髄美《ダス、インハルトリヒ、シヨオネ》［das inhaltlich Schöne、内容美］」と、「考思《ゲダンケン》」――「情感《ゲフユウル》の覚悟［直観］」に対する「理解の働」――の二義があるために「変幻無極、段を逐ひて其意義を易へ殆捕捉」できないという。そして外山が「形美を措《お》て髄美を求む」とするのであれば、われわれはこの形美なき髄美に、ほんらいの意味の「髄美」すなわち「小天地主義ある個想」を認めることはできないと非難するが、これはすでに前節で見た、忍月が作品すなわち「外形＝結構」の外になおこれを超越する「精神」を立てると誤解した鷗外の「想髄即外形」の小天地想からする批判とおなじものである。さらに鷗外は、外山のいう「錯雑なる思想」が「比較的に複雑なる情感」をおこす「葛藤ある美」をいうものであるとすれば、それは「滑稽」とか「悲壮［悲劇的］」とかいわれるもの、したがって継起的な描写が可能な言語芸術に適したもので、外山があげる人事画の例はたとえば「人間貧富の差別より起りたる葛藤」についての「考思」にもとづく思想だが、「考思は固より画に入るべきもの」ではないし、こうした複雑な思想は情感の「直観」にもとづく絵画には適さないという。鷗外はあるいはレッシングの詩画比較論を踏まえているのかもしれないが、レッシングにしてもこのような思想画が不可能だとはいわないのであって、これも意味のない揚げ足とりである。

明治二三年五月の明治美術会第六回月次会では、当時パリに拠点を置くジャポニスムの美術商であった林忠正が「外山博士の演説を読む」（『明治美術会第六回報告』明23・7）という演説をおこなったが、林はさすがに欧米の美術の現場に身をおくだけあって、外山の演説に対しても公平で妥当な反応を示している。かれはまず、「外人の称揚」におだてられ「某教師［フェノロサ］の甘言に昏酔」して「日本人は皆美術家なり、日本国は特に美術国なりと……白負し、海外又別にものなきが如く心得るの人ある」と批判した上で、外山の主張は「外美の弊習を一洗して仏国十九世紀の機軸を出だし、巴里をして西洋美術の中央とならしめしものと略同説なり」と評価している。林のいう「外美の弊習」とは、たとえばダヴィッドに見られる外観の美の流弊であり、これを一洗したのはドラクロワである。林はまた「絵画は真物に依りて思想を表出するものなり」という外山の言は「近世西洋の美学者中亦た博士と説を同ふする者あり」として、美術は「無形の思想を有形に転作するの術」であり「我を感動せしものを写して我が感動を人に伝ふるもの」だという。それゆえ、林がここにいう「近世の美術家が専ら唱ふる」ところの「美術の定義」とは、ダヴィッドの新古典主義やアカデミズムに対抗するドラクロワらのロマン主義的な「自己表現の美学」といってよい。林はさらに、「外美の流弊を破りし仏人」も「絵画実体の錬磨」である感納的段階を去って「絵画精神の研究」である思想的段階に登るべきだという外山の主張とおなじ説を唱えたが、「実地に就て画人の此一階を登るに難きこと」は画家であればだれでもわかっているという。外山はわが国の油絵画家の今日苦むところはもはや油画の技法にはないというが、これに対して林は「今の油画師は、猶ほ絵具の用法、濃淡の調和、遠近の分配等の点に苦しむ者なり。物の形を写すに困《くる》しむものなり。物の色を写すに困しむ者なり。物の精神を写すに至ては更に困しむものなり。胸に溢るるの感情を表出して人を感動せしめんと欲するに於ては、愈々困しむものなり」といい、今の画家はもとより画題にも苦しむといえども、その画題をいかに描くかについてはなお一層苦しむものだという。そもそも「画の実体」は「人の身体」の如く、「画の精神」は「人の精神」の如きであって、「絵画の実体を描くこと能はざれば精神を描くこと能はざるものなり」というのである。

鷗外は林の講演を聴いているが、外山が「思想にのみ留目」したのを林が批判して「我画家は宜しく思想を後にして技術を勉め」るべきだというのを、「実体思想などいふことの定義の微《すこ》しく漠然たる憾はありたれど、外山氏の画題論などより見れば、一層親切なるもの」だと評価している。なるほど外山にせよ林にせよ、そのいうところの「思想（精神）」は多義的で曖昧である。だがヘーゲルやハルトマンの精神、理念にしても、それゆえ鷗外の「想（想髄）」「理想」やフェノロサの「妙想」にしても、またヴェロンの「想念」にしても、これらの語はいずれもそれぞれの理論においてけっして一義的ではなく、そもそも美を「理念の感性的な現われ」としても、この「理念」という語が個々の芸術作品において具体的になにを意味するのかはけっして一義的に規定できるものではない。ハルトマンの「理念」にしても、それ自体は「精神＝意欲」を規定する形而上学的概念であるが、ハルトマンのいう個々の「美＝芸術作品」のうちに具象化した「個的理念」の意味内実はやはり多義的なのである。鷗外はそのことを充分に理解せずにハルトマンを、というよりむしろハルトマン用語を、あたかも一義的で厳密な概念でもあるかのごとくに振りまわしている。そしてそのかぎりにおいて鷗外の論争は、相手の議論の曖昧さをついたり正したりするにはそれなりに有効だとしても、多くのばあい他愛ない用語の詮索や揚げ足とりに終始して、そこで論じられている主題にかかわる有効な議論になりえていない。

　抱月はすでに見た「「月草」を読みて」（『早稲田文学』明30・2・1）のなかで、外山の画論に対する鷗外の駁論をとりあげて、まず鷗外の説の多くは「是なるに似たり」といい、当時の外山は「その論理的頭脳において、はた審美の知識に於て、殆ど鷗外氏の敵にあらざる観あり、随って著者［鷗外］がハルトマンを援《ひ》き、シャスレルを援いて、他を破する所、一歩すれば牛刀鶏を割くものと擇ぶなからんとす……著者と鋒《ほこさき》を交へたる当時多数の評論家といふもの、概して此の気味あるを免れず」という。だが一方で抱月は、鷗外は他の論者の「概念醇ならざるものを抉剔して」純化する点において「恰好の論理家論客」だが、しかしそれは問題提出者をまってはじめて発する

「問題説明者」であり、しかも間々「理を追ふに急にして問題は著者みづからの問題となり、他「問題提出者」が本意、或は逸せるにあらざるかと見ゆるもの」があるともいうのだが、すでにわれわれが見てきたように、これはまことに正しい評価といってよい。たとえば外山が日本の画家の旧態依然とした画題に対して新機軸が必要だというのに対して、鷗外が「畢竟絵画巧拙の別は、画題其物にあらずして、画家の空想と技倆との、奈何に一画題を使得るかに在り」というとき、鷗外は、外山があらたな画題を欲するその心の底には「廃すべからざる審美上の真理」が認められるのではないかと問おうともしない、と抱月はいう。外山の「信じる」という語についても抱月は、これを鷗外のようにたんに宗教心と受けとるのではなく、外山は「最も吾人に切実なりしものにして、始じめて感深き美象たるを得べし」という思想を「実と信ぜよ」との語に託したというべきだという。それゆえまた外山が、「其の時代に密なる事物を題とせよ」というのも、たんに「時好に投じ世俗に阿りたる画」というのでなく、「最も実感に切なりしものにして始めて美感に入りて其の効果大なるべしとの意」ではないかと、まことに正しく批判している。

5　裸体画論争

すでにふれた美妙の「胡蝶」（明22・1）につけられた裸体挿絵については『女学雑誌』記者〈もみじ「裸胡蝶」明22・1・26〉が、「胡蝶衣を摂《か》かげて水中に立つの図は大いに批評を蒙むり、府下及び地方の諸新聞紙に於て厳しく論難したり。之を難ずる者の多くは美人裸体の図を不道徳とするにあり……而して美妙斎が之に答へたるの主点は、裸体は曲線の配合の工合を示す美術の上乗なる者なりと云ふにあり」と伝えている。記者はさらにこれを論じて、「裸体の図を挙て不道徳なりとするは未だ美術を知らざるものの言ふこと」で、欧州においてはギリシャ・ローマのような肉体完美を大切にした時代の習慣もあり、また見るものに裸体の観念を起させるいとまもなく「先づ美なりと感ぜしむる」に足る作品があって裸体画も美術とされているという。しかし一方で、今の時世はギリシャ・ローマの時世ではないし、ミケランジェロの時代のように肉体完美を慕う思想は「今の日本人に皆無」であり、またミケランジェロらのように画力あるものでなければ「今の日本人に裸体を感ぜしめずして直ちに美を感ぜしむる」ことはできないが、胡蝶の図ははなはだ不出来で「美を感ぜしめず而して裸体を感ぜしめたり、故に画力に乏し、故に不道徳の画となりたり」というのである。これは裸体画論としては妥当なもので、粗雑な線描画の挿絵に対していささか大げさすぎるようにも感じられるが、当時としては女の裸が公然と雑誌に掲載されたことは衝撃だったのである。

明治二二年一一月の『明治美術会第二回報告』の時事欄には、「近来坊間［市中］に粗末なる石版を以て婦人の裸体を印刷し、卑猥厭ふべきものを靦《てん》然［恥知らず］店頭に鬻《ひさ》ぐ者あり。我会員諸氏の夙《つと》に嫌悪する所なりしが、此頃内務大臣は風俗を壊乱する者と認る旨を以て悉く発売頒布を禁絶せられたり。さもあるべし」という記事があるように、裸体画は社会問題にもなり、新聞雑誌がこれをとりあげている。そしてこの情勢を受けて、明治二四年一月二九日（一三六名参加）と二月二〇日（六四名参加）の二回にわたって明治美術会では「裸体の絵画彫刻は本邦の風俗に害ありや否や」（『明治美術会第十一回報告』明24・3）と題した討論会が開かれるのである。発題者本多錦吉郎によれば、美術は純美をこととするものであり、「其純美の中でも尚ほ最上々とすべき形」は人間の身体であるから、「欧羅巴に於て美術を研究する方法は多く身体を本にして」いるが、そこで問題は「日本の風土人情より考へて、果して斯う云ふ裸体の姿が美術の上に顕はれても害が有りや無きやと云ふ疑問」である。本多自身は日本の風俗に対してもけっして害はないというのだが、参加者の多くは洋画家であるため、美術家が裸体を研究するその原理論については一致してこれを肯定している。問題は現今の日本社会、日本の観者に裸体画を見せることに害はないのかという点で、これをめぐって議論は紛糾する。なかには浮世絵の裸体画、たとえば芳年や絵草紙屋につるしてある洋風石版画等の裸体、着衣であっても猥褻な画や、果ては裸体というので仁王像や巨勢弘高の《地獄変相図》における鬼の裸体、生駒山の神体イザナギ・イザナミの裸体で「相抱きたる姿」、さらには相撲の力士や「湯屋抔でも婦人の裸体を見る」事例をあげて、これら裸体ないし裸体画が害をなすか否かと、いささか混乱した議論をくりひろげるものがある。また日本絵画を再興せんとする保守派の日本美術協会（旧「龍池会」）会員でもあり、フェノロサの『美術真説』を訳した大森惟中のように、これを「裸体の絵画彫刻は日本の美術に適するか何うかと云ふ問題」ととらえて、日本の慣習として「人の前に於て裸体を呈露するを愧《はじ》る以上は何も殊更に之れを造らずとも宜しい」というものもいる。ここで大森は、日本美術協会副会頭で貴族院副議長でもある細川潤次郎が明治二〇年に龍池会でおこなった講演「裸体の彫像画像を論ず」（『龍池会報告』明20・5・20）を読みあげてその論拠としている。細川は『維氏美学』の裸体彫刻にかんする部分を引いて、気候温暖な古代ギリシャには「甚だ裸体を悦ぶの慣習」があってそれは「一種の僻習」[22]で、近代のフランス人にはこの「事実上の慣習」はかならずしもあるわけではないが、「技術上の慣習」として画家が自分の伎倆を示すために裸体を描かざるをえないのだといい、これら「事実上の慣習も技術上の慣習も共に是れ海外の慣習にして本邦の慣習に非ず」という。とりわけ「下体を暴露するを以て恥とするは人の天性」で古今東西を問わないから、「研究錬磨の爲め裸体の形象を摸写するの課程」を設けるのはよいとして、「其製作物に至ては裸体を掩ふに相当の被服を以てせば美術を学ぶに法を失せず」というのである。

だが問題の核心は小山正太郎がいうように、「縦令裸体がどれ程美麗なものであらうが、我が日本人は現在の思想と是迄の習慣等からして之に対して何う云ふ感じを起すか、尽《ことごと》く優美を感ずるか、或は優美を感ずるよりは寧ろ一種猥褻の情を起しはすまいか」という点にある。小山自身は、「将来は知らず今日の処、日本人多数が真に美術の美のみを感ずると云ふは実際上甚だ疑はしい」という。結局この討論会で結論はでなかったのだが、注目すべきは浅井忠の発言である。浅井も裸体美術上あるいは学問上からいえば裸体画は「実に純美な結構なもの」で害はないことは認めた上で、「扨《さて》其の結構な物を用ゆるには結構な腕を以て画かなければならぬのは自然の定則」で、それを「結構でない腕を以てするから動《やや》もすれば猥褻に流れ易い」のだが、裸体画を「未だ曾《かつ》て本統に腕を現はして画いた人は一人も無い」ところを見れば、「明治美術会の御方々はそれ丈けの腕は未だ以て居らない」のであり、そうだとすれば「其腕の出来るまで少なくとも今三十年間斗り辛抱して」いるのがよい、「現に曾て外山博士の御演説になった丈けの画題を御画きなさる事も出来ないのに裸体画抔は少し早からうと思ひます」という。ここにいう「外山博士の御演説」とは前節で見た外山正一の「日本絵画の未来」と題する講演で、外山自身もこの討論会で発言して、「画工なり彫刻師なりが裸体は害を有らうか無からうかと胸に浮む位なら、まだ私は彫らないが宜しいと思ひます。真に吾れの将に造らんとするものは真正の題である、純美なる題であると云ふものなれば、そー云ふ疑は些《ちっ》っとも起らぬ筈《はず》」というのである。浅井のこの主張に対してはただちに、高橋由一の息子の柳源吉が「大変人を軽蔑した咄しで」と憤慨した口調で、「画けば必ず巧拙は兎も角も画けんと云ふ事は無い。……幾ら其筆は鈍くとも趣意が猥褻でさへなければ決して害はない」と反論している。だが浅井の言はある意味で、この時点での日本の西洋画における本質的な問題を提起しているのである。というのも市川政憲がいうように、浅井にとっては「「技術」とは「絵画」であった」[23]からである。

浅井は明治二二年の『写真新報』（明22・4・25、6・3、8・25）に寄稿した「写真の位置」で、写真も絵画同様「画をこしらえると云ふ技術」であり、「物体のピント」のほかに「画のピント」を合わせて「画に対する者の眼を自然に引き付ける」ことが必要だという。「総体、画のなかには必ず一つの主意即ち本尊が立派に立って」いて、これによって「直ぐに其本尊に目の付く様になって」いなければならないが、その「主意」あるいは「主眼」とは描かれた対象に対して「何にか感ずる所」であり、これを浅井はその「図の精神」ともいう。浅井が具体例をあげて論じているところを見れば、たんなる構図論と受けとれなくもないが、絵の主意ないし精神をとらえるためには当の対象の「なにを」見て、それを「いかに」描くかという「美術思想を蓄へて居る」ことが必要だというのであり、その浅井からすれば、現今の日本の画家にはまだ裸体を題材として、これを美術として「画をこしらえると云ふ技術」がないということなのだろう。これはすでに見たように外山が、画家は「自ら信じたるもの」つまりはみずからその対象を見て「感動の情、胸裡に迫まりたる時」、その「感動せる情緒」を表現するのであって、それなくしてただ形を表わし彩色するだけでは、それは「一個彩色したる写真画」にすぎず「真の美術画」ではない、というのとほぼおなじ主張といってよい。浅井が自分たちにはまだ裸体画を描く腕がないというのも、裸体をどう見て、その「主意」をどう立てたらよいかの技術がないということである。そのような浅井だからこそ、明治三三年二月に四五歳になって留学して、パリ万国博覧会の美術館で諸外国の作品にはさまれて陳列された「日本の国画及油画」をまのあたりにして子規に書きおくった「巴里消息」(『ホトトギス』明33・7)では、「実に顔色なし。その前に立留るもうら恥しく」といい、また『時事新報』(「巴里博覧会　浅井忠氏の説」明33・8・7)の記事でも、日本の絵画を「此会場に陳列する時は和洋もなく流儀もなく日本画は尽《ことごと》く皆一様にして差別なき如く見え、然も一様に皆拙劣にして殆ど画と称するも恥かしき位なり」といわざるをえなかったのである。『時事新報』の記事で浅井は、日本画家の欠点の第一は「ドローイング(下図)」をおろそかにして「胸中に十分の成竹〔十分な竹の図の考案、構想〕なくして直に画其他の物を作らんと企つるの弊」で、「平生ドローイングに力を尽し骨格位置等に申分なき西洋作品の傍に来れば其欠点著しく顕れ見苦しき事譬へ方なし」という。浅井はさらに、西洋では「何派何流など口には称《す》れども実際は其流儀も亦殆ど有名無実にして各人銘々の流儀を認むるのみ」で、これによって画家はその天才を十分にふるうことができるのであるから、日本の画家も、たとえば「黒田氏の仏蘭西より帰り来れば忽ち黒田風の画家を生ずる」というように、新帰朝者の「風を以て最も善良なるものと盲信」してこれを模倣し「軽率に動揺する」ことなく、「己の信ずる所を守り一切他人に頓着するなきを要す」という。

じっさいのところ、この時代には裸体画は留学経験をもつ画家たちによって習作として描かれてはいたが、それが公開されることはなく、洋画教育の場にとりいれられることもなかった。そのような情況にあって、明治二八年にフランスから帰朝した黒田清輝が、明治美術会展および京都での博覧会に《朝妝《しょう》〔朝化粧〕》を出品し、また東京美術学校西洋画科で裸体をモデルとする教育をはじめたのである。《朝妝》は黒田がパリ滞在中に仕上げた油彩画のヌードであり、当然のことながらそれは一大論争をまきおこした。だがそのときの論調も、かつての『女学雑誌』記者や明治美術会の討論会のそれを大きくでるものではない。当時東京専門学校の美学講師であった金子筑水（「裸体画」『早稲田文学』明28・4・25）は、「通常（就中我が国にては）裸体は醜也、見るもの顰《ひん》せざるを得ず、さらば美術の上に於ても常人は之れを一大醜とせん」といい、これを美とするには「最も醜穢なる局部も、全体の美に克服せられて、而も尚其の一要素たらんを要す」から「裸体画は凡手の企及し得ざるところ」だという。かりに「大画工の画ける一裸美人の画」があったとしても、これをわが国のなお「没鑑識なる男女公衆の面前」に掲げたら、公衆は「実感を以て美術に向ふ」ことでこれを誤解するだろうし、「我が国に於てはかかる画図珍しきが故に一層俗感を牽くの弊」があるから、「此くの如き美術品はむしろ公示せぬに如かざるを思ふ」という。新聞『日本』（「技術の品位《博覧会の裸体画につきて》」明28・4・28）が伝えるところによると、じっさいにも博覧会の審査官の議は二派にわかれたが、結局「裸体画の果して日本に在りて美術たるや否やは未決の問題なれば、請ふ此の会に採用して以て輿論に問はん」ということで決着したという。黒田自身は、明治二六年の帰国前に養父にあてた書簡（明25・4・29）で「今度都にては卒業試験の様な心持にて日本への御土産の為、当地名物の女のはだかの画一枚心に任て画き申度存候。小さな考へをして居る日本の小理屈先生方へ見せて一と笑ひ仕度候」[24]と記していて、明治二八年の《朝妝》をめぐる論争は黒田自身が意図したものでもある。黒田は明治二八年三月二八日付久米桂一郎・合田清宛の書簡に、「オレの裸体画で議論が大層やかましくなり余程面白い。警官などが来て観ると云騒ぎよ。……就ては審査総長がどう云裁判をするか知らん。いよいよ拒絶と来ればオレは直に辞職して仕舞ふ迄だ。どう考へても裸体画を春画と見做す理窟が何処に有る。世界普通のエステチックは無論、日本の美術の将来に取っても裸体画の悪いと云事は決してない、悪いどころか必要なのだ。大に奨励す可きだ。……今多数のお先真暗連が何とぬかそうと構った事は無い。道理上オレが勝だよ。兎も角オレはあの画と進退を共にする覚悟だ」[25]と記している。これを受けて久米桂一郎（「裸体は美術の基礎」『国民新聞』明28・4・28）も、「美術」という語は「東洋の天地には存ぜざりし語」で欧米から学んだものの、いまだに「精巧なる工技若しくは年代を経たる工品のこと」と解するような誤謬は「二十年の実歴を経たる今日に至りても少しも其迷想を破らず」という。その上で久米は、現今日本の「寥々たる美術の中に始めて出たる、美術の基礎となるべき裸体画を見て、譁然《か》として之を排斥せんとの論を沸起したるは抑如何なる事ぞや」と非難し、「宇宙に存在する無限の形体中」で「最も能く純粋完美の形像」は人体だといった原理論を主張している。ともあれ西洋裸体画に対する黒田のほとんど疑いをいれない信奉を、あくまでも日本人である自己の感性と技術の可能性にこだわる浅井の懐疑にくらべて見るとき、市川が当時の帰朝者に「黒田＝鷗外タイプと、浅井＝漱石タイプ」[26]というふたつのタイプを認めるのも、あながち的外れではないと思われる。浅井は子規をつうじて漱石とも交友があり、これも明治三三年九月に三四歳になって留学した漱石は、ロンドンにむかう途次パリの浅井の下宿を訪れている。そして漱石もまた『文学評論』（明42）序言で、「外国の文学史を論ずるに当って外の人は未だ断った事がないだろうと思ふ」とした上で、批評的鑑賞の態度ではみずからの好悪が根本になって、これを科学的手続きで説明して「己れの標準なる趣味嗜好の証拠とする」が、「此出立点になる趣味とか嗜好とか云ふ者は自己にある、而かも現在の自己にある」といい、趣味というものは「全体から云ふと、地方的《ローカル》なもの」、したがって「其社会に固有なる歴史、社会的伝説、特別なる制度、風俗に関して出来上った者」だという。それゆえ漱石は、「西洋人の意見に合《あお》ふが合ふまいが、顧慮する所なく、何でも自分がある作品に対して感じた通りを遠慮なく分析してかかる」[27]ことが必要で、学生諸君には「外国文学を研究する際に成るべく自己に誠実ならんことを希望する」というのである。

　裸体画については、制作現場に身をおく美術家の立場からだけではなく、アカデミックな場における論争もある。明治二五年六月二七日の第一高等中学校『校友会雑誌』に若干一九歳の上田敏が巻頭論文「美術論」を寄稿し、そのなかで裸体画像にふれて、「むかしのひとは、何のゆゑありて裸体画像をめでたがりける。曰く天下形骸の美、はだかみの男女にまさるものあらざればなり。いまのひとが大に之をとがむるは如何。曰くほかなし、渠等いまだ美術を味はふの能なきなめり」という。これに対して五歳年長の大町桂月（鏡川漁郎「本誌第十八号批評」『校友会雑誌』明25・9）は、裸体画像も一時は人目を驚かしたが、日本伝統の絵画彫刻は「遙に其上に在るを悟りて、西洋美術を喜ぶものは少極数の西洋崇拝者のみとなりぬ」といい、裸体は衣服の発達しない「太古蒙昧の状態」で粗野であり、「裸体の塑像は塑像術の未だ進歩せざるもの」だと批判する。これに上田（「鏡川漁郎に答ふ」『校友会雑誌』明25・10）は、「世界の大美術家の教へに従ひて裸美宗に帰依するわれ」と応答し、さらに桂月（吸江釣徒「前号批評」『校友会雑誌』明25・11）が、「希臘人が体軀の美に心酔するは一奇癖」で「扨ても奇怪千万の風俗」だといい、「醜怪なる部分も亦人の身体に存す、故に蔽ふべき所は」これを蔽って「醜の為めに美を減ずる事」をなくすべきだと反論する。ここで桂月は細川と同様に「ヴェロンの書」すなわち『維氏美学』をもちだして、ひとの裸体を喜ぶ古代希臘人とはことなって現代の成人にあっては「初より之を観るに忍びず、彫刻物に在りては頗る之を観ることを愛するが如しと雖も、実は其天性に非ずして、特《ただ》に習慣の然らしむる所たるに過ぎず」[28]という箇所をみずからの立場の「一援兵」としている。これに対しても上田は、桂月が依拠するヴェロンは、気候温暖で裸体を好む古代ギリシャとはことなって現代では芸術家がつぶさに実物の裸体を見て観察する機会はないから裸体画像を造るのはふさわしくないとしているが、鷗外が「苟くも裸体像を説かむとせば、闕《か》ぐべからざるもの一つあり。曰く抽象力」（「禽蟲八句」『柵草紙』明23・8）というように、裸体画が問題になるのは「裸体其物のあしきに非ずして、之を眺むる公衆に抽象力」が欠けているためだと反論する。また「カントの快美説」では「感歎の情〔美的快感情〕」と「願望の欲〔関心・欲求・生理的快適〕」を区別するが、公衆が裸体像に起こす感情は「カントが所謂願望の欲にして、肉体を見て悦ぶ心も快の感〔快適〕にてあるべし」という。鷗外のいう「抽象力」とは、裸体画に対する性的関心にもとづく「願望の欲」を抽象することにある。それゆえ上田は、「ヴェロンの、此抽象力を忘れて古希臘の民衆を非難せしは、未だ審美眼」を備へないからで、「ヴェロンの謬は実感と仮感〔仮象〕とを混ずるにあり。粉本〔モデルの実物〕と作物〔作品〕とを雑《まじ》ふるにあり」と批判し、「私なくけがれなき美の観念」は「肉体に代るに大理石を以てし、此抽象力を養ふ」ことで得られるというのである。だがじっさいにはヴェロンは、われわれの社会ではヌードは古代ギリシャのように情熱や崇敬の対象とはなりえず、われわれがヌードに愛着を感じるとしても、それは「なによりもそのように教育され、あるいは他をまねることによる」ものであるが、一方で「ヌードを排除するというようなことも論外ではある」[29]というように、「粉本と作物」を区別していないわけではない。かれはただ、わが芸術家が裸体彫刻を造るとしても、その社会環境のちがいによって古代ギリシャの彫刻家を伎倆においてこえることはできないから、むしろ彫刻を「近代的な精神の方向へと発展させることに専念するべきだ」というのである。

　ともあれ裸体画をめぐる攻防はこれ以後もつづき、明治三一年四月、後藤宙外が編集する『新著月刊』は《朝妝》を口絵に使って告訴され、前代未聞の裁判となる。『太陽』（「裸体画事件の公判」明31・6・20）のつたえるところによれば、検事は「我国の風俗は之を外国と同視すべからず。……若し新聞雑誌に裸体画を掲るを憚らずんば、大に我国の風俗を害すと云ざるべからず。特に第四の画〔《朝妝》〕の如きは、歴然として陰部を露出するの形状を示すもの」で風俗壊乱と見なすべきものだと主張する。これに対して弁論に立った忍月は、「目下我国は内外美術の精粋を採り、大いに斯道の伸張を計りつつある」に、被告が有罪とされれば「是れ実に美術を破砕する一大鉄槌」といわざるをえず、また「美術学校にては之を教科の上位に加へ、特に婦人のモデルを傭ひ実物に就きて写生せしむる有様なり」と抗弁する。忍月はまた、浅草の十二階（凌雲閣）に登れば「此の画よりも酷しき淫靡の物あるも警察官吏は之を咎めず、人も又た之を見て怪まず、又た温泉には男女の混浴を公許し、娼妓は婬婦なるに之と相見る事を公許せらる」が、「此の絵画には風俗を壊乱するの態度なし」というのである。結果として被告は無罪となったが、樗牛はおなじ号の『太陽』（「法庭と美術」）で「新聞雑誌における裸体画は、行政処分として禁止せらるるの運命を免れ得ざるべし」という。樗牛のこの意外とも見える主張は裸体画を禁止すべきというものではなく、「趣味の判断は法庭の決し得べき所にあらず、裸体画事件の有罪無罪は裸体画其物の真価増損」するものではなく、たんに「其流行の盛衰」に、したがって一般民衆がこれをどう受けとめるかにかかわる行政上の問題だというのである。しかし一方で樗牛は原理論として、裸体画を弁護する美術家が「裸体画を自然美中の最高なるものとするの理由何処にある」と問い、「人体が自然物の最高なる発達を遂げたるが為に然りとするは、美学上に幾何の根拠ある」かとも批判する。これは正当な批判である。だが樗牛はさらに進めて、「裸体美術を離れても、美術家は何故に裸体のモデルを須要とすべきなる乎」と、婦人の裸体をモデルにする写生が美術学校での「教科の上位」に置かれることに疑問を呈しており、しかもこれは「婦人の人格を毀傷」するものだともいうのだが、これはやや的外れな議論というべきである。ともあれ裸体画をめぐる騒動はこれで終わらず、明治三三年一一月『明星』は一條成美の裸体の挿絵を一枚いれて発禁処分を受ける。また明治三四年一〇月の第六回白馬会展に黒田が出品した《裸体婦人像》とラファエル・コランの《オデオン座天井画下絵》の裸体の下半身は、警察によって腰巻きが着けられた。以後画家たちは自粛して下半身をおおった裸体画を出品するが、それでも明治三六年第八回白馬会展に出品された裸体画は、治安当局の命令によって一般観覧者の入室を禁じた特別室に陳列されたのである。

第四章　文壇文学と大衆文学

1　「軟文学」と文学極衰論

逍遙は明治二二年の文壇について、小説は進歩したとはいえ「文学に対する輿論の傾きは文学と文章とを同視するにありき」（「明治二十二年文学界の風潮」『読売新聞』明23・1・15）といい、また西鶴熱に見られるように言文一致に対する反動から「輿論大に在来文に」むかい、内容としてはなお「或社会の人物、或社会の事件或る一種の情操等を描く」局部小説すなわち人情派の小説にとどまるというが、その代表は紅葉を中心とする硯友社の小説である。とはいえ人情派にしても四、五年以前にはもっぱら脚色に泥《なず》んでいたものが、いまは「人間の性情に留意し人柄を描くを大切」（「明治二二年の著作家」『読売新聞』明23・1・15）にする点で進歩を見せているし、批評にしてもいまはふつうの読者でもたんに「文章の姸醜《よしあし》」にとどまらず「着眼」（「今年初半文学界風潮」『読売新聞』明23・8・4）を問題とするまでに進歩したとも評価している。だが一方でたとえば新帰朝者の島田三郎（「文学極衰」『女学雑誌』明22・12・14）のように、人情小説に対して「其文繊弱軟巧、絶えて雄厚絶大の象なし……今日は正に是れ文学極衰の時也」と非難するものもいる。おなじく新帰朝者の尾崎行雄は明治二三年二月一二日『国民新聞』のインタビュー記事「文学上の尾崎行雄氏」で、日本の現時の文学傾向を「専ら坪内氏が率先し来れる人情小説」に見て、一時世間の嗜好がこれにむいたが、その「クダクダしき痴情痴話」もようやく飽かれて、今後は「人心高大の思想を求めば稗史も亦復活し来らん」といい、おそらく尾崎の筆と思われる『朝野新聞』「文学世界の近況」（明23・2・27）では、「今の小説家は……痴情を描て、正情を描かず。小人を描て、君子を描かず。匹夫匹婦の肉欲を描て、英雄豪傑の肝膽を描かず」という。尾崎自身も明治一九年に小説『新日本』を公刊するが、その自序で尾崎は「小説の義」はきわめて広く、ささいな事柄にかかわる「痴情を説く」ものもあれば「経国済民の大計」を講じるものもあるが、自分の小説はもちろん後者であるという。これらの論客にとっての文学は、越智治雄がいうように旧世代の「啓蒙家の文学」であり、「明治二十三年という時点では、政治が先決でなければならなかった」[1]。

ともあれこの二三、四年あたりが、明治文学界のひとつの転回点であるのはたしかなようである。すでに明治二四年には逍遥も「只今にては漸《ようよ》う現在専門の作には厭《あき》がまゐりたり。ちょん髷のついた挿絵の小説がちょろちょろ見ゆるは其前表にて、写実的社会小説のヒタと衰へたるは此故なり」（「梓神子」）という。明治二七年にわが国最初の『明治文学史』を著わした大和田建樹は、「二十一、二年より文学界の有様は大に変化せり。小説は下火に為れり。是まで威名赫々たりし小説家は寂として復た声なからんとす。……此将に落莫たらんとする小説界に立って稍や世人の注目を招きたるは、ちぬの浦浪六氏の謂はゆる撥鬢《ばちびん》小説なりき」といい、明治文学の第二期と三期を区切るのは「大略を言へば政治上の一大事件たる憲法発布の時を去る二、三年の間に、文学は世人の愛顧を失ひしなり」[2]という。はたして小説の凋落が、明治二二年の憲法発布とそれにつづく二三年の国会開設という、当時としてはたしかに世人の耳目をそばだたせた政治上の一大事件によるものかはともかく、もっぱら男女の恋愛を描く「写実的社会小説」ないし「人情小説」が飽きられたというのはほんとうのようで、あらたに評判を得たのは矢野龍渓の『浮城物語』の「経国済民の大計」を講じるような冒険小説であり、「ちょん髷のついた挿絵の小説」すなわちちぬの浦(村上)浪六の『奴の小万』のような侠客もの、いわゆる撥鬢〔江戸町奴の髪型〕小説や時代小説であり、探偵小説である。この現象は、『神髄』以来の美術としての近代写実小説をとなえる立場からすれば旧文学への後退であり、あるいは講談などへの逸脱である。だが『早稲田文学』の「時文評論」記者(「けふこのごろ」明25・9・15)が「学生帰省の期たる七、八、九月の頃に文学界の寥々たるを以てトすれば明治の詩趣は重に青年社会の太気中に存したるか、然らざれば今の文人の著作は僅《わずか》に青年社会に悦ばるるに足るのみにして成人を動かすに足らざるならん」というように、そもそも写実小説は一部のエリート青年層のもので、雑誌や単行本で出版されてもせいぜい千部にとどまるが、新聞小説はより広い大衆向けの小説で、これに時代小説や冒険小説、撥鬢小説、探偵小説が喜ばれたのはむしろ当然のなりゆきである。そしてこれはいわゆる純文学と大衆文学との分化のはじまりといってよいが、その意味ではこれもひとつの進歩ということになるだろう。

龍渓の『浮城物語』は明治二三年一月から三月にわたって『郵便報知新聞』に「報知異聞」として連載され、のちに単行本として出版されるときに改題されたものである。この物語の舞台は明治一一年ごろ、主人公のひとり作良のことばに、西洋人は「唯一竿の国旗を無人の地に建てて曰く是れ我が版図なりと……何ぞ其の傍若無人なるや」とあるように、マダガスカル島やアフリカ内陸の一部がまだ西洋列強の所有に帰さない時代である。これは西洋列強の帝国主義にならって「無主の地」を占領せんとして作良と立花のふたりが、海王丸という商船と百数十名の乗組員を率いて、途中海賊船を撃破して得た巡洋艦を「浮城」と名づけ、この二艦をもってバタビア（ジャカルタ）やジャワを経由してマダガスカルへとむかう海洋冒険譚であるが、物語はじっさいにはジャワで中断している。単行本には冒頭に何人かの評が附されているが、思軒は「其の局面趣向宛然としてヴェルーヌ［ジュール・ヴェルヌ］なり」といい、徳富蘇峰は「近時文学愈々《いよいよ》細となり、繊となり、儇《けん》となり、巧となる」のに対して、『報知異聞』は「局面濶《かつ》大［広大］、驚くべく、喜ぶべき冒険の事業坌《ふん》湧して来る［さかんに湧き出る］……所謂十九世紀の実学を架空文字の中に寓したる者にして、之を評して、一種第十九世紀の水滸伝と云ふ、亦不可なかる可し」という。また中江兆民も、「雄絶、快絶、悲壮絶、慷慨絶、一言すれば偉大絶の観を以て血肉と為し精神と為す者」という。これらはその顔ぶれからいっても龍渓とおなじ明治一〇年代の旧世代の啓蒙家の評だが、『神髄』に共感して小説にかかわるようになった新世代には当然のことながら、批判的な論調が主となる。

たとえば忍月「報知異聞（矢野龍渓氏著）」（『国民之友』明23・4・3）は、「小説は美術的の文字たらざる可からず……吾人は報知異聞が「美」の約束を守らざるを悲しむ」といい、「数十年以前専ら吾国に流行せし敵討物語と何ぞ撰ばん」という。忍月（「大」『江湖新聞』明23・4・5）はまた、「柴東海の佳人之奇遇の如き、末広鉄腸の雪中梅の如き、矢野龍渓の報知異聞の如き、皆な『詩大』の何たるを知らざるものなり」と批判している。魯庵（「浮城物語」を読む」『国民新聞』明23・5・8、16、23）も、龍渓が自序冒頭に「野史小説の要は人を悦ばしむるに在り」というのをとらえて、逍遙が「小説神髄を著はし小説文学の貴重なる理由を説きしより以来、老衰残年を送る旧作者を除くの外かかる謬見を抱くものなしと思ひきや」龍渓がこれをいうとは、「龍渓居士は小説の何たるを知るか」と批判して、『浮城物語』は「政治家の玄関番が作りし所謂佳人才子的の政治小説と同様にして審美学上論評するの価値なし」と断じる。こうした新世代からの批判に応えるべく龍渓は六月に開かれた文学会で「浮城物語立案の始末」という演説をして、それが『郵便報知新聞』（明23・6・28－7・1）と『国民新聞』（明23・6・28－7・2）に掲載される。そこで龍渓はあらためて「世人に娯楽を與ふるものは是れ小説の本色のみ。故に小説は読者を楽しましむるの多少を以て其の優劣とす」というが、これは『経国美談』前篇序における、稗史小説は「尋常遊戯の具に過ぎざるのみ」という主張を踏襲したものである。龍渓はまた、我国近来の小説は「其種類、概ね人情ものに限る」が、それぞれの料理にはそれに特有の味わいがあるように小説もさまざまで、その「領分は甚だ広し」というのだが、魯庵が批判するように、ここにはそれぞれにことなった材料をほかならぬ「小説」にする術の本質についての観念、したがってそもそも「小説とはなにか」についての観念がまったく欠けている。龍渓は「文学の術《アート》は猶ほ絵画の術のごとし、絵画の韻致は画題に依て同からず」といい、「佳人を画くに当ては嬌態嫣《えん》然［にっこり笑うさま］……勇士を画くに当ては雄偉健快」とはいうが、これは結局類型をでない。龍渓はさらに「読者に娯楽を與ふるは小説の正産物なり、世を矯め俗を激し、人を戒め時を諷するは是れ小説の副産物なり」というが、これも『神髄』にいうような偶然の副産物というのではなく、作者龍渓にとってこの副産物は意図された「目的」そのものである。

龍渓は一方で、わが国において洋書によって西洋文字の味を嘗め始めたのはごく一部にかぎられるが、「小説は広き世人を相手と為すものなり……文学世界の数寄者のみに悦びられんと欲するに非ず」といい、また「新聞紙上に掲る小説は一巻の冊を為して世に出る小説と其趣を異にする」が、『浮城物語』はこうした硯友社の人情物の愛読者とはことなった「一種の新読者」にむけたものだという。この「新読者」とは、忍月や魯庵が想定し、龍渓が

「文学世界の数寄者」と呼ぶ青年エリートからなるいわゆる「文壇」、美術としての文学にあるべきアートワールドの住人ではなく大衆文学の読者であって、この点でも柳田泉のいうように『浮城物語』をめぐる論争は「明治文壇史上、最初の文壇文学対大衆文学の論争であったといって可い」[3]。なるほど魯庵は、「社会と共に次第に変遷したる今日の文学界に最も幼稚なる物語を以て雄を争はんと欲する」（「『浮城物語』を読む」）『浮城物語』に対抗して、ほんらいの小説としてディケンズ、サッカレー、あるいはミルトン、ゲーテをあげ、この立場から見て「今日現出せし無数のもの」のうち「小説《ノーベル》」といえるものはきわめてすくないという。だがその魯庵にしても、あるべき明治の「ノーベル」がじっさいにどのようなものなのかはわからず、それゆえ「余は小説に就て迷う者なれば」といわざるをえない。忍月（「想実論」）も、「近頃三、四の雑誌新聞記者が今日の文学を論ずる」を見るに「今の文学には重大なる真理なく高尚なる思想なくまた確然不抜の精神なし」といい、あるいは「活発活発の生気なく、絶高絶大の思想なく、天を驚かし地を動かすに足る情意感覚を有せず」というが、いまの世にミルトン、ゲーテはなお存在せずとも、「ミルトン、ゲエテーとなるべき人、何処にか埋没しをるやも」知れないではないかという。その意味では明治二三、四年は、旧世代の政治的啓蒙家、経世家の側からする人情小説に対する「文学極衰論」のみならず、新文学の批評家たちの側からもあるべき文学の衰頽ないし停滞は認識されていたというべきだろう。そしてその隙をついてあらたに読者を獲得したのが、『浮城物語』が掲載されたのとおなじ『郵便報知新聞』に登場するちぬの浦浪六の『三日月』（明24）や『奴の小万』（明25）、『鬼奴』（明25）をはじめとする撥鬢小説である。

2　撥鬢小説と探偵小説

浪六の小説は大変好評で、『奴の小万』が単行本としてでるころには『三日月』はすでに七版をかぞえ、『奴の小万』もでてすぐに再版するほどで、浪六は一気に流行作家となる。おそらくは浪六の『三日月』に刺激されてのことだろうが、星野天知は「侠客論」（『女学雑誌』明25・6・4）を発表している。ここにいう侠客とは「殺伐粗暴にして社会を害毒する博徒一流の人種」ではなく、「道徳極衰し天下互ひに相犯すの暗黒時代」にあって「先づ社会の下層に一種の慷慨を叫んで弱者の身方となりし者」であり、「強きを挫きて弱きを助くる」平民的主義に立つ者だという。じっさいには浪六本人も『三日月』が単行本になるに際してつけた「小書」で、「所謂彼の町奴、六法むき。男達。などいへる者の一生を見るに其の野卑にして且つ愚なること殆ど児戯に似たれども、人に骨なく腸《はらわた》は魚河岸にのみある今の世に豈に半文の価ひなからんや」と記している。『奴の小万』についても天知（「奴の小万」『女学雑誌』明25・7・2）は「全篇悉く侠と残酷、悲涙滴々、惨血淋漓《りんり》［したたるさま］」といい、主人公の小万を慕う筧小太郎の「恋愛《ラブ》はハムレットに及ぶべくも非ずと雖ども、余は深く同情の感に堪えず。寧ろ吾れにはハムレットより深く刻銘《インプレッス》したりしなり……浪六殿祝し申すぞ」と大絶賛である。だが逍遙率いる『早稲田文学』（「新刊紹介」明25・11・30）は「鬼奴」の特質をあげて、第一に「人物の理想的なること、即ち誰は勇、誰は侠、誰は貞節と一々役割を定めて一つの特質《ペキユリアリチー》を擔《たん》当」させていること、第二にどの人物も男女を問わず「義侠の分子」をふくんでいること、第三に「世をすねものの桔梗殿に対するに気骨稜々たる采女之介」を配し、「七尺ゆたかの鬚男が嬰児《みどりご》をかき抱きての子守歌」などに見られるように「対照《コントラスト》」の著しいことで、対照は「浮世絵の極意」であり、「東西の両大家馬琴スコット」のような「古今の画工小説家」が人の注意を惹くためにもちだす「まじなひ」であるとして、批判的である。

魯庵は明治二四年七月三日の『国民之友』(「近刊小説一束」)では、『浮城物語』に対するのとはうってかわって、『三日月』は「極めて美はしく細やか」といい、また浪六がとる詩材の男達なるものは「ドラマの好材料、幡髄院長兵衛以下大抵トラヂカル、エンドを以て終る……古来詩人が詠ぜしものシルレル、スコット等の諸篇往々此種を見る。浪六また材を採るの識ありといふべし」(「三日月」『国民之友』明24・10・13)と評価している。魯庵はまた明治二五年二月二九日『早稲田文学』でも、世の批評のなかには『三日月』を軽視し毀貶《きへん》するものも多いが、自分は「児守愛読し細君愛読し御隠居愛読し主人愛読し軍人法律家官吏商賈、苟も眼に文字あるもの皆此二作〔村井弦斎「小説家」と浪六「三日月」〕を読まざるものなきに到ては、余《わ》れ其範囲の頗る広きに及びたるを喜ぶ」という。これだけを見れば、さきに見た龍渓の大衆文学論かとも思えるが、魯庵が「余《わ》れは公衆の見る処を信じて必ず一種の美を存するを疑はず」というところを見れば、やはりそれが「一種の美」を実現していて、これがために広汎な読者を獲得したと評価するのである。しかしその一方で、「此好材料を裒《あつ》めし「三日月」が意外にも目ざましき大仕掛を見るの外は毫も彼れ侠客の実相を示さず、言語に風貌に挙動に総て侠客的を現はしたるも、是等は摸倣に過ぎずしてその特有の性情に到っては極めて漠然たるが如し」(「三日月」『国民之友』)ともいうのであって、それがなお「侠客的」の類型にとどまり、その「特有の性情」すなわち個々の人物の個性にはいたらないことを批判してもいる。ところが明治二六年七月三日の「今日の小説及び小説家」(『国民之友』)では魯庵は、紅葉露伴の「西鶴派無二の材料たる恋愛的説話」が飽かれた近時にあって「浪六が率然として一方に起り、平板無味なる恋愛談に倦める人々に最も新奇――否な最も陳腐なる俠客談」を提供して、その「声誉は紅葉を圧し露伴を凌ぎ尋常以上の批評眼を具する読者猶ほ且つ随喜するもの少からず」といい、「浪六の小説は浅俗なる婦人小児の目に極めてハデヤカなるものなれば其世に歓待されしは勿論」だが、それは「古今の復讐談若くは英雄物語がまま愛読せらるると同様なれば文学上重きを置くに足らず」と、浪六が花々しく登場したときとくらべてよほど辛辣である。そして魯庵は、探偵小説の黒岩涙香と浪六は「流行小説家の二巨擘《はく》なり。……然れども此二派のみが今の小説家を代表するの観あるに於ては吾人はイヤイヤながら小説は衰退せりと云はざるべからず」というのである。

ところがこれに対して、これも文壇文学を信奉する忍月は、「不知庵［魯庵］の小説論を読みて浪六の為に冤を雪ぐ」（『国民之友』明26・7・13）で、「現時専ら俗眼に嗜好せらるる探偵小説を擯斥し文学上無価値のものとすることについては自分も魯庵に劣らないが、魯庵が浪六を「涙香一派と並べ称し審美上価値なきものの二幅対となすに至っては少しく酷なりと言はざるべからず」と浪六を弁護する。かれは、自分は世間が浪六を愛好するほどこれを愛好しないし、浪六の手腕も世間の評判ほどたかいとは思わないとことわった上で、魯庵が浪六を評して「唯巧みに事実を作為して覚束なき外相をナスリしのみ」というのに対しては、「浪六の小説には一貫の主旨あり着想あり、不知庵が貶するが如く散漫滅裂のものにあらず……見るべきの技倆あり」といい、「浪六は精密の人情を描くは其短所なれども惨憺の意匠中に人生の境遇を写し罪過を写し無常を写し変転を写すは多少得意とする所にして知らず知らず小説の本旨に合する所あり」という。ともあれいったんは魯庵が「一種の美を存する」と評価し、忍月も「知らず知らず小説の本旨に合する所あり」と評価するように、人物がなお類型にとどまり、「人を誘ふべき

「まじなひ」」を用いるとしても、その人物は戯作ないし旧文学の人物のような「木偶」ではなく、ひとりの人間として造形されて「人生の境遇を写し罪過を写し無常を写し変転を写す」という点では、これも西洋近代小説の影響を受けた新文学の一翼をになうものというべきなのだろう。たとえば『奴の小万』には、「[於雪は]百件長屋の路地とも知らで売声あはれに荷《にな》ひ入りしが、一年投込の汚物時機を得て今を盛りと蒸されけん、色づくばかりの悪臭一文字に術来《つききた》りて鼻を穿ち、しかも此処かしこ濱には多き首枷の泣声、われ劣らじと耳に響ひて蟬の如く聞ゆるに、たださへ流るる汗の個《こ》は叶はじ怖ろしと踵を返し、草履バタバタ迯出《にげい》でんとせし左側の破戸より「もし、もし、甜瓜《まくわ》を一つ」渋り纏《まと》ふて糸より細き女の声に呼び止められ、於雪おもはず二歩三歩ふみもどせしが……」というように、下層社会のリアルな〈情況〉の視点による描写なども見られる。

　だがその筋書、脚色は、たとえば於雪がふたりの飢えた幼児を見て同情し、その女にわずかな銭をあたえたところが、のちに佐助という小悪党にそれを奪われて女が自害したのを聞いて、齢一三の少女ながら草刈り鎌で佐助を殺して捕らわれるが、つぎの場面では一転して於雪は大坂城代松平伯耆守に仕える「十七ばかりの美人」於万となって登場する、という具合である。これについて浪六の息子である村上信彦（「虚像と実像・村上浪六」『思想の科学』昭30・10）は、「道具立てに貧乏や苦境があり、筋書に金や事業や投機が織りこまれて、一般の恋愛小説よりはずっと現実的・社会的でありながら、現実につきまとうこまかな障害や問題を思いきりよく切り捨てていることが、浪六小説をベストセラーにした。それが明治・大正・昭和とつづいたのは、いつの時代にも大衆の願望がみたされないからだ」と分析している。かれはまた、主人公が「どん底から這い出してたちまち俥上《くるま》の人」となるのも「奇策縦横のおかげだが、どんな奇策をどう縦横に使ったかの説明は少しもない。ないから、一夜で転落して又どん底におちこんでも、ふたたび立ち直れる幻想が生きてくる」というが、たしかに浪六小説は昭和につづく大衆文学の元祖といってよいだろう。大正末から昭和初期に廉価版の「円本」ブームが到来し、文学のマス・ジャーナリズムが成立して、『中央公論』が「大衆文芸」特集を組んだり、「恒久娯楽雑誌」と銘打った同人雑誌『大衆文芸』が創刊されるという情況になって、「芸術としての文学」という意味での「純文学」[4]の危機が意識され、純文学対大衆文学という対立図式が形成されるにいたるが、明治のこの時点での浪六をめぐる論争はその発端といってよいだろう。そしてそのような大衆文芸のもうひとつのジャンルは、探偵小説である。

ところがこの探偵小説については、忍月も魯庵も、浪六小説に対するのとはうってかわってすこぶる辛辣である。探偵小説は黒岩涙香による翻訳『法廷の美人』（明21）がでて以来涙香の専売であったが、明治二六年あたりが流行の絶頂期であった。これについて『早稲田文学』彙報記者（「探偵小説と冒険小説と」明26・3・25）は、多くのひとが小説を好むのはただ「話」として「この先いかになるべきか」との念で好むのだが、「探偵小説は尤も此の分子に富み且現時の小説界に在りては比較上尤も読者に取りて目新しきものなり。是れ其の歓迎せらるる所以なるべし」という。また平田禿木（風潭坊「純美文界　今日の小説界」『文学界』明26・7）は、「春陽堂米国より英文の原本を輸入して眉山、花瘠、思案、水蔭など硯友社の一派が小遣取りの御すさび」にこれを翻訳していると伝えている。忍月は明治二六年六月三日『思想』に「探偵小説を火葬する文」を寄せるが、そこでかれは「探偵小説は獅子身中の虫なり」といい、「痴女児騃《にわ》かに見て喜ぶべきも」具眼の士は「一見直ちに厭心を生じ、嘔吐を発すべし」と激越である。魯庵もこれに負けてはいない。かれは「今日の小説及び小説家」で浪六小説を批判したが、同時に探偵小説についても「涙香小史一派が盛んに訳出せしボアゴベイ等が著述は流石に結構の上より云へば……興味あれど、原《も》と幼稚なる好奇心を誘起するの価値あるに過ぎず」といい、「是等の物語は勿論人間の性情を描写せしにもあらず、社会の実相を指示せしにもあらず、云はば小供騙しの脚色を弄して一時の慰をなすに過ぎざるなり」という。

3　「人生相渉る」論争

明治二二年末から二三年にかけての政治の季節における文学情況を、民友社の記者であった竹越三叉（與三郎）（『国民新聞』「文話数則」明25・10・23）はこれまで見たのとはべつの観点からとらえて、「曾て飛揚したる軟文学家（小説若しくは之と類似の文学者）は悄然として退き、硬文学家（史論及び此類の文学者）の踊躍していで来る、これ正しく今日文学界の光景なり」と表現しているが、じっさいにもこの当時は史論や古今東西の偉人の「史伝、人物評」が流行する。これに対して魯庵（「今日の小説及び小説家」『国民之友』明26・7・3）は、「漫《みだ》りに軟文学といひ硬文学といふ」ものが「軟文学の如きは畢竟遊戯文字に過ぎず児女の歓を買ふべきも士君子の読むべきものにあらずと。又是等の遊戯文字は軽浮浅膚なる思想にして他の史論家評論家が作と同日のものにあらず」といい、「近日此軟文学成るもの衰へて硬文学の隆盛を来せしは文学進歩せし徴候なり」というのを批判する。その一方で魯庵（「再び今日の小説家を論ず」『国民之友』明26・9・23）は、「今の小説界は沈滞して進歩の傾向より次第に遠ざかるの観」があり、「民友記者をして謬妄なる套語『軟文学』を作らしめ愛山生なる人をして捧腹［抱腹］すべき非文学論を吐かしめしもの、是れ皆小説家の罪なり」ともいう。

ここで魯庵が愛山生の「捧腹すべき非文学論」と嘲笑しているのは、明治二六年一月一三日に山路愛山が『国民之友』に掲げた「頼襄を論ず」にはじまる、北村透谷とのあいだで交わされたいわゆる「人生相渉る」論争における愛山の文学観を指している。その冒頭で愛山は、「文章即ち事業なり。文士筆を揮《ふる》う猶英雄剣を揮ふが如し。共に空を撃つが為めに非ず為す所あるが為也。……華麗の辞、美妙の文、幾百巻を遺して天地間に止るも、人生に相渉らずんば是も亦空の空なるのみ」といい、その「事業」とは頼山陽が「空詩虚文」に耽る道をえらばず、「実に当時における思想世界の薬石」である「史学を以て自ら任ずる者」となしたことをいう。これに対して透谷は創刊まもない『文学界』（明26・2）で「人生に相渉るとは何の謂ぞ」と反駁し、愛山が「「史論」と名くる鉄槌を以て……純文学の領地を襲はん」とするのは「文学のユチリチー論」だと批判する。透谷によれば、文士の戦いは「実」をねらって世を益し人生に相渉らしむる俗界の事業ではなく、「天地の限りなきミステリーを目掛けて」霊の剣をふるって、「空の空の空を撃ちて星にまで達せん」とするものである。「名月や池をめぐりてよもすがら」と詠んだ芭蕉は、実である池に映る名月を睨んで夜もすがらそのまわりをめぐるが、その結果かれは「実を忘れ、肉を脱し、人間を離れて……天涯高く飛び去りて絶対的のもの、即ちIdea にまで」たっした。それゆえ透谷は、「高遠なる虚想を以て……真に雄大なる事業を視よ、而して求めよ、爾《なんじ》の Longing［憧れ、切望］を空隙に投げよ、空隙より、爾が人間に為すべきの天職を捉り来れ、嗚呼文士、何すれぞ局促［こせこせ］として人生に相渉るを之れ求めむ」というのである。これに対して愛山は、明治二六年三月一日『国民新聞』で連載をはじめた「明治文学史」で、透谷は自分が世俗の「事業に渉らずんば無益の文章なりと曰ひたるが如く」いうが、それは誤解だと反論する。「若し「事業」てふ文字を以て唯見るべき事功となさんには、若し「世と渉る」てふ詞を以て物質的の世に渉ることなりとせば、吾人の文章は事業なりと言ひしは誤謬」であるが、自分が「文章は事業なり」というのは「文章は即ち思想の活動なるが故なり。思想一たび活動すれば世に影響するが故」だというのである。

愛山のいう「文学」は、詩文学にかぎらず歴史や評論をもふくめたいわゆる「美文芸（Belles-Lettres）」を意味し、それゆえかれは「美術的の文学」を「狭義の文学」として、その「精細美妙なる審美的の観念」の発達をも評価しているのだが、その一方で文章が「此世を一層善くし、此世を一層幸福に進むることに於て寸功なかつせば彼は詩人にも文人にも非ざるなり」というとき、これを透谷のように受けとめるのもあながち無理はないようにも思われる。じつは透谷にしても、明治二六年四月八日にはじまる『評論』の連載「日本文学史骨」では、「文学の事業なること」、「文学が人生に相渉るものなること」は、それが実利的に「世を益する」ことを目的とするという意味でないかぎりでそれ自体は自明だといい、人生を慰める「快楽《プレジューア》」と、人生を保つべき正当なる知識や道念にひとを導く「実用《ユチリチー》」とは「疑もなく「美」の要素なり」というのであり、この点では愛山の立場とさほどことなるものではない。ところが透谷は「快楽と実用とは、文学の両翼なり」という一方で、「「美」の本体は快楽と実用とにあらず」といい、「神聖なる文学」はこの「快楽と実用」とを超出するべきだというのである。われわれ人間の現在の「生」は有限だが、有限なのは「人間の物質」であり、「精神に至りては始めより自由なるものなり、始めより独存するもの」である。それゆえ「有限と無限との中間に彷徨する」人間の希望は、「個の有限の中にありて彼の無限の目的に応《したが》はせんこと」であり、「文学は人間と無限とを研究する一種の事業なり」というのだが、ここにいたって透谷は愛山とは完全に袂をわかつことになる。

透谷において問題なのは、一方で文士が現実の有限なる作品の美における快楽と実用にかかわるということと、他方でこれを超出して「高遠なる虚想」すなわち「絶対的のもの、即ち Idea」への「Longing」とが断絶していて、どうつながるのかがまったく不明なままだということである。透谷（「国民と思想」『評論』明26・7・15）は、「余はインヂビヂュアリズムの信者なり、デモクラシーの敬愛者なり」といい、さらにこれを説明して「一国民として欠く可からざるものは、其の一致的活動なり」「国民に心性上の結合を」あたえるのは「尤も多く並等《びょうどう》を教ふるもの、尤も多く最多数の幸福を図るもの、尤も多くヒューマニチーを発育するもの、尤も多く人間の運命を示すもの」であるというように、透谷のいう「個人」はなお自由平等の「国民」のひとりとして、その「最多数の幸福」を追求する功利主義が想定する個人にとどまる。透谷のいう「自由」にしても、それは一方では平民的思想における「民権といふ名を以て起りたる個人的精神」の自由、したがって制度や抑圧からの自由を意味するが、他方で「造化主の吾人に與へたる大活機〔資質〕」である個人の「意志の自由」は、「現象以外に超立して最後の理想に到着するの道」である。そして文学は「大自在の風雅」によって、この意思の自由を伝導するのだというのだが、それは「Longing」を形なき無限の「空際」に投げる観念論的厭世家の自由である。

透谷は「内部生命論」（『文学界』明26・5）では、「詩人哲学者の高上なる事業」は人間の心の「内部の生命を語る」ことにあるが、この「人間の根本の生命」すなわち「ヒューマニチー（人性、人情）」は現実には個々人の「人性人情」としてあらわれるから、詩人はまずはそれを「観察」してその内なる「極致を事実《リアリチー》の上に具体の形となす」のだという。しかし詩人はそれにとどまらず「インスピレーション」をもって「人間の精神即ち内部の生命なるもの」に感応し、「生命の眼を以て、超自然のものを観る」のだともいう。この内部生命論は明治一〇年代にキリスト教者を中心によく読まれ、民友社の蘇峰などにも影響をあたえたアメリカの宗教思想家ラルフ・ワルド・エマソンを下敷きにしていて、透谷も民友社の評伝シリーズ「拾貳文豪」の第六巻として『エマルソン』（明27）を執筆しているが、エマソンはコールリッジやカーライルを介してドイツ観念論哲学にふれて、いわゆる「超絶主義(transcendentalism)」の代表者といわれている。透谷は愛山との論争にさきだつ明治二五年に「厭世詩家と女性」(『女学雑誌』明25・2・6、2・20)を書いているが、これについて透谷と同世代の木下尚江は昭和九年一月の「福沢諭吉と北村透谷――思想上の二大恩人――」(『明治文学研究』)で、「厭世詩家と女性」の冒頭の句「恋愛は人世の秘鑰《やく》［鍵］なり」を目にして「この一句は正に大砲をぶちこまれた様なものであった。この様に真剣に恋愛に打ち込んだ言葉は我国最初のものと想ふ」と回顧している。だがすでに明治一〇年代には多くの思想家たちが西洋流の男女交際論や恋愛論をさかんに展開していたのであって、「当時の思想界において「恋愛」は、既に一定の価値を獲得した、肯定的な符牒の一つでもあった」[5]。愛山は明治二三年『女学雑誌』(11・22)に「恋愛の哲学」を寄せて、「嗚呼人の心霊と身体とに革命を行ふ恋愛よ。趣味想像の新しき境域を開拓する恋愛よ。英雄を作り豪傑を作る恋愛よ。家を結び国を固むる恋愛よ」と礼賛している。また蘇峰が『国民之友』(明24・7・23)に「非恋愛」と題する社説で恋愛と功名が矛盾すること、そして功名をとるべきことを説いたとき、巌本善治はこれを駁するべく「非恋愛を非とす」(『女学雑誌』明24・8・1)で、「其の婦人論において、男女交際論に於て、此上もなく恋愛の徳と、交際における女子の勢力とを吹立てたるの論者に於て」この主張をなしたことに驚きと非難を表明して、「恋愛は神聖なるもの也」という。だが巌本にとって恋愛はかならず結婚と家庭の形成をつうじて神への愛へといたるべきものだが、透谷にとって婚姻は、詩人のように「わが理想の小天地」に逍遥するものすなわち「厭世家」を「社会組織の網縄」に繋いで「想世界より実世界の擒《とりこ》」ならしめるものであり「忌まはしき愛縛」である。それゆえ恋愛は一時のものたらざるを得ず、「相手なる女性は仮物」にすぎない。そしてこの「婚姻」の観念も、ほぼエマソンそのままである。エマソンにとっても、「自分たちの愛情は一夜の住居に過ぎない」。[6] 花や真珠、詩や愛も「必ずしも粘土の中に住む畏敬すべき魂を満足させるとは限らない。魂は遂にはこうした親愛なものから……高大な普遍的目的を仰望する」のであり、恋愛の狂熱は冷める。だが透谷とはことなってエマソンは、われわれは一時の恋愛の熱狂を去って落ち着いた結婚生活を通じて、「年々知性と心情を浄めることこそ……真の結婚であることを悟る」のだというのである。

いずれにせよ透谷のこうした論調を見るかぎり、愛山（「唯心的、凡神的傾向に就て」『国民新聞』明26・4・19）が、透谷に代表される女学雑誌社「一派の流行思想《カレント・ソート》」を「唯心的、凡神的の傾向」と呼び、その特徴は「個人の品位を認識せざること」と「事業を賤しむこと」にあるが、「永遠の爲めに現時を賤しむ者、修徳の爲めに事業を軽んずる者は是れ矛盾《パラドツキシカル》の論法也」と非難するのも、かならずしもまちがいではない。また芭蕉の名月の句について透谷がいうところをあげて、「斯の如き芭蕉も透谷氏の爲めには天涯高く飛び去りて、肉眼にては分り兼ねる理想の中に住する人となれり。平民的短歌の作者も一種の理想派となりて、さぞ満足なることならん」と揶揄するが、これも不当というわけではない。ちなみに『国民之友』記者（「社会に於ける思想の三潮流」明26・4・23）は、キリスト教徒におけるこの立場を「高踏派」と呼んでいる。これに対して透谷は「人生の意義」（『文学界』明26・5）で、「高踏派とは足の無き仙人の事」で、自分の属している『文学界』がそうだといわれることに反発している。また「僕の詩文が多少アイデアルに流れるは僕も知って居る」といい、「僕が多少アイデアリズムに傾いたからとて……僕は未だアイデアリズムを信奉する者だとも云はず、如何なる学派の、如何なるアイデアリズムを取るとも云はぬ」に、愛山がこれを唯心的として「僕をいぢめる」のは不当だと非難して、「余は理想家でも何でも無し、唯だ余り酷《はなはだ》しく文学を事実《ファクト》に推しつけたがるが愛山君の癖なれば、一時の出来心にて一撃を試みたるのみ、考へて見ればつまらぬ喧嘩にあらずや」という。だがその文学についての主張を見れば、これはおそらくはエマソンの神と人間と自然とが究極的にはひとつであるとする汎神論にもとづいた観念論であり、あるいは透谷が厭世詩人の西行や芭蕉に見る「物我一如」といった東洋的・日本的なアイデアリズムである。

だが大正一三年に『日本現代文学十二講』を刊行した高須芳次郎などは、「主情的で、奔放な感情を迸出させた点に於て、在来の伝習を破って、新生命を摑まうとした点に於て、『文学界』の人々は……概してロマンチック・アイデアリストの風があって、真面目に自己を考へ、人生を眺める上に彼等の摯《し》実［まじめ］な悩みや悶えを発露した。その先頭に立ったのは透谷である」[7]という。原田芳起も昭和七年の『日本小説評論史』で、『文学界』創刊以後「約十年位の間は文学界が主として浪漫主義的思潮に支配された時代として考えられる。主観的主我的情緒的神秘的等のいろいろの意味に於いて浪漫的傾向をみることが出来る。……文学界の運動は最も明らかに新時代の覚醒された自我が、あくまでも自由な個我の解放を求めた浪漫主義運動であった」といい、「透谷の浪漫的傾向は、英国浪漫派詩人たるバイロンの影響をうくる所が多いことを自証してゐる」[8]という。小田切秀雄は、第二次世界大戦後しばらくして透谷への評価がひろがるなかで、自分も昭和二一年二月の「日本近代文学の主体」（『思潮』）で「透谷こそ、近代日本文学の歴史の上で、〝戦ふ為に生れたる〟稀有の人物の一人であった」と書いたが、のちになってさすがにこれは「いま読むとずいぶん強引な透谷論なので修正したいところが多いが、ムキになって透谷をおしだそうとするつよいモチーフで書かれた透谷論」[9]だと述懐している。しかしその後の透谷にかんする文学史的評論も、おおむねこの方向をたどる。たとえば吉田精一は『自然主義の研究　上巻』（昭30）で、西洋文学の「思想方面の感化」をうけて、西洋の「ロマンティクの運動、或はそれに接近した人々」のうちで「最も徹底したロマンチストの一人」として北村透谷をあげ、わが国では「半封建的な現実と、強度の絶対主義的な傾向をもつ時代背景に於て、個人主義自我の自由と解放を要求した市民精神が、歴史的な意味での浪漫主義に外ならない」[10]という。片岡良一『日本浪漫主義文学研究』(昭33)になると、逍遙にみられる「新しい芸術理念の未確立」を「二葉亭以上に明確化して見せた透谷の明治評論史に於ける位置が、どんなに重大なものであったか……これは単に逍遙を越えただけのものではなく、彼と鷗外との論争〔没理想論争〕を正しく止揚して見せたもの」であり、「二人を越えた浪漫主義的追求への明らかな踏出しが見出せる」[11]という始末である。

じっさいのところは、『文学界』の当時にあって透谷は一般に注目されたわけではなかったし、のちの文学史や評論におけるようにロマン派やロマン主義の文脈で理解されたわけでもない。逍遙は「明治廿六年文学界の風潮」(小羊子『早稲田文学』明27・1・12)を評して、批評界の「最高なりしものすら、大抵エマルソン、カーライル、テーン〔テーヌ〕等を祖述したりしに過ぎず」といい、これら「多少基督教的臭味のある批判」は「世間に迂闊にして、恐らくは「国民之友」の所謂空想派、又は高踏派の異名を避くる能はざりしならめ」という。愛柳生(「詩人を憶ふ(承前)」『日本之少年』明26・5・15)になると、愛山を実際論者、唯物論者と批判する一方で、透谷を「真理の理想を描きて、実を離れ、肉を離れ、天外高く飛び去らん」とする唯心論者にして「反動的詩人也」と手厳しい。いずれにせよ同時代の透谷評には、理想主義はあっても、ロマン派やロマン主義という語はでてこないのである。大和田建樹の『明治文学史』は『文学界』が創刊される手前で記述を終えているが、これについで明治三九年にでた、はるかに本格的な岩城準太郎の『明治文学史』では、透谷を「清新の思想声調を謳ひ出でたる一団の詩人」すなわち『女学雑誌』および『文学界』の同人の首領として、「蓬萊曲」など数少ない作品には「透谷が多恨の一生と心裡の煩悶」が見られるが、「思ふに斯かる人生問題の煩悶を懐く者、啻《ただ》に透谷一人のみに非ず。所謂世紀末の思想界、往々かかる神経質的煩悶を湛ふ」とあるのみである。ここにいう「透谷が多恨の一生と心裡の煩悶」とは、明治二七年五月一六日（二五歳）の自殺にいたる経緯を指している。また『明治文学史』の最後の第七章「最近文学の概観」では『明星』派にふれて、「その思想にロマンチック傾向を帯べる者あり」といい、また「泰西最近の主観思想は直ちに本邦に影響し、自我発展主義天才主義神秘主義等、主観的冥想的の風潮を我文壇に汪溢《おういつ》［横溢］せしめぬ。三十四年頃勃興したりし論壇の新ローマンチシズムは、即ち此の風潮の所産にして、小説其の他の創作にて、全然此の思想に成りし者すら在るに至りぬ」[12]というように、ここでの「ロマンチック」や「ローマンチシズム」は、三〇年代に移入された西洋のいわゆるネオ・ロマンチシズムを基調としている。ところが明治四二年の増補版では、その「例言」によれば、初版は三六、七年で筆をおいたが、その後、ロマンチック運動の趨勢、デカダン詩派を模倣した象徴詩、科学的写実小説、自然主義の文学、誹諧派の小説等、「今にして過去文学界を顧みれば、歴史の推移略分明に」なったので、初版の末章を改作しあらたに二章を加えて「新興文学の由来を明にし、進んで昨四十一年に至る最近文壇の状勢」に説きおよんだという。その第八章「新興文学の由来」の第一節「旧文芸破壊の思潮」では、初版でも言及した三四年頃勃興した新ロマンチシズムは「決して無前の珍事に非ず。夙《はや》く二十年代に『女学雑誌』あり『文学界』ありて、文壇の一隅に其の峻峭《しゆんしよう》［気高くすぐれた］清新の声を揚げたりき」というが、「透谷等の運動は、時代に先《さきだ》つこと余りに遙にして、未だ世人の耳目に入らず。其の一代の思想を動かして社会の表面に現はれ来りしは、実に此の次の運動を以て初めとなす」[13]という。これを見れば、どうやら当時から一般にはさほど注目されずほとんど忘れられていた透谷を、明治三〇年代半ば以降の新ロマンチシズムの文脈に置いてその先駆者とする見かたが登場するのは、『明治文学史』の初版の三九年と増補版の四二年のあいだといえそうだが、いったいそのあいだになにがおこったのか。いったん忘れられた透谷が人々の記憶にあざやかによみがえってくるのはおそらく、明治四一年『東京朝日新聞』（明41・4・7－8・19）に連載された島崎藤村の自伝的小説『春』をきっかけにしている。藤村はそこに、自分もそのひとりであった『文学界』の同人を登場させ、なかでも透谷を、ハムレットの独白を暗誦するとき「狂熱の光を帯びた彼の眼は燃え輝いた」と描かれた青木として登場させ、「神秘な青木の哲学」として、透谷の「一夕観」（『評論』明26・11）の一節「手を拱《こま》ねきて蒼穹を察すれば、我れ「我」を遺《わす》れて飄然として、襤褸の如き「時」を脱するに似たり」を引用している。昭和二六年という時点ではあるが、正宗白鳥（「愛山と透谷――人生に相渉るとは何の謂ぞ――」『文学界』昭26・5）は『文学界』を「当時の文学青年が、一知半解の勝手な熱を吐いてゐるに過ぎない同人雑誌」といい、透谷は「その小説も論文も未熟であるが、時代の先駆者である如く、一種の天才である如くに彼を取り扱ったのは、藤村であった。藤村が折にふれて親身のやうに透谷を守り立てて世に紹介しなかったら、透谷は、明治文学史上にそれほど重味のある存在として、文壇人に顧みられなかったであらう」という。『早稲田文学』が明治四一年九月号の「文芸研究会」で、まるで唐突に透谷をとりあげたのも、おそらく『春』がきっかけである。そこで相馬御風は「透谷の議論なり作なりを見て見ると、時代の先駆者といふ以外には別段の事もないやうです」といい、島村抱月は「［全集を］ひろひ読みにして見ると当のセンチメンタリズム、としてはロマンチシズムだね」といい、「兎に角当時の世間的方面を代表したリアリズムに対して此人はスピリチュアリズムだと云ひ得やう」という。いずれにせよ小倉敏彦もいうように、「決して多くはない残された作品と、のちの文学史上の高い評価との落差はおそらく、透谷の死後に生じた幾重もの「神話化」によるもの」[14]である。

　そもそも「ロマンチック」ということばは、中世の騎士道物語や伝奇などロマンス語で書かれた物語の特徴——冒険、情熱、恋愛、憧憬、幻想等——を指示する形容詞、すなわち「ロマンス的」を意味する語として、ヨーロッパではすでに一七世紀には使われている。明治の文壇で一般に「ロマンチック」というのもそうした諸特徴を名指しており、それは今日でも変わらない。逍遙が『当世書生気質』で守山に「兎角少年の中にハ。小説稗史にあるやうなロウマンチック（荒唐奇異《きたいなこと》）な事がしたいもので。それが爲に。遂に一身を誤ることがあるヨ」といわせているのも、そうである。これに対して「ロマンチシズム」という英語は、一八〇〇年前後にドイツでフィヒテの観念論哲学の流れを汲むシュレーゲル兄弟を中心として起こったドイツ・ロマン派（die deutsche Romantik）の思想を名指すことばで、そのもっともはやい使用例は一八〇三年の「思弁的哲学のロマンチシズム」という表現に見られる。このロマン派ないしロマン主義という意味での「ロマンチック」のわが国でもっともはやい紹介はやはり『維氏美学』で、「近時詩人「ロマンチック」《新調家》と号する者」[15]、とりわけヴィクトル・ユゴーがでて「古法家」すなわち古典主義者に対抗したとの記述がある。明治二二年には鷗外（「現代諸家の小説論を読む」『柵草紙』明22・11）が「実際主義の反対に立てる抽象的理想主義も亦弊あり。謂ふらくは独逸「ロマンチック」派の小説を見よ」というが、これ以上の説明はない。明治二六年には金子馬治（筑水）が『早稲田文学』（「ショオペンハウエル」明26・12・10）でドイツ・ロマン主義の、この時期としては比較的くわしい紹介をしており、明治二八年にも『早稲田文学』（7・25）に「ローマン派の世界観と文学」を寄せていて、そこでかれは「広義に所謂ローマン派」すなわちいわゆる「ロマンチック」な傾向と「狭義に所謂ローマン派」とをわけ、「狭義に謂ふローマン派と関係浅からざりし哲学者」シェリングの世界観の一端を紹介している。だがこれは学術的な論考で、当時の文壇に影響をあたえたとも思えない。明治三六年になると上田敏が『明星』誌上（「仏蘭西近代の詩歌」明36・1）で「ロマンチスム」を紹介しているが、これも一八二七年のユゴー『クロムエル』序文を宣言書とするフランス・ロマン主義についてである。上田はまた、「吾邦では近時荐《しき》りに『ロマンチスム』の声が高く、最近の欧洲詩壇は、皆この派であるかのやうに思ふ人も有るが、それは大間違である。尤も『ロマンチック』とは、甚だ曖昧な言葉で、論じやうによれば、随分詩文の好な人は皆此派の如く云ひ得るものの、慣用の語義では十九世紀の前半に勃興した情熱を重じ自我を尚び、主観を専にした、反動の声を云ふのである」という。昭和になってもこのことばの曖昧さは変わらず、昭和一〇年に日本浪曼派をとなえた保田與重郎（「日本浪曼派について」『経済往来』昭10・3）は、「日本で今まで流布してゐたやうな安易な浪曼的といふ概念……は、大へんな偽りもの」だといい、「世間では新浪曼主義などと呼んでいるが、真向から浪曼派を主義の名として宣した」のは自分たちが「新も旧もなく初めてである」[16]という。昭和一〇年六月、雑誌『日本浪曼派』に「現代浪曼主義の啓蒙的諸相」を寄稿した山岸外史は、「最近の多くの浪曼主義運動に就ての評論を読んで見ると、文壇人一般といふものは大変な錯覚に囚れてゐることは確しかだ。ただ一つの浪曼主義といふ言葉の中に何もかもを考へ過ぎてゐる。……彼等は『浪曼』といふ言葉に騙されて『浪曼的』と『浪曼精神』と『浪曼主義』の区別を知らなさ過ぎる」[17]と非難している。そもそも欧米においてもこの語は曖昧で、アーサー・ラブジョイは、「ロマンティックという語は、非常に多くのことを意味するようになり、そのことによって、何も意味しないものとなった」[18]という。

『文学界』の同人であった平田禿木がのちに、「私共は何も「ロマンティシズム」とか「運動」とかいふものを意識してやったのではなく、ただ同じ傾向の者が偶然集まって、その書いたものを互ひに見せ合ふといった気持に過ぎなかったのである。……思ひ出を語るごとに、それがいつも「文学史」の一断片とされ、何もわきまへのない若い青年が心なしにやったことが「運動」とか「ロマンティシズム」とかのレーベルを貼られることは、何とも恐縮の次第で、我我としては真に穴へも入りたい心地がするのである」(「『文学界』の頃」『帝国大学新聞』昭12・2)と回顧しているように、透谷をはじめとして『文学界』の同人たちも、その当時においておそらく「ロマンチック」はともかく、「ロマンチシズム」なるものを知らないか、すくなくともよく理解していなかったと思われる。透谷(「処女の純潔を論ず」『女学雑誌　甲の巻』明25・10・8)は、「近世のローマンサーなる曲亭馬琴」の伏姫は「婉然たるシバルリイの美玉」であり、そこには「ロマンチック、アイデアリストとしての馬琴の一端」が見られるという。だがここにいう「ロマンチック」は、馬琴の小説における「ロマンス的」な側面すなわち「シバルリイ(騎士道精神)」の側面を形容する語であり、「アイデアリスト」というのも勧懲という観念を奉じる、当時のいわゆる「理想派」の意味である。また透谷がエマソンに深く影響され、バイロンらのいわゆるイギリス・ロマン派詩人に影響されたというのは事実だが、太田三郎もいうように、ニュー・イングランドで清教主義の教育を受けてきた日本の留学生たちが帰国後エマソンを紹介し、開成学校や大学予備門でエマソンの思想についての講義がおこなわれ、蘇峰や巌本もしばしばエマソンを引用していて、エマソンは「早くから日本人にはアメリカの思想家のなかで一番親しみぶかいものとなっていた」[19]。現に明治二六年においても東京専門学校では、英文学の講義にバイロン(夏目金之助)、エマルソン(坪内雄蔵)がとりあげられていて、エマソンやバイロンの影響をもって「ロマン主義運動」というのであれば、明治の改良文学はすべてロマン主義運動ということになる。それゆえ透谷の情熱は他にぬきんでたものがあったとしても、透谷を明治文学史上ロマン主義の、とりわけその「運動」の先導者ないし「殉教者」などというのは、その実人生の悲劇に目をうばわれた過大評価というほかはない。

4 「同情」と悲哀の快感

文学極衰論と軟文学の退潮を唱える世の論調に対しては、『文学界』彙報記者（「小説漸く起る」明26・6）のように、いまの文学は「数なき代りに屑もなく精粋のみを止《とど》む。今はむしろ真の小説の漸く起らんとするの時ならずや」というものもあるが、記者はその実例として川上眉山の「賤機《しずはた》」、紅葉『心の闇』、露伴の「風流微塵蔵」、「対髑髏」等をあげ、また魯庵の翻訳『罪と罰』の二巻をあげている。なかでも露伴の「五重塔」（明24・11・7－25・4・19）については、たとえば忍月は『国民新聞』（「文界散歩（一）」明26・7・9）で、「人物皆各其色を異にし微に入り真に迫り……婉然活人半生の言語挙動及び其客観的の気運と戦ふの行為を実地に目撃するの感あり」と評価している。これはそのとおりなのだが、その語りの叙法は格別あたらしいものではなく、いわゆる会話体、つまり大部分が各人物の会話ないし内言の交替からなっていて、それらのあいだをわずかな地の文による描写や説明がつなぐ構成でなりたっていて、その点では『浮雲』と基本的にはかわらない。ちがいは、『浮雲』では心理描写をになう内言はもっぱら主人公文三に限定されていて、しかもそこに見られるのは文三の「ああでもない、こうでもない」という幼稚な、しばしば女々しいと評される心の動揺でしかないのに対して、「五重塔」では各人物の会話も内言も、「其一」の親方源太の女房お吉、「其二」のお吉と源太の弟分の清吉、「其三」では十兵衛の妻お浪の、それぞれに直面している情況に対する気持ちや気構えが見てとれるように描かれている。そして全体は、書簡体のように各人物の一人称の語りが交替し、これを地の文がつなぐような作りになっていて、しかも西鶴に学んだ、文と文、地の文と会話や内言とをはっきりと区別せず連綿とつなげていく語法によって、いわば一人称の語りと三人称の語りが曖昧に融合したような叙法である。その結果基本的には三人称〈全知〉の語りであった『風流佛』にもごく一部見られた〈密着〉の視点も、ここでは一人称の会話と内言に組みこまれてほとんど見られず、一人称の会話と内言、そして三人称の地の文ともに、いずれも基本的には〈全知〉の視点の語りというべきである。それゆえこれを亀井のように、いつもそのつど特定の「人間の立場へ視点を移動しながら、そのことばに自分の声を重ねて表現を進めてゆく」話者、すなわちわれわれのいう三人称の〈密着〉ないし〈ともにある〉視点の語りとしての「作中人物に癒着的な半話者」[20]の語りと見るのは正しいとはいえない。亀井は、こうした語りは「表現史的にみて明治二十年代後半の重要な特徴」であり、すでに露伴の「五重塔」などに見られるが、とりわけ樋口一葉においてそれが際だつというのだが、これはやはり一葉をまたねばならないというべきである。

　紅葉の『心の闇』（明26）は、目の見えない按摩佐の市が出入りの旅籠屋千束屋の娘お久米に日頃優しくされて心ひそかに思いをよせるが、お久米の縁談がきまって絶望し、婚礼の夜、その新居の塀の前を徘徊するさまを描いたものである。これについて『女学雑誌』（明27・6・9）は、「紅葉子、あわれなる盲人が恋をうつして坐《そぞ》ろに読者を泣かしむ」という。『文学界』彙報記者（明26・7）も「今年今までの傑作」というが、その一方で、これは「悲劇にして悲劇にあらず、悲劇ならぬが如くにして悲劇なるは、今年の心の闇なるべし」と曖昧な評をしている。

これが「悲劇にして悲劇にあらず」というのは、紅葉は「ドラマティストの如く同情の心をもつものにあらず、写すところは客観的にして」、そこに「悲惨の声」は聞けないからであり、それでも「かすかに細き琴線にふれて、ささやかなる音楽をばなす」点で「悲劇ならぬが如くにして悲劇」だというのである。おなじ年の『隣の女』（明26）は、郵便局に勤める二八歳独身で尺八の得意な粕壁譲は醜男で女には縁がなかったが、下宿の隣の家に妾が越してきて、これにおだてられているうちに、妾があやまって殺してしまった情夫の死体の始末を、夫婦になる約束とひきかえにたのまれるが、結局は自分も廐橋の河岸に浮かぶことになる、というものである。これについて南強生（「「現世相」と「隣の女」と」『早稲田文学』明26・10・13）は、「作者が地の文にて往々主人公を嘲るが如き語句を用ひられし、不服なり。諷刺か寓意の小説ならば知らず、写実のトラゼヂー［悲劇］に褒貶は感心せず」と批判している。明治二七年六月にその単行本がでたときには、『早稲田文学』（明27・6・29）はこれをとりあげて「近作の随一なり」と評価するも、「主人公粕壁譲に対する著者の口吻の動もすれば嘲弄的となれる所、尚少しく傾ぶかるれど［どうかと思われるが］」といい、「吾人がこの作者に望む所は一層の大同感と一層の深刻さとなり」ともいう。佐々醒雪（「「太陽」の小説を評す」『帝国文学』明28・7）も、紅葉の「眼中、未だ同情の涙に富まず、未だ人心の機微に入らず、未だ同情の美、想像の美に思ひ及ばず」という。

ここで注目すべきは、作品批評に「同情（同感）」という語が用いられていることである。「同情（同感、共感）」はこんにちではごくふつうのことばだが、「愛」と同様、明治日本にとっては西洋由来のあたらしい概念である。もちろん江戸までの日本人も、孟子の「惻隠之心仁之端也」に由来するいわゆる「同病相憐れむ」惻隠の情がそうであるように、愛や同情という感情を知らなかったわけではない。だが個人よりは「忠孝仁義」という儒教倫理にもとづく秩序が優先する社会における、そのつど特殊な範囲内で感じられる惻隠の情とはことなって、西洋の個人主義にもとづく近代社会の秩序を支えるのは、個々人をつらぬいて、人間としておたがいをむすびつける普遍的な原理であるヒューマニティであり、愛や感情もそのように普遍的な人間性にもとづく感情ないし情態性と考えられた。一八世紀イギリスのヒュームやアダム・スミスにおける道徳感情論にとって、「共感（同情、sympathy）」が重要な意味をもったのも、そのためである。「sympathy」という語の明治日本におけるもっともはやい紹介は、明治九年の西周による、ヘヴン『精神哲学――知性、感性、意志』（1858）を訳した『心理学』であり、自分が善悪について感じる「喜悦憂愁の情」とおなじように、「同一の境遇に於て、他人の喜憂を、己に感ずることあり、之を同感と謂ふ」――原文は「おなじ情況（similar circumstances）におかれた他者の喜びと悲しみに対してわれわれが感じるのが、シンパシーである」[21]――となっている。ついで明治一四年の西村貞『小学教育新編』には、トーマス・モリソン『学校経営マニュアル』（1863）中の「sympathy」[22]の項目が紹介されているが、西村はこれを「共感」と訳している。兵士は戦場でひとりでいればすくみあがる情況でも仲間といっしょなら勇気をもって戦えるし、泥棒も仲間といっしょならより容易に盗みをつづけられるが、シンパシーとはそのように善悪いずれに対しても強力に作用するものだ、というのである。明治一五年には井上哲次郎がベイン『精神と道徳の科学』（1868）の抄訳『倍因氏心理新説』をだしているが、ここでは「同情」と訳されている。また明治一八年の『教育心理論理術語詳解』には、「共感」「同感」の項目に「同情の部を見る可し」とあり、「シンパシイ」の項目には「同情は他人の快楽苦痛する事に関し己も同様に之に感応するの義にして即有意摸倣の一種なり。彼の同病相憐むと云ふも亦此の意に外ならず。之を共感又は同感と訳するもあり」と書かれている。[23]

ちなみに『維氏美学』では、ただ一か所「la sympathie humaine（人間的同情）」が「私愛」と訳されているが、ここでの議論は、われわれには自分が属する時代や社会に制約されていることからする「自然な選好（préférences）」が身についているために、美的判断にあっても、この自分の選好にうったえるものに偏した「同情の介入」を避けることができないというヒュームなどをふまえたもので、この文脈の意味をとらえて兆民はこれを「私愛」と訳したものである。また原文にある「同情の感覚（les sentiments sympathiques）」は訳されておらず、「compassion」を登場人物の「不幸を哀みて之を悲しむ」あるいは「感慨悲哀の情」と訳してはいるものの、あるいは兆民はこの時点で「同情」という訳語を知らなかったのかも知れない。個々の作品批評に「同情（同感）」が用いられるのはおそらく忍月あたりからで、かれは「浮雲第二篇の褒貶」（『女学雑誌』明21・3・3、10、17）で、さきにも述べたアリストテレスを踏まえて、浮雲の主人公は「至善に非らず至悪に非らず」、その中間にあって思い悩む人物を選定して「能く人情の真味を穿つを得たり」と評価し、「若し著者が極悪非道の人物を写せしとせんか、決して読者をして同感《おもひやり》（シンパチー）を起さしむること能はざるなり」という。「不知庵の小説論を読みて浪六の爲に冤を雪ぐ」（『国民之友』明26・7・13）でも「吾人は鬼奴を読んで其露平の忠実訃訥の性情妙に入り真に迫り屢々同感に打たれしことあり。……浪六の小説霊あらば泣かんこと必せり」という。浪六については星野天知（「奴の小万」『女学雑誌』明25・7・2）も、「俠を忘れて能く俠を現はせしものは女之介なり、我れ読んで同情の喜涙に咽《むせ》べり」という。また若松賤子『小公子』について『女学雑誌』の梅馨生（「「小公子」に就て」『女学雑誌』明25・1・16）は、「全篇悉く真に迫り読者をして転《うた》た同感の情に堪へざらしむ」という。

ここで問題になるのは、もしも同情が他者の悲しみや苦痛をともにすることだとすれば、登場人物に同情する読者や観客が経験するのはこの人物の悲痛と同一の悲哀と苦痛だということになるが、そのとき読者や観客がこれを審美的に楽しむということがいかにして可能なのかである。この一方で同情と憐れみの悲哀を感じ、他方でこれを楽しむというふしぎな逆説的経験は、プラトン、アリストテレス以来、近代のデュボスやメンデルスゾーン、バーク、そしてハルトマンをへて現代にいたるまで、「悲劇の快」のアポリアとしてよく知られ、さまざまに議論されてきた謎である。この問題についてはいちはやく、帝国大学哲学科をでて東京専門学校講師となった大西祝（操山）が『国民之友』（明24・3・23）に、「悲哀の快感（心理幷文学上の攻究）」という論文を寄せている。大西は冒頭で「人は喜ばしきをのみ悦ばず悲しきをも悦ぶと云はば一見事理に反したることの様なれども、少しく思へばこは却て常に我等の耳目に触れ常に我等の経験し居る事実なり。何故小説家はあはれなる話を書き綴って読む者に袖ぬらさしめんとする乎。何故婦女子は泣きに芝居の愁歎場観に行く乎。……是れ畢竟《ひっきょう》悲哀に幾分の、又特別の快感の添へばなり」と問いかけ、「悲しき感情それ自身が愉快なる感情となる」ことはありえないとして、「悲哀の快感」がなりたつための六つの要因をあげている。

① 「対照の作用」――「人物の悲哀の有様」にくらべて「自分の悲哀なき有様」に覚える快感

② 「変換の作用」――日常の雑務に倦みつかれたときに悲劇を見て、その「壮大異常なる」できごとに没入することで得られる気分転換の快感

③ 「興奮の作用」――異常なできごとに遭遇して得られる「諸種の心的作用の興奮」の快感

④ 「想念符合の作用」――「物情の真に迫る画幅」を見て自分がかつて実験［実体験］したものをそれと認識

し、あるいは詩人の描く愁歎悲哀の場面に対して、自分がその立場に立てば「斯の如き悲愁の情を起こせしならん」と思うことによる快感

⑤「社会的性情の満足」――他人の悲哀に対する「同感又惻隠の心」をもって「自らも共に悲哀する」ことで、自分の心が利己を去って大きく広いことを自覚することによる快感

⑥「道徳的の愉快」――悲劇の主人公が正義公道のために非業の死を遂げることに対する「一種高等なる快感」

大西はこのうち①から④は一般の不快の感覚にも適用されるために、とくに悲哀の快感を説明するものではないといい、⑤と⑥がより本質にせまるものだという。これらの説明は欧米ではいずれもすでに知られていたもので、大西はおそらくなんらかの論文や書物等に依拠してまとめたものと思われる。①は紀元前一世紀ローマのルクレティウスにも見られる、自分が安全の位置にあることをよろこぶ「安全の快」であり、②や③は一八世紀フランスのデュボスのいう、倦怠や退屈に対する「興奮の快」、④はアリストテレスの「模倣の快」ないしその伎倆に対する「称讃の快」[24]、またみごとな模倣をつうじて対象の本質を把握する「認識の快」である。⑤もデカルトにある「同情の快」であり、さきにあげた抄訳『倍因氏心理新説』でも、他人に同情することに対する「社会一般の讃美を受くる」ことが「同情を表はす人の間接の快楽となる」とされている。⑥は大西も言及するシラーの「崇高な道徳性」に対する快であるが、さらに⑤や⑥では、一方で悲哀の情すなわち不快と、他方で自分が「道徳的の観念また感情」をもつことの快が同時に生じるという点で、大西ははっきり言及していないが、これはハルトマンのいう、他者の悲哀をともにする「仮象感情」の不快と現実の自己がもつ「現実感情」の快とが同時に存在する「感情混合

（Gefühlsmischung）」[25]の主張につらなるものである。だがひとりの意識主体が同時に快と不快の混合感情を感じるというのは、それ自体がパラドクスである以上、これはなんら問題の解決にはなっていないというべきである。

大西のこの説に対して、高山樗牛は明治二五年一二月の『文学会雑誌』に「戯曲に於ける悲哀の快感を論ず」を寄せている。かれもまた冒頭に「芝居の愁嘆場程不思議なるものはなし。吾れ人が只悲しき運命に陥らざらんが為に、只泣かざらんが為に、平生営々として労苦するにも係らず、其の貴重なる貯蓄銭を割《さき》て喜《よろこん》で泣きに行くとは、抑《そもそ》も解すべからざる事に非ずや」といい、大西論文以外に「我邦の学者が此問題に就て論及を試みたる者なきが如し」といいつつ、自分は大西の論になお納得できないという。①は「他の不幸を見て喜ぶもの」で悲哀の快感とは思えないし、②も一般的ではない。④の「模倣・認識の快」については樗牛は「大に此説に賛成なり」というが、大西がその議論の本領とする⑤と⑥については批判的である。樗牛も「社会的性情と道徳的観念とは、各々悲哀の快感を構成する要素の一」であることは認めるが、これが悲哀の快感の原因とは思えないという。悲哀の快感が成立する第一の条件は「其悲哀が仮在〔仮空〕のものにして実在のものに非ること」で、もしも舞台上の判官が現実の判官でほんとうに腹を切るならば、これは「徒に殺風景を呈せんのみ」でそこに快感はない。また道徳的観念が悲哀に苦しむ正義の人物に対する「同感（同情）」によって快感を生ずるものならば、邪悪の人物に対してわれわれはつねに「悪感（アンチパシー）」という不快の感情をもつはずだが、われわれは師直《もろなお》が「蛇の如き眼を光らして、「本性なりや御身やどうする」と叫ぶ時に於ては、実に言ふに言はれぬ快感を感ずる」ではないかというのである。これらはいずれも正しい反論で、とくにさいごの悪人に対する快感はのちに見るいわゆる「悪の美」ないし「悪漢の美学」のアポリアである。しかし悲哀の快感の原因について答えるべく樗牛がもちだすのは、ショーペンハウエルの厭世主義である。われわれの尽きることのない欲求にとらわれた不幸な自己は現実世界の存在根拠たる「意志（Wille）」のそのつどの個別化にすぎず、それが死に終わるのは、その存在根拠たる意志への回帰でありそれとの一体化であるが、たとえ悲劇であっても芸術作品にわれわれが快感をもつのは、美的経験においてわれわれはみずからがとらわれた意志欲望を離れて、美的対象のうちに「身を以て……没了し、遂に主観客観の差別を失ひ、渾然として絶対の理想中に浮遊する」からだというのである。大西の⑤にいう、利己をはなれて人類との一体化にかかわる「社会的性情の満足」も、結局はこの絶対の理想との一体化による「審美的観念の満足」によるものであり、それゆえ「悲哀の情と之に伴ふ快感とは、全く其起原を異にする」のであって、われわれは「悲哀なる美（即ち悲劇）を見ては其悲哀を悲しむと同時に其美を楽む也」という。[26] だがこれも悲劇にかぎらず美的経験のすべてにあてはまるものであるから、結局のところ「悲哀の快感」というふしぎな経験のアポリアについてはなんら説明せず、ただ「其悲哀を悲しむ」不快と「其美を楽む」快との同時存在を、つまりはいわゆる「混合感情」をいいたてるのみである。

大西の議論に対してはほかにも、雑誌『青年文学』記者は「詩人の快観」（明24・12）で「大詩人は何故に悲哀を快観となす乎。思ふに大詩人は其情に於いて悲哀の悲哀たる一大神秘を感得し悲観の大系統は理会せるが故に」、悲しきことも楽きことも「彼は均しく快観とせるなり」というが、これは④の「認識の快」と同種の答えである。また「歴史的悲哀の快感」（明25・1）では、われわれ人類は「不幸にして人生の一大悲観の一動物たるを免れず、四囲の境遇多くは悲観的の事のみ」で「幾多の辛酸」をなめつくした結果「永久横れる一大悲観を黙識し感受したる遺伝的習慣」を身につけ、これによって「凡て悲むべき憐むべき出来事に人類挙《こぞ》つて同感する」が、この「同感の情」がひとつの快楽なのだというが、これは⑤の「同情の快」である。だが鷗外もいうように、「縦令《たとい》快楽を得むために嘗めたる辛酸にもせよ、辛酸は辛酸なり、悲哀は悲哀」であり、これに同感するもやはり悲哀であって、「何故に悲哀を快感するかは、遂にこれにて解釈せられざる」ものである。鷗外自身（「悲中の快感」『柵草紙』明25・2）はハルトマンの美的カテゴリー論をもちだして、「望絶えて身生きたるときは悲酸生ず。解くべからざる葛藤に逢ひて、望を絶ち身を殺すときは悲壮生ず。さまざまの感情相闘うて葛藤を結ぶときは可憐生ず。現時に多少の安心を得て、過去の悲酸を憶ひ、其間可憐なるところあるときは余哀生ず」といい、このうち「悲酸（Das Traurige）」は美ではなく快ではないが、悲壮、可憐、余哀は美の一種だという。その上で鷗外は、「大西子がいはゆる悲中の快感を享《う》くるは、芸術に美なる悲あるときのみ」だという。ここで悲壮とは「悲劇的」、可憐とは「感動的（Das Ruerende、健気）」、余哀とは「哀愁（Das Wehmüthige）ないしエレジー的」をいう。なるほど感動や哀愁はもともと美的な心情であり、美の一種であるから快だというのはよいとしても、主人公の悲劇を見て喚起される「悲壮」がなぜ快なのかの問いに対して鷗外は、それは「美なるべき悲哀なり、快とせらるべき悲しみなり」というだけで、これもなんら答えにはなっていない。

　ともあれ「悲劇の快」というふしぎな経験についての論争において、だれも有効な説明を提示できていないというのが実情で、これは現代にもなお論じられつづけている難問である。それゆえ、この時点でこの問題を提起したという事実を評価するべきで、われわれはここに明治におけるアートワールド維新の進展を見ることもできるだろう。このアポリアの解決についてはわたしはすでに論じたことがあるので[27]、ここではただ結論のみをかんたんに記しておこう。この問題が現代にあってもなお解きがたいアポリアにとどまるのは、これがフィクション、したがってある「作り物」、「仕掛け」にかかわる現象だという単純な事実に思いいたらないためである。悲劇とは、お金をはらって劇場に足を運ぶ観客を「悲壮・悲劇的」と呼ばれる悲劇に特有の美的感動によって楽しませるために、さまざまな仕掛けすなわちドラマトゥルギーによって構成された快楽装置である。鷗外が悲劇にあるのは「美なるべき悲哀なり、快とせらるべき悲しみなり」というのはもっともなのだが、問題は「美なる悲哀」がいかなる仕掛けによって可能となるのかということである。われわれは現実にはもちろんのこと、フィクションにおいても、他者の苦境を理解しこれに対して同情、共感をもつことはできるし、ときには哀れみの涙を流すこともあるが、自分が身をおく情況が他者がおかれている情況とけっして重なることはない以上、他者である主人公に同一化し、その悲しみや苦しみをともにするということなど、厳密にいって不可能である。われわれができるのは他者に対して同情し共感することだが、同情や共感それ自体は快ではありえない。もしも同情することが「自分の心が大きく広い」ことを意味し、それゆえひとはこのことをよろこぶというのであれば、それは利己的な自己満足である。「悲劇の快」が解きがたいアポリアに見えるのは、同情（共感）とは読者や観客が主人公と同一化し、その悲しみや苦痛をともにすることだとするあやまった前提のせいであって、そこから一方に不快、他方で快のパラドクスが生じる。悲劇が美的快楽装置である以上、厳密にいって悲劇は観客に悲しみや苦痛を、したがって不快をあたえてはいけない。「悲劇は悲しい」とひとはいう。だが観客であるわたしは、自分の息子の死という情況に立ちあい、それを悲しむというのとおなじ意味で、ハムレットの死を「悲しむ」ということはない。たとえハムレットが死に絶えんとする場面で観客が涙するとしても、それは、まさに死にのぞんでもハムレットが見せる人格の高潔さや崇高さ、健気さ（鷗外のいう「可憐」）、したがって大西やシラーのいう「崇高な道徳性」に対する感動の涙であり、ほかならぬ悲劇が喚起する独得の美的感情効果である。そしてこれを可能にするべく作者は、観客が主人公に対する関心や愛着を全編をつうじて失うことなくもちつづけるように、共感のストラテジーを仕組むのである。

　ここであらためて「作者が地の文にて往々主人公を嘲るが如き語句を」用いるとされ、「主人公の心事に同感する面白味のいといと浅き」とされる紅葉にもどってみよう。明治二八年の『不言不語』では、主人公笠原夫人が自分の夫に家督を継がせたい一心で、夫の亡兄の子を毒殺したことを夫に知られて以後、夫婦仲が不和になった笠原家に、わけしらず侍女として雇われた少女環《たまき》の一人称の語りで物語は展開するが、抱月（「「不言不語」を読みて所感を記す」『早稲田文学』明28・8・10）はこれについてきわめて的確な批評をしている。いま「作者は此の篇に於て何事を描き、如何にして読者を娯《たのし》ましめんとせしか」を問うとき、もしもそれが笠原という「怪しき家内のいはれを、環といへる侍女とともに読者が探らんとするの興味」とすれば、これは探偵小説となるし、「一篇の主人公たる笠原夫人が罪過を胸に蔵して良心の呵責に苦む悶々の状を、侍女環によりて写し出だせるもの」だとすれば、これは悲哀小説となる。おそらく「夫人の心中の悲劇を写して読者に同感の涙を求むると共に、結構を奇にして同情以外の面白さを感ぜしめんとするは本作者が当初の用意」だろうが、はたしてそれは成功したかと問い、「探偵的の一面に於ては成功せり」といえるが、「罪過を犯し、夫に疎《うとん》ぜられ、良心に呵責せられ……ひとり心中に苦悶する一婦人の「罪過に陥るまでの経行〔経過〕」をつぶさに描けていないために、「悲劇の面に於て失敗せるものといふべきなり」という。また明治二九年の『多情多恨』に対しては、妻を亡くしてぐずぐずとその面影ばかりを追っている主人公鷲見柳之助を意気地のない男とする評が多く、『早稲田文学』（明30・10・3）の合評で佐藤迷羊は「同情の念なき能はざるも、全篇を通じて悲劇的なるところ絶えてなく、さりとて喜劇とも見るべからず、読み終りて起るものは満足にもあらず、また悲壮の感にもあらず」という。逍遙は、柳之助は「たしかに憫《あわ》れな人物」であり「紅葉山人が深く柳之助に同情を寄せたも無理はない」が、「同情と同化とは同一でない」のに、紅葉は常識あるものなら不健全、病的と思わざるをえない柳之助に同情同化するばかりで、その結果「普通読者の同感を牽きにくい」という。ここにいう「同化」とは『神髄』にいう「好憎偏頗《へんぱ》」、すなわち作者が主人公を偏愛することはなはだしく「只管《ひたすら》主公の身を庇護」する作者の態度をいう。『新聲』記者（「多情多恨を読む」明30・8・10）も、作者が「全力を挙げて主人公に同情したる」はともかくとして「其の悲哀を写すにあたりて、彼れが如く、うるさくしつこく、狂愚の極を盡さしめしは、其悲境を憐むの情をして寧ろ愚を笑ふの念と変ぜしむるなきや。惨憺たる悲事、却て滑稽視せらるる恐なきや」というのである。

現実の作者が作をなすにあたって、作中の人物を同情を以て描くかどうかは別にして、作の上から読者がそれと感じとるかぎりでの「作者の同情」とは、正確にいえば紅葉という現実の作者ではなく、その物語の「語り手」の同情であって、しかもすでに指摘したように、いわゆる「語り手」とはだれかある人格をもった語りの主体をいうのではなく、あくまでも特定のテクストの「語り口」つまりは語りのモードであるから、「語り手」に同情があるとは、そのテクストが特定の叙法によって、これを読む読者に当の人物に対する同情ないし共感を喚起する美的な「手法（アート）」をいうのであって、それはつまりは、フィクションにおける共感のストラテジーの問題なのである。逍遙は『神髄』で、「若し小説の主公にして非凡異常の人質《ひとがら》なりせば読者おのづから之を景慕し其将来の成行をも十分得知らまく望むは常なり」というが、ここにいう非凡な主人公に対する読者の「敬慕」は、こんにちわれわれのいう「同情」や「共感」に近い語といってよいだろう。そしてこれは、主人公に寄せる読者の共感を獲得するという共感のストラテジーの重要な一要素である。逍遙はまた「小人、姦婦、賤賊、痴人など」、それ自体では同情を喚起するのがむずかしい対象を主人公とするには、作者の方で「作家は十分に自家の見地を高うし、悠然として局外より瞰《みおろ》すといふ」覚悟がなければ、読者は「果して心持よく読まれやうか」というが、この「覚悟」というのも美的な共感のストラテジーのことである。だが逍遙をはじめとして当時の作家批評家には、どうしたら「語り手＝テクスト」に同情のある作が書けるのか、どのような叙法によって共感のストラテジーを駆使できるのかは、なおわからない。逍遙が『神髄』で、一方で作者に自作の人物に対して「虚平に」距離をとって「只傍観してありのままに摸写する」態度を要求しながら、他方でその人物に対する「景慕」や「愛慕心」を喚起するべく「非凡の資格」をあたえるべきだというとき、その主張には矛盾が見られるが、これも逍遙には「小説法則」、つまりは作品制作上の一般法則としてのドラマトゥルギーの認識はあっても、それがじっさいに読者、享受者にいかなる美的効果をおよぼすかという共感のストラテジーについての十分な理解がないためである。

本章冒頭で見たように、逍遙は明治二三年の文学界の風潮にふれて、昨年春までは「大かたは文章の妍醜《よしあし》をもて」作品を評価し、あるいは「漠然と人情を写したり否写さずなどののじるのみ」であったものが、いまは普通の読者でも文章ではなく「着眼」すなわち「作者の観念」を問題として批評するまでに進歩したと評価している。だがいまわれわれが見たように、明治二五年以降読者が作中人物に対して感じる「同情（同感）」を基準として、したがって作品が「読者を娯ましめん」とする、その美的効果によって作品を評価する批評がめだつようになったことは、日本の文壇がようやく近代小説における共感のストラテジーとそれによって「真に迫る」内面のリアリズムを理解しはじめたという点で、画期的な進歩だといってもよいだろう。

5　観念小説と深刻小説

さきにあげた『文学界』の「小説漸く起る」では、「真の小説」の例として眉山の「賤機」（明26）もあげられているが、これは鄙びた村にある別荘の寮番の與作が東京から保養にきていた子爵の妻綾子に恋をして、綾子の下僕となるも思い断ちきれず、一念発起して有名な画家となり、綾子を描いて受賞した絵を綾子に送ってふたたび姿を消す、というものである。その純愛は不自然なほど一途であり、綾子自身も親のきめた結婚に「婦人《をんな》に生合はせたる果敢《はか》なさ」をかこつ女性である。この点を南強生（「『賤機』を読む」『早稲田文学』明26・10・27）は、この小説はある「想」たとえば「「一念は岩をも徹す」といふ想を活現せんとする」ものだが、「與助が其身を立てんとして刻苦する状」の具体的描写が欠けていると批判している。眉山は明治二八年には「大さかづき」を発表するが、これは船頭の梅吉が夫婦約束をしたお千代をのこしてアメリカに三年の出稼ぎにいき、無事お金を貯めてもどってみればお千代は別の男と一緒になっていて、梅吉はお千代を殺そうとするも果たせず、お千代は悪かったとの後悔から大川に身を投げて死に、それを知った梅吉も酒精中毒で死んでしまうという、悲惨な物語である。これは言文一致体としてはほぼ完成形といってよく、巌谷小波が眉山の才は「想の上よりも文の上に発揮され……優に群を抜いて居た」（「あゝ川上君」『太陽』明41・7・1）というのも、この点を評価したものである。じっさい眉山の小説には、全体は〈全知〉の語りだが、ごく一部に〈情況〉の視点や〈ともにある〉視点の語りも見られる。たとえば「路地を抜けて左へ折れて、浮世鮨の角から右へ這入れば、其処は阿多福新道と言って、艶めかしい住居が並んで居る所、……鳥といふ擦硝子の招牌《かんばん》を掛けた家がある。……」とつづく情景描写は、ごく自然な〈情況〉の視点の語りといってよい。また〈ともにある〉視点の語りも、〈密着〉ないし〈全知〉や〈情況〉の視点となめらかに交替しつつ見られれる。

「そんなら是から親父の処へ暇乞にと、漸く其処を立出でたのは、未だ朝汐の引かない時分であった［〈全知〉］。河岸には始終上乗りをした舟が、舳《へさき》を並べて繫《もや》ってある。水は無心に流れて行く。朝霧を冠って居る厩橋は墨絵のやうで、向島はただ髣髴として居る［〈情況〉］。ああ、数えて見れば幾年越、朝夕となく通馴れた処、今が別れかとつくづく見渡せば、勇む心も流石にたぢろいで［〈ともにある〉］、暫く其場を去りあへず佇立《たたず》んで居た［〈密着〉］」。

『早稲田文学』彙報記者（明28・9・10）は、これら新派の特徴のひとつとして「小説の文の総じて著き進歩をなせるは事実なり。……作中の人物が自家の感想を言ひあらはす方法の適切に近づくを得たるの謂なり。物語体叙事体なりしものが抒情体の呼吸をも会得し来たれるものともいふべきか。新派の小説が事の不自然なるにも拘らず一読の際に読者の眼を眩ますの力あるは職として［主として］之れに由れり」という。ここにいう「物語体叙事体」とは〈全知〉の視点の語りであるが、彙報記者が「抒情体の呼吸」すなわち「作中の人物が自家の感想を言ひあらはす方法」にも言及しているのは、眉山になおごく一部とはいえ見られるような〈密着〉や〈ともにある〉視点の叙法がもたらす美的効果を、はっきりとではないにせよ感じとったものといえるかもしれない。

眉山とおなじくこの時期に新派の小説とされたのは、泉鏡花の「夜行巡査」（明28・4）や「外科室」（明28・6）である。「夜行巡査」は、職務に妥協のない八田巡査が自分の恋人の叔父、しかも訳あって自分たちの結婚をじゃまする老人が溺れるのを、職務だからというので助けようとして命を落とすという物語で、これについて『帝国文学』記者（「文芸倶楽部第四編」明28・6）は、「着想奇抜にして深刻、少しく自然を欠くと雖も、吾文壇に此の如き思想の横溢し来らむとするは喜ぶ可し」という。また「外科室」は、高峰医学士と伯爵夫人が九年も前に、ただ一瞬小石川植物園で通りすがっただけなのに、おたがいを恋慕する思いをひそかに懐き、九年後に夫人は病を得て高峰医学士を主治医に指名するが、手術に際して内心の秘密が漏れてはならじという理由で麻酔を受けず、その結果亡くなり、高峰医学士も自殺するというものである。このような設定もいかにもありえないものだが、『青年文』の時文記者（「外科室」明28・7）は、「天下が軽浮なる恋愛小説に飽き、浅薄なる俠客小説に飽き、残忍なる探偵小説に飽きて、漸く沈着なる、深峭《しよう》［深厳］なるものをもとむるの時に於て出でて、峭抜［抜群］の想に富み、深酷の筆を奮ひ、其観察は人間の皮相を徹して複雑なる人情の機微に達し、着眼は奇警にして能く、旧思想の窠臼《かきゆう》［しきたり］を出で、別に小説界に一生面を開きたる」と称讃している。『早稲田文学』彙報記者（明28・9・10）はこれら眉山や鏡花を「硯友社派の新傾向」とし「一種の主観派」とするが、この新派は露伴の「主観的なる」とはちがって、「先づ「個人に罪なくして社会に罪あり」などいふ一の観念を作り、さて此の観念を実現せしむるに恰好なる性格事件境遇等を案出する」もので、この点で露伴にはおよばないという。魯庵も「小説界の新潮流（殊に泉鏡花を評す）」（『国民之友』明28・9・13）を論じて、多くのひとは鏡花の作は「所謂心理小説なるものなり、特殊の概念を表現せしもの」で「仏露就中《なかんずく》露国の自然派小説の端を日本に啓《ひら》けるもの」だというが、「夜行巡査」や「外科室」は「深酷は則ち深酷なりといへども不自然の甚だしきものにして露国の自然派小説になき処」であるし、「露国近世の自然派を代表する」ドストエフスキーやトルストイは「人間の運命を社会の現象に寓して活描する」ものであって、「鏡花子の作るが如き一箇概念の外は何物をも留めざる」小説ではないという。これはドストエフスキー『罪と罰』の、当時としてはきわめて正確な訳をだした魯庵にして見れば当然の非難というべきである。これら眉山や鏡花の、ある「想」ないし「一の観念」を立ててこれを「活現せん」とする新派の「主観的なる」小説は、やがて観念小説と呼ばれるようになるが、樗牛（「明治二十八年の文学界（一）」『太陽』明29・1・5）はこれについて、「所謂観念小説の主眼とする所は、小説的活動に依傍して［ことよせて］、一の観念若くは理想を現化描写するにあり。……然れども其主義の人物に在らずして一の観念に存するを以て、其性格も動作も、ややもすれば怪奇不自然に陥るの弊あるを免れず」と批判する一方で、「其深刻なる心理的経行を曲盡《きよくじん》し［細々と説きつくし］、筆墨以外に主張する所あるが如き、慥《たしか》に一歩を旧小説に駕する［しのぐ］もの也」と評価もしている。鏡花は初期の未熟な「観念小説」を脱したあとも、新作がでるごとに「氏独得の妖怪譚となし、其の文の妙に引き入れられて読過せしむるの力はあるが、さて巻を蔽うては茫然たらざるを得ない。所詮こは近時彼れが益々邪路に踏み迷うてゐるのを示すもの」（「彙報」『早稲田文学』明39・4・1）といった調子の批評がなされて、近代リアリズム小説をめざす当時の文壇からは一目はおかれても、終始異端ないし傍流と目された。もっとも異端ではあってもその特異な境地においては評価もされていたのであって、たとえば明治四一年五月の『早稲田文学』（「風葉鏡花二氏の近業」）で、当時早稲田派の自然主義論者のひとりであった相馬御風は事あらためて「僕は白状する、僕は四五年前には熱烈な鏡花崇拝者の一人であった」と告白して、「いかに自然派の文芸が起らうとも、ロマンチックな作品の存在は否定されないのだから、氏は氏自身の態度を飽くまでも持して行かれるのが正常であらう。しかし、現代の生活を根底とすべき事は、いかなる方面に向っても必須の条件であらう」という。

　眉山や鏡花の小説はその結末がしばしば深刻悲惨であるために、深刻小説、悲惨小説とも呼ばれたが、広津柳浪もまたその代表作家と目された。かれの深刻小説の第一作として世の注目を集めたのは「変目伝」（明28）である。これは左目尻から頬にかけてやけどによるひっつりの跡があって変目伝と呼ばれている洋酒卸小売業の伝吉が、薬種店の主人勝之助の妹お濱に憧れているのを、勝之助の従弟で店の若者番頭をしている定二郎がからかい半分で「お濱伝吉を恋《した》へり」と喜ばせて遊ぶ金をださせ、その結果借金が重なった伝吉は質店の番頭常蔵を殺して金をうばい、捕縛されて絞首刑になるという筋で、全体は雑報記事のように客観的で平板な〈全知〉の語りに終始する。ついで「亀さん」（明28）がでるが、これは知的障碍者の亀さんが、妖婦お辰によって淫を教えられたことから色情狂となり、お辰は保証金目当てに亀さんに自分の小屋に放火させるが、そのときお辰は酔っていて焼死するという話で、これについて鷗外は「柳浪嗜痴の癖は、毎に其作をして病歴たらしむ。残菊より亀さんに至りて、その傾向未だ変ぜず。描写いよいよ微に入りて、その叙するところいよいよ医書中の実録に近づく」（「鴫翮搔《しぎのはねがき》」『めざまし草』明29・2）という。このほかにも悲惨小説と呼ばれたものに、三宅青軒「奔馬」や前田曙山「蝗《いなご》売」などがある。これについて『青年文』記者（「所謂小説家」明29・4）は、いまの小説家の「或者は癲《てん》狂院を訪ひ、監獄に就き、以て実情を視んとすといふ。然れどもこれ畢竟場当りをとらんが爲めにしかるのみ、彼等真に癲狂を憐れみ、罪囚を憐れんで然らんや。……嗚呼今の小説家の暗黒を写すやよし、悲惨を描くやよし。然れども内に一点の温情なく、眼に一滴の涙なくして之を為す、豈に以て人を動かすに足るものあらんや」と辛辣である。

柳浪の描写が「医書中の実録」や雑報記事のようだとされる点については、柳浪自身が『新著月刊』（明30・4）の「作家苦心談」で、

「昨年頃から、力《つと》めて我れを脱して、人物を種々に描くことに苦心をしたのです。……自分はこの目的を達する為に、作者の挿評［コメンタリー］、又は作中の人物の為に弁疏［弁明］の辞をつらねるやうなことは全くしないことに決心をしました。そこで人物の言語と挙動のみをかく主義をとりました」。

と語っている。ここにいう「人物の言語と挙動のみをかく主義」とは、柳浪の作に特徴的な、極端に地の文が少なく大体は会話でなりたっているような小説作法をいう。柳浪はさらに明治三八年の『をとこ気』に付した序「作中の人物に対する作家の同情」で、この主義についてよりくわしく述べている。紅葉は「余自身時に泣かざらんとするも得ざることあり」といい、たしかに作者は「泣く迄に深き同情を胸に蔵すること」がなければ生きた作品を書くことはできないが、それでも作中の「人物に対しては或度迄は平然として観察し平然として其運命を描かざるべからず。言換へれば作家自身作中の人物と同化し去ることなくして、公平なる人物の審判に」したがうべきで、「同情の余りに泣くは、作中の人物を私して、自から好悪の感情を淆《まじ》ゆるものなるが故に、自然観察の公平を失し、主観にのみ流れて客観の大儀を没し、不自然」となるという。ここでの柳浪の主張は『神髄』にいう、作家自身の「好悪の偏頗」、したがって「同情の偏頗」に対する論難と同主旨のものだが、これも「作者＝語り手」の「態度」であって、なお語り口としての叙法の問題ではない。その結果として作そのものが雑報記事や「医書中の実録」の

ようなものとなって、読者に同情を喚起しないということにはまったく思いいたらないのである。

6　醜の美

この時期に観念小説、悲惨小説が流行した理由については抱月（「小説界の新潮を論ず」『早稲田文学』明29・1・22、「小説界の新潮を論ず（承前）」明29・3・1）が論じている。従来の小説が単調、軽浅と批判され「深刻深刻の呼び声」高くなって、世間が「悲惨なるものは即ち深刻なり」と考え、また「或種の哲学的観念の籠れる作は即ち深刻なり」と考えたことがその理由である。その結果新派の作は「悲惨に過ぎ冷刻に過ぎて、往々探偵小説中に見る如き惨毒の凄味」を帯びて、読者にあたえるべき美感を逸脱するが、それは「従来の軽浅なる悲劇的趣味に飽きて、而して未だ真の悲壮といふものを解」さないからだという。ここで「従来の軽浅なる悲劇的趣味」というのは、「硯友社其の他の単純なる涙物」すなわち「唯恋あり障碍ありて不成就の裡に主人公死すといふ洞《うつろ》なる脚色のみのもの」をいうが、これにくらべれば、今日の悲惨小説はなお「性格を観て之れが行動を描かんとすること、及び恋の悲劇以外にも悲劇の素あるを明にせること」において一歩先んじているという。もっともその「性格」というのも「精神上の一二の性癖」で、「悲劇の素」というのもこの性癖を「極端に持ち行ける精神上の不具」にすぎず、なお「方向は善かりしも手腕のたらざりし如き感あるを憾《うら》みとする」ともいう。『新聲』記者（「小観」明30・12）も、「今の小説界は、靡《び》然として［草木が風になびくように］悲劇に向へり」とひとはいうが「現今の悲惨小説は吾人をして満足せしめ得可きものなる乎。幾百篇山なす小説のうち、完全なる悲劇として見る可きもの果して幾篇ありや」といい、つづけてつぎのようにいう。

「悲劇に畏怖の素を要すると共に、同情の涙の欠く可からざるは、レッシングの言を待たざる所に非ずや。……同情を欠けるものは、如何に酸鼻の事を列《つら》ぬるも、只読者をして畏怖の念を起さしむるのみにして、遂に作中の人物に同情せしむること能はざるなり。而して今の悲惨小説は、此二様の用意［畏怖の素と同情の涙］を忘れたるに非ずや」。

さらに記者は、柳浪の『河内屋』（明29）や「亀さん」には「一片同情のこれに伴ふなく」、鏡花の作もまた「天下の惨事を集め盡くして、紙上血痕斑々《はんぱん》［まだら］たるの観ありと雖も、読過して其残忍を見、凄惨を感ずるのみ」といい、作者は「希《ねがわ》くは……人生の暗黒面に同情せよ、其の同情をして、直ちに読者の胸に感応せしめよ。悲惨小説斯くの如くにして、初めて見るべきなり」という。

悲惨小説が描く残忍、酸鼻、凄惨は、これを「醜」といってもよいだろうが、大西祝が明治二四年三月に論じた「悲哀の快感」に先だつ明治二四年二月に忍月は、春陽堂から出版された『美術世界』第四号に「醜は美なり」という短い序を寄せていて、これも美的逆説にかかわる問題である。かれは「醜は美なり。醜も亦た美なり。痛に快あるが如く、怖に喜有るが如く、悪に愛あるが如く、醜にも亦た実に美あり。醜は縦令感覚に於て嫌厭せらるるも、意識に於て不満なるも、猶特に一ッの美として好尚せらるる」という。忍月は、シラーも「醜の美なることを認めたるもの」といい、またローゼンクランツは醜を「消極美《ネガチーフシヨネ》」とするが、これは「醜の在る所、美必ず在り、美を離れて醜なし。醜若しなくんば美なし。美なくんば醜なし」ということをいったものだという。忍月はついで『国会』（明24・3・7）に「醜論（其二）」を寄稿して、「最近の碩学として有名なるエドアルド、ハルトマンを祖述する」としているが、そこで忍月が言及するシュレーゲルやローゼンクランツの醜論は、そもそもハルトマン『美学』の第一部として出版された『カント以後のドイツ美学』[28]のなかの第二巻第一章第一節「醜」に依拠している。いずれにせよ忍月の文は、ハルトマンのテクストのはなはだしい誤訳と誤解にみちていて、これを鷗外は「読醜論」（『国民新聞』明24・3・8－10）で逐一ほぼ正確に指摘し、容赦なく批判している。忍月もさすがにこれには懲りたか、三月一〇日の『国会』で、「ハルトマンを祖述するは労多くして効少なきが故に之を続ぐを止む」と投げだしている。

じっさいシュレーゲルもローゼンクランツも「醜は美なり。醜も亦た美なり」などとはいわないし、もしそうなら鷗外のいうように「嗚呼是れ審美学絶滅の論なり」ということになってしまう。ローゼンクランツが醜は「消極美（das Negativschöne）」だというのも、「醜はただ美の否定（Negation）としてのみ存在する」[29]こと、したがってまず美があって醜があることをいうのであって、「醜若しなくんば美なし」というようなことではない。またシュレーゲルが「美と醜とは相互に分離不可能な相関物（Korrelate）」だというのも、ここでの「醜」は、シュレーゲルが近代芸術の原理はもはや古典的な美にはなくむしろ「特性、興味深さ（面白さ）（das Charakteristische, Interessante）」[30]にあるというときの「特性にかかわる醜（das charakteristisch-Hässliche）」をいうのであり、ハルトマンはこれを、特性や興味深さが極端に走って吐き気やショックをもたらしてけっして美的とはなりえない「非美的な醜」と区別して、「美的な醜（des ästhetisch Hässlichen）」だという。それはたとえばボッシュの絵に見られるように、それ自体美ではなく醜怪な魑魅魍魎が跋扈しつつもそれがある種の美的効果をもつことをいい、そのときそれは「グロテスク」といった美的カテゴリーとしての「美的な醜」だというのである。

　ともあれ忍月がはなはだしい誤訳と誤解を犯しながらも、当時のなお未熟な芸術論争にあって、あえて「醜は美なり」という主張を掲げようと思ったその動機を考えてみるのは興味ぶかい。かれはさきにあげた『美術世界』第四巻の序で、つぎのようにいう。

「猛士奮激目皆裂け、怒髪冠を指す。寧ろ恐るべし、寧ろ厭ふべし。美あらざるか。美あり。狂飈《きょうひょう》［暴風］驀《ばく》然［まっしぐらに］電閃き雷轟く、天柱折《くじ》け地維［大地］欠く。寧ろ惨なり、寧ろ害なり。美あらざるか。美あり。お初主人尾上の使者となりて、途上烏鳴の頻なるを聞く。不祥不吉なれども、美其裡に在り［浄瑠璃「加賀見山旧錦絵」］。おさん恩人重の井の急を救はんと欲して他の金を盗む。悪なれども美其裡に在り［「恋女房染分手綱」］。不祥、不吉、畏怖、嫌厭、惨、痛、害、悪、怒、総て此等のものは皆な感覚意識及び道徳に対して不満なるものなり。別言すれば醜の現象なり、然れども亦た美の現象なり。……美術家たる者醜中に美を求むるの覚悟なくして可ならんや」。

要するに忍月が問題にしているのは醜の美、悪の美、残酷の美といわれるような、こんにちでも美のアポリアとしてさまざまに議論されつづけているふしぎな経験なのであり、すくなくともそれを問題として提示したという点で、忍月の功績は大きいといわなければならない。

「醜の美」というふしぎな逆説的経験は、すでに見た「悲劇の快」のアポリアのひとつの系であり、「悪の美」や「残酷美（惨劇美）」なども、やはりこれにつらなる問題系である。さきの『新聲』記者の主張は「レッシングの言」つまりはアリストテレスの悲劇論に依拠していた。また愛汀生（「悲惨小説」「時文月旦」『早稲田文学』明28・10・25）も、わが国現時の文界にはたして「「読者の眼底涙の涸れ去る」ほどの悲惨小説あるか、……これら諸作をして真個読者の肺腑を貫き同情の涙に咽《むせ》ばしめんとせば、今一層悲惨に、深刻に、且つ鋭利ならざるべからず」というが、ここで「同情の涙」によっていわゆる悲惨小説が「一層悲惨に、深刻に、且つ鋭利」になるとは、『新聲』記者がいうように、それがたんなる酸鼻、残忍、凄惨といった醜や悪に対する、もっぱら恐怖を起こさせるのではなく、読者の肺腑を貫く「同情の涙」を介した悲劇となることをいう。そしてすでに見たように悲劇とは、共感のストラテジーによって読者に快を、美的な感動を約束するものである。アリストテレスにとって、読者・観客の共感を得るべき悲劇の主人公はわれわれとおなじ尋常の善人でなければならない。「極端に性悪な者が幸運から不幸な境涯に転落してゆく」のに対してわれわれは「人間愛からの思いやりの情（philanthropon）」[31]をもつことはあるかも知れないが、悲劇における憐れみも懼れも呼びおこしはしないから、アリストテレスにとっては悪人の悲劇はありえない。だがシェークスピアがアリストテレスの知らなかった『マクベス』のような悪人の悲劇を可能にしたのは、かれが開発し駆使したその共感のストラテジーによる。悪漢の悲劇とは、悪人を主人公にして、その悪人に読者の共感をつなぎとめるという、共感のストラテジーのもっとも冒険的な企てである。『神髄』はこの点について、「読者を感動して非常の注意を促がすべき非凡の資格を有したらんには醜悪奸邪の人物といへども得て主人公となすべきなり」といい、馬琴の友人琴魚《きんぎよ》の「青砥の石文」は「其全篇の主公となるもの総じて醜悪愚劣にして毫《すこし》も読者の愛慕心を喚起することあらざるから、最初の三四巻を終りしころにはほとほと読みをはらん執心なし」[32]という。

われわれが他のだれでもなく主人公の側に立つこと、これがフィクションの慣習である。だが「主人公である」というだけでは、とくにそれがマクベスのような悪人のばあいには、共感するのに十分ではない。作者はそれ以外にもかれに、さまざまな特典をあたえる。たとえ悪であろうと、それを遂行する意志や行動の毅然たる力強さ、知性、勇気といった卓越した能力は、それ自体読者の共感を得る「非凡の資格」のひとつとなりうる。だが物語において決定的なのは、悪事に駆り立てられていく人物であっても、そこには人間であるかぎりでの心の葛藤や恐れ、良心の呵責というものがあり、その意味での内面のドラマがあるという点である。しかもフィクションには現実にはありえない、他者の内面描写という「術《アート》」がある。ウェイン・ブースもいうように、「読者は、実生活では自分自身以外の誰についても持ち得ない見かたで彼のことが分かる」ので、人物の欠点をも、それが倫理的な醜さや嫌悪の許容範囲にあるかぎりで、「自分自身の忌まわしい性質にしか許さないような無条件の寛容さ」[33]をかれに示し、これを大目に見ようとする。内面描写は演劇では独白のかたちをとるが、近代小説でそれにあたるのは〈ともにある〉視点の叙法である。たんなる内面の反省的で分析的な記述と説明とはちがって、独白ないし〈ともにある〉視点の語りは読者に、誉れ高い将軍から主殺しの悪事へと駆り立てられていくマクベスの心の、瞬間瞬間の動きをまのあたりにさせることで、現実には考えられないことだが、読者はマクベスの内側から、ダンカン暗殺というできごとに立ちあうことになる。読者はマクベスの陰惨で残酷な殺人をではなく、かれの恐怖を想像する。瘋狂院や監獄に材をもとめる明治の悲惨小説に同情がなく、それが酸鼻、残忍、凄惨といった醜や悪についての「医書中の実録」あるいは雑報記事のように感じられるのも、ここにはなおこれらの材を用いて悲劇となすだけの「巧み《アート》」が、とりわけ〈ともにある〉視点の叙法が欠けているからである。

もっとも樗牛が「戯曲に於ける悲哀の快感を論ず」で、舞台の師直に「言ふに言はれぬ快感を感ずる」といい、観客は舞台上の悪人を道徳的観念から憎んでも「其動作にして審美的ならば、吾人は甘美なるの点に於て必ず多少の快楽を覚ゆる也、是を以て吾人は師直を見て悪《にく》みながらも快楽を感ずる也」というとき、これは「悪漢の悲劇」の快ではなく、「悪の美」や「残酷美」というべき特異な現象である。忍月（「戯曲の残酷の行為」『歌舞伎新報』明25・11・10）は残酷美については、「独逸の某戯曲家曰く戯曲は須《すべから》く看る者に感動を与ふべし刺激を与ふべからずと。……「残酷の行為」によりて人は感動を起さずして寧しろ刺激を起すなり。人は感動によりて哀憐を起こすも刺激によりては然らず」として、これを認めない。大正九年という時点ではあるが逍遙も、『少年時に観た歌舞伎の追憶』のなかでこの問題をとりあげている。かれは少年時に見た歌舞伎の、蘇芳《すおう》汁［血糊の効果をだす汁］をふんだんに使った血みどろの殺し場の、不快で無気味な印象を追憶しながら、「どうして我が過去の同胞はそんな残酷な、殆ど、今ならば、目も当てられないといってもよい残忍野蛮を極めた殺傷劇を……主な最も愉快な観どころのやうにして熱狂して観てゐたか？　さふいう残忍な性向が我が民族に固有されてゐるのか？」と問い、歌舞伎は「極度のマゾキズムとサディズムの産物であるといはれないわけにはゆくまい」[34]という。その上で逍遙は、歌舞伎に古今無類の「徹底的遊戯性」という美的原理、すなわち歌舞伎は「遊戯本位の夢幻劇」で演者も観客も「かぶくのだ、戯れるのだ、道化だ」と思うことで、「多少残酷な場をも、多少猥雑な場をも、決してシリヤスには観てゐなかった」のだという。ここで劇を「シリアス」に観るとは、ギリシャ悲劇以来の西洋演劇が一貫した道徳感に支えられた劇展開においてなりたつことをいう。これに対して歌舞伎が「遊戯本位の夢幻劇」だというのは、歌舞伎という芸能の出自が一場面形式の「放れ狂言」にあり、それが一定の筋立てをもった「続き狂言」となったあとも、その一場面一場面をどのような趣向で美的に見せるか、またその場を、善玉（立役）であれ悪玉（実悪）であれその役柄を演じる役者自身の肉体の容色と芸がきわだつ見せ場とするという、放れ狂言以来の関心をすてさることはなかったことをいう。こうしてたとえばパターン化した「殺し場」がはじまるや、それまでの殺しにいたる経緯や動機にはほとんど無頓着に、作者も役者も観客もこのそれ自体異常で劇的なできごとである殺しの場の美的造形に熱中する。師直が「蛇の如き眼を光らして、「本性なりや御身やどうする」と叫ぶ」ときも、観客は師直に共感するわけではなく、役者がこの悪をいかに憎々しく演じるかというその実悪の造形に喝采するのであり、それゆえここにもパラドクスはないというべきである。[35]

第五章　近代リアリズム小説

1　一葉の叙法

悲惨小説の時代に人生の悲惨、深刻を描きながらも、柳浪のそれとはちがって、描かれた人物、できごとに対して「無量の同情を運ぶを惜まざりし一事にて既に既に少からぬ感歎を受くるに足るべし」（魯庵「一葉女史の「にごり江」」『国民之友』明28・10・19）と称賛され、「斯くの如きヒューマニチィに富める作家」とされたのは、樋口一葉である。『青年文』記者（「一葉」明29・2）は、「是人生悲絶惨絶の境遇なり。一葉はよく此絶望の人物を捉へ、これが性行を描くに当りて、これにそそぐに溢るるの同情と、湧くが如きの熱涙を以てす。その「濁江」の、お力を見ずや、「十三夜」の高阪録之助を見ずや、「別れ道」のお京を見ずや、いづれも人生に絶望し、世をすね世を背きたるものにあらずや、而かもいづれも涙多く情ふかき感情の人に非ずや。吾人は此点に於て一葉が人生を観徹するの眼光に感じ、而してまたよく之を拈《ねん》し来りて〔捻出して〕あはれにかなしき一篇の話柄を脚色し来るの伎倆に服せずんばあらず」という。一葉がこれほど高い評価を得るようになったのは、明治二八年の「にごりえ」と「たけくらべ」によってである。魯庵（「一葉女史の「にごり江」」）は、一葉はだれもが蛇蝎視して罵しり斥ける売淫婦の「不幸なる最期を終わるの惨劇を描かん」とした「其立案の大胆不敵」なりといい、「殊にお力を描くの筆は躍然として活ける其人を見るが如し」と評価している。また「にごりえ」の、

「今宵もいたく更けぬ。下座敷の人はいつか帰りて表の雨戸をたてると言ふに、朝之介おどろきて帰り支度するを、お力は何うでも泊らするといふ、いつしか下駄をも蔵《かく》させたれば、足を取られて幽霊ならぬ身の戸のすき間より出る事もなるまじとて今宵は此処に泊る事となりぬ。雨戸を鎖す音一しきり賑はしく、後には透きもる燈火のかげも消えて、唯軒下を行かよふ夜行の巡査の靴音のみ高かりき」。

という一節をあげて、「女には知らるべき境ならぬ〔売淫婦の〕境に筆をつけてそれ相応に情致をもたせたる書きぶりが人の及ばぬところなり」というが、これは〈情況〉の視点ないし朝之介と〈ともにある〉視点の描写といってよい場面である。『青年文』記者（「『鰻旦那』と『にごりえ』」明28・12）も、お盆の七月一六日の夜、どこの店も客がたてこんで景気よく、お力も客のお店者《たなもの》に乞われて「丸木橋」を謡いかけたが、驚き騒ぐお店者をあとに、一散に店を飛びだして横町の闇にまぎれて発するその内言、

「行かれる物なら此ままに唐天竺の果までも行って仕舞たい、ああ嫌だ嫌だ嫌だ、何うしたなら人の声も聞えない物の音もしない、静かな、静かな、自分の心も何もぼうっとして物思ひのない処へ行かれるであらう、

つまらぬ、くだらぬ、面白くない、情ない悲しい心細い中に、何時まで私は止められて居るのかしら、これが一生か、一生がこれか、ああ嫌だ嫌だ」

をとりあげて、「若し是をしも狂気なりと云はば、人生は元来狂気なり、若し是をしも厭世観なりと云はば、人間は総て厭世漢也、単に理窟世界の人物と、俗社会の行動言為を精細に直写し来って、小説の能事終れりとなすものは、畢竟写真と絵画とをも区別し得ざる者也」という。ここに引用されたお力の内的独白は、『浮雲』文三の内言におけるなお反省的分析的な、それゆえ〈全知〉の視点による内言（内面記述）ではなく、まさに絶望の淵に沈みゆきつつあるひとりの人間の心の瞬間瞬間の動きを読者に聞かせる、お力と〈ともにある〉視点の一人称の語りであり、内面のドラマである。これには「父さんも踏かへして落てお仕舞なされ、祖父さんも同じ事であったといふ、何うで幾代もの恨みを背負て出た私なれば……」という一人称の反省的、要約的な〈全知〉の語りがつづき、お力がようやく「横町の闇をば出はなれて夜店の並ぶにぎやかなる小路を気まぎらしにとぶらぶら歩るけば」と三人称〈全知〉の語りがあって、

「行かよふ人の顔小さく小さく摺れ違ふ人の顔さへも遙とほくに見るやう思はれて、我が踏む土のみ一丈も上にあがり居る如く、がやがやといふ声は聞ゆれど井の底に物を落したるが如き響きに聞なされて、人の声は、人の声、我が考へは考へと別々に成りて、更に何事にも気のまぎれる物なく、人立おびたゞしき夫婦あらそひの軒先などを過ぐるとも、唯我れのみは広野の原の冬枯れを行くやうに、心に止まる物もなく、気にかかる景

色にも覚えぬは、我れながら酷く逆上《のぼ》せて人心のないのにと覚束なく、気が狂ひはせぬかと立どまる途端、お力何処へ行くとて肩を打つ人あり」

と、三人称〈ともにある〉視点の語りがつづく呼吸は、当時としては前例のないまことにみごとな叙法といってよい。『文学界』の十二角生（「閨秀小説を読みて」明29・1）は、「曾て女史の「濁江」を見たる時、その女主人公菊の井が闇の中に暫し隠れて、嫌だ嫌だとおのれの境遇を厭ふ所を描きたるを見て、転《うた》その筆の人間最奥の琴線に触れたるを喜びし」という。

「たけくらべ」は明治二八年一月から二九年一月まで『文学界』に断続的に連載されたが、明治二九年四月一〇日の『文芸倶楽部』にあらためて一括掲載され、四月二五日『めざまし草』の「三人冗語」（鷗外、露伴、斎藤緑雨による合評）で激賞されるや、たとえば樗牛（「一葉女史の「われから」」『太陽』明29・6・5）が「女史がけふこのごろは殆ど吾等をして、加ふべき讃辞の選擇に倦むことを覚えざらしめむとす」というほどの評判となる。「三人冗語」で露伴（「ひいき」）は「全体の妙は我等が眼を眩ましめ心を酔はしめ、応接にだも暇あらしめざるほどなれば」といい、「第一章は単に大音寺前のありさまを叙し……遊廓近き地の自然と他の地と違へるさま眼に見る如く」というのは、その〈情況〉の視点による描写についての評価である。露伴はまた、「美登利が信如に対する心中の消息は、もとより年ゆかぬもののことなり、あらはには写し難し、さりとて写さでは済まず」、凡作家なら千万語を費してもかなわないのを、この作者は「もっとも自然に近き方法を以て其消息を伝へしは感ずるに余りあり」（傍点引用者）といい、その具体例として「庭なる美登利はさしのぞいてと記したる第十二章の一節」等をあげて、

「これら僅々の文字を以て、実は当人すら至極に明らかに自覚せりと云ふにはあらざるべき有耶《うや》無耶《むや》の幽玄なる感情を写したるは最も好し」という。ここで「第十二章の一節」というのは、じっさいには一三章で、雨の日信如は母親にたのまれてお使いにいく途中、美登利が暮らす大黒屋の寮のまえで下駄の鼻緒がぬけて往生しているのを美登利が見とがめる場面で、

「庭なる美登利はさしのぞいて〔〈全知〉〕、ゑゝ不器用な彼《あ》んな手つきして何うなる物ぞ、紙縷《こより》は婆ゝ縷《ばばより》、藁しべなんぞ前壺に抱かせたとて長もちのする事では無い、夫れ夫れ羽織の裾が地について泥に成るは御存じないか、あれ傘が転がる、あれを畳んで立てかけて置けば好いに〔内言、〈ともにある〉〕と一々鈍《もど》かしう歯がゆくは思へども、此処に裂《き》れが御座んす、此裂《これ》でおすげなされと呼かくる事もせず、これも立盡して降雨袖に詫しきを、厭ひもあへず小隠れて覗ひしが〔〈密着〉〕……」

となっている。そして露伴がこれについて、「実は当人すら至極に明らかに自覚せりと云ふにはあらざるべき有耶無耶の幽玄なる感情を写したる」というのは、一葉がこれらの叙法を自在にあやつって、当人たちが自覚しない、反省以前の刻々の心の動きや感情をつぶさに描写して「人の肺腑を活けるまゝに見せたり」というべき、その内面のリアリティの力を読みとったものといってよい。第一四章で正太に「だけれど彼の子も華魁《おいらん》に成るのでは可憐《かはい》さうだ」といわせ、一五章で美登利が「ゑゑ厭や厭や、大人に成るは厭やな事」というのを聞いて、読者は「可憐の美登利が行末や如何なるべき」と「そぞろあはれを覚え、読み終りて言ふべからざる感に撲たれぬ」と露伴がいう

とき、ここにいう「あはれ」はたんなる哀れみにとどまらず、だれもがやがて大人になって失わざるを得ない少年、少女の純粋無垢で健気な心映えの可憐さに対する共感と哀惜の思いであり、読者にそのような心の揺らぎ、つまりは感動を喚起することこそ、この作がもたらす美的な快である。

鷗外（「第二のひいき」）も、「自然派横行すと聞ゆる今の文壇の作家の一人として、この作者がその物語の世界」を大音寺前、すなわち吉原界隈にとったのも別段不思議ではないが、「唯々不思議なるは、この境に出没する人物のゾラ、イプセン等の写し慣れ、所謂自然派の極力摸倣する、人の形したる畜類ならで、吾人と共に笑ひ共に哭すべきまことの人間なることなり。われは作者が捕へ来りたる原材とその現じ出したる詩趣とを較べ見て、此人の筆の下には、灰を撒きて花を開かする手段あるを知り得たり。われは縦令世の人に一葉崇拝の嘲を受けんまでも、此人にまことの詩人といふ称をおくることを惜まざるなり」と絶賛している。そのいうところの「灰を撒きて花を開かする手段」については、樗牛（「一葉女史の「たけくらべ」を読みて」『太陽』明29・5・20）も、一葉が類型ではなく「個人的特色ある人物」を、しかも「或る境遇の Milieu に於ける個人」を写し得たことに感嘆して、「一葉女史いかなる妙手あれば、是の間の情理をかくまでに穿たれしや」というが、これを可能にした「妙手」こそ、一葉がなにほどか意識的に用いたとおぼしき〈密着〉ないし〈ともにある〉視点の叙法である。樗牛はまた、「たけくらべ」に描かれた大音寺前の情景ほどにこの地の「ロカアル、コロリット［ローカル・カラー、地方色］」をとらええたものはないと賛嘆を惜しまないが、これを可能にしたのは〈情況〉の視点による描写であり、しかも生活のために下谷龍泉寺（大音寺前）に駄菓子・雑貨屋を構えた一葉自身の体験にもとづくだけに、きわめてリアルな描写となっている。

　これまでは一人称の語りでもたいていは「自叙体」の回想録のような反省的で要約的な〈全知〉の語りが一般であり、三人称の語りで一部〈ともにある〉視点の語りが見られることがあっても、それは自覚的というよりは「たまたま」のことであった当時にあって、一葉がどうして近代リアリズム小説の中核をなす〈密着〉と〈ともにある〉視点による叙法を作全体の構成において自覚的に用いるまでになりえたのか、それはわからない。「大つごもり」（明27）あたりからその兆候は見られるにせよ、養家の困窮に二円の借金を申しでてその約束を反故にされ、困り果てて盗まんとする刹那のお峰の心のうちを記した「拝みまする神さま仏さま、私は悪人になりまする、成りたうは無けれど成らねば成りませぬ、……勿体なけれど此金盗まして下され」というくだりは、切迫した情況にあるものの刻々と揺れる心の動きの「描写」としては、なおあまりに距離をおいて目の粗い、したがって反省を介して要約的な内面「記述」でしかなく、いまだ「たけくらべ」や「にごりえ」に際立つ〈ともにある〉視点による内面描写になってはいない。一葉の「塵中日記」（明27・1・20）には「五重塔」を読んだ記述もあるから、その連綿とつらなる西鶴調の文体をはじめとして、一葉が露伴からつよい影響を受けていることはまちがいない。お力の「ああ嫌だ嫌だ嫌だ、……つまらぬ、くだらぬ、面白くない、……これが一生か、一生がこれか、ああ嫌だ嫌だ」という内言も、あるいは「五重塔」で棟梁の源太が、十兵衛が自分の助けをもことわったのに腹を立てて、飲み屋にはいるなり「厭だ厭だ、厭だ厭だ、詰らぬ下らぬ馬鹿々々しい、愚図々々せずと酒もて来い……」というくだりに影響されたものとも思われるが、源太のそれは十兵衛に対する怒りの罵声にすぎないのに対して、お力のは逃れがたい宿世にからめとられた自分の「情ない悲しい心細い」一生の暗い深みからふいと洩れでた怨嗟のうめきである。またお力のあの不自然にながい内言も、「五重塔」の冒頭、お吉やお浪のながい独白を参考にしたのかも知れず、この点では一葉もなお近代小説としては未熟といわざるをえないのだが、そうだとしても露伴の独白はその全体にわたって、なお反省的で要約的な〈全知〉のふるい叙法を脱していないのに対して、一葉にはすでに見たように〈ともにある〉視点の語りは際立っていて、あるいは一葉の語りは露伴をふまえて、そこから独自に進化したものといえるのかもしれない。そしてそれにはやはり一葉自身の境遇はもとより、彼女自身が貧窮のなかで暮らしたその実地経験がものをいっている。いずれにせよ、明治二九年五月に鷗外の実弟である三木竹二がはじめて一葉を訪ねてきて、露伴が「たけくらべ」について、「生れて今日まで我れにはいまだ斯斗《かばかり》の作のなきを恨む」（一葉「みづの上日記」明29・5・2）といったと告げているように、また正岡子規（「松蘿玉液」『日本』明29・5・4）が「一行読めば一行に驚き一回を読めば一回に驚きぬ。……西鶴を学んで佶屈［固苦しく読みにくい］に失せず、平易なる言語を以て此緊密の文を為すもの未だ其比を見ず。……或は笑ひ或は怒り或は泣き或は黙する処に於て終始嬌痴を離れざるは作者の伎倆を見るに足る。……一葉何者ぞ」というように、一葉の描写の「もっとも自然に近き方法」は、当時の文壇としては絶無のものである。

宮崎湖処子（八面楼主人「たけくらべ」『国民之友』明29・4・18）は、一葉の作の特質は「一篇の中総じて起り来たるべき疑団［疑念］を説盡して、読者をして復た喙《くちばし》を容るる余地なからしむる」点、つまりはその叙法がもつリアリティと「其同情の深切」にあり、「此一点に於ては男性作家中自ら称して大家と標識するものと雖、或は遠く女史に企て及ばざるものあるを見る」という。湖処子（「新刊小説」『国民之友』明29・10・3）はまた、「一葉女史の今の作家に及ぼしたる感化の、其著しきを驚くべし」として、江見水蔭（『泥水清水』に於ける花鳥）、広津柳浪（『今戸心中』の吉里）等、「当今指を屈する作家等、皆競ふて「お力」の性格を自家集中に移植せんことを務めるを看よ」という。「今戸心中」（明29）は、娼妓吉里が情夫の平田が郷里に帰るというのでその別れの絶望から、いままで一方的に吉里を思いつめて通うが冷遇されていた古着屋美濃屋善吉と隅田川に身投げして心中するというもので、ここにも吉里が「まだ何か云ってるよ。ああ可厭《いや》だ可厭だ」というくだりがある。『帝国文学』記者（「今戸心中」明29・8）は「まことに其の作中の人物に同情を寄するを得せしむる処あるは、たしかに此の作者の腕と見られたり」という一方で、「ただ彼のにごり江に比しては未だ一段の深刻を欠けるのみ、深刻とは惨酷なる事を描くにあらず、想を構ふるの深きを云ふなり」という。「三人冗語」の〈小説通〉も、近松の心中ものとくらべて「今戸心中」は、読み行くうちに「始より終まで泣くとかふさぐとか頻《しき》りに作者が涙、寧ろ涙といふ字を振こぼすにも拘らず、何等の感じをもとどめざるは」という。江見水蔭には、「泥水清水」（明29）にさきだって好評を博した「女房殺し」（明28）がある。これは、数学者の近藤堅吉が逗子で無教養な女お柳を見染め、東京に連れ帰って女房にするが、仕事で清国に行っているあいだにお柳は借金し、そのカタに参事官の薄井の相手をするがさほど悪いとも思わず、帰国してこれを知った堅吉はお柳を殺し、自分もそのあとを追うというものである。これについて魯庵（「江見水蔭の「女房殺し」」『国民之友』明28・11・2）は、水蔭がお柳という「道徳的無能力の人物を捻出せしのみならず相応の同情を以て描写せしは勧懲を衒ふ作家が漫《みだ》りに筆誅し嘲弄するに勝る事数段也。又同情を以てするにあらざれば斯る憐むべき婦人が罪悪を構成する道行を洞察する能はざるべし」といい、なかでも堅吉がお柳の出先を心配して浜辺にその跡を追う場面は「最も精緻を極む」というが、それはつぎのような叙述である。

「彼の薄井の足跡は汐が引いたばかりで未だ濡れている。砂の上に大きく印されてゐる。小さなのは先にお柳が歩いた跡か。此他には未だ誰も踏まぬと見える［〈ともにある〉］。堅吉も亦霧の中を分けておのれの足跡を残しながら行く程に［〈全知〉］其大小の足跡が非常に乱合ふてゐる所があって、其れからさきは又並行に進んで先の方へ歩いて行ってゐる。其先きは干《かわ》いた砂の中に没して行方分らず。此時堅吉は身体中の血を絞取られた様な心持になった［〈ともにある〉］」。

魯庵はこれについて、「此一節の如き特に冗雑なる事を費さず、極めて淡泊なる間に恋にやつるる男の煩悶焦慮を写し得たりといふべし」という。じっさいこの作には〈情況〉の視点の語りによる描写が随所に見られ、〈ともにある〉視点は魯庵があげた箇所にかぎられるものの、〈密着〉の視点といってよい箇所もあり、この叙法の技巧という点で当時の小説の水準を抜いているといってよい。ただし、ところどころにはさまれる堅吉の内面描写は、「堅吉はお柳が悪《にく》くって悪くって成らぬ。それは世の常の悪さとも違ふて、不憫さ、可愛さ、が混じている悪さで……」というように、なお〈全知〉の視点による古典的心理学の説明にとどまるし、堅吉本人の内言にしても、「お柳には如何にしても消滅しがたい汚点がある。……何もそんな者を、好んで、急いで、女房にしなくってもよい。といって他に、それなら気に入ったお柳同様な女があるか。無い。決して、無い」というように、『浮雲』に見られるような反省的、分析的な内面記述にとどまっている。ついででた「泥水清水」は、水嶋山三郎はなじみの娼妓花鳥と別れる思い出に箱根温泉に遊び、最後の日に花鳥が剃刀で死のうとするのを押しとどめて、かならず妻にすると約束はするものの、その実現の不確かさに絶望する、というものである。そしてここにも、花鳥の「嗚呼それにしても厭だ厭だ、本統に厭な娼売だ」という詞にも見られるように、「にごりえ」のお力の影響が見られる。

だが湖処子（「泥水清水」『国民之友』明29・4・18）は、「その水島山三郎を描く、単に一個の俗物と云ふことを見《あらわ》すの外に看るべき個処もなく花鳥の意地強く我儘なるは、髣髴として一葉女史のお力（濁江の女主人公）を想ひ起さしむるも、お力程性格の透明ならざるを奈《いかん》せん」という。また一人称の自叙体で語られる「泥水清水」は、全体として従来どおりの回想録的なもの語り、したがって〈全知〉の語りにとどまっていて、後藤宙外が「独語体のところ多き為か、間々説明ぢみたる所ある、微瑕ならんか」（『早稲田文学』明29・5・1）というとおりである。

2　独歩のリアリズム

明治二〇年代にあって、すでに〈ともにある〉視点の語りを豊富な西洋小説の経験のなかからおそらくは直感的に習得した二〇年代前半の鷗外を例外に、一人称であれ三人称であれこの叙法を、当時の日本の作者も読者もなお消化し体得したわけではなかったところへ、ようやく一葉において、この語りがまことにあざやかに出現した。だがこのあたらしい語りが叙述方法として自覚的に、しかも作の全体にわたって自在に活用され、内面のリアリズムが実現されるためには、やはりどうあっても露伴の西鶴調に影響されて文と文とがとぎれなく連綿とつづき、一人称と三人称の区別が曖昧な一葉の雅俗折衷体のままでは不十分であり、現実の状況をそのまま自在に写しとるためのあたらしい文体が必要だった。そこに登場したのが、明治三一年の国木田独歩「今の武蔵野」であり、これは明治三四年三月に出版された独歩最初の創作集『武蔵野』に収録された。これにさきだつ明治三〇年八月に独歩は最初の小説「源叔父」を発表しているが、これについて高須梅渓（「文芸倶楽部」『よしあし草』明30・9）は、「源叔父」は『文芸倶楽部』巻中の「白眉なり」といい、「若し是を西詩の翻案に非ずとすれば、独歩は優に小説界裡に雄視するに足らむ」と反応している。だがこれはなお文語体で、全体は三人称〈全知〉の語りである。「今の武蔵野」は小説ではなく随筆だが、そのなかで独歩は、がんらい日本人があまり知らなかった楢の類の落葉林の美を自分に教えたのは二葉亭訳ツルゲーネフ「あひびき」の文章だとして、すでに第二章で引用した「秋九月中旬といふころ、一日自分がさる樺の林の中に座してゐたことが有ッた。……」にはじまる冒頭部分を引いている。「あひびき」には、物語の主人公である「自分」の一人称ではあるが〈ともにある〉視点の語りが鮮やかに見てとれ、それによってプイヨンがいうように、外界の情景は当の人物の内面の経験を介して、かれがおかれた〈情況＝情態性〉として語られている。小森はこの「外界や自然を見ている作中人物自身の感性や心理の「動き方の物語り」[1]」がわが国において自覚的に実現したのは『浮雲』だというが、じっさいにはそれは独歩である。

「今の武蔵野」で独歩は、「市街ともつかず、宿駅ともつかず、一種の生活と一種の自然とを配合して一種の光景を呈し居る場処を描写することが、頗る自分の詩興を喚び起す」といい、そこには「社会と云ふものの縮図」ともいうべき「小さな物語」、たとえば片眼の犬がうずくまり、小さな料理屋で女がわめき、鍛冶屋の前に二頭の駄馬が立ち男たちがひそひそ話しているといった情景が「其処らの軒先に隠れて居さうに思はれる」という。そして明治三一年四月にでた「忘れえぬ人々」では、無名の文学者大津弁二郎による、そのように平凡ながら感興を起こさせる「小さな物語」が語りだされている。ここで独歩は、大津につぎのようにいわせている。

「独り夜更て燈に向ってゐると此生の孤立を感じて堪え難いほどの哀情を催ふして来る。その時僕の主我の角がぼきり折れて了って、何んだか人懐かしくなって来る。……其時油然《ゆう》として僕の心に浮むで来るのは則ち此等の人々である。さうでない、此等の人々を見た時の周囲の光景の裡に立つ此等の人々である」。

そしてここにこそ、特定の「情景＝情況」に身をおいている作中人物自身の感性や心理の「動き方の物語り」が、つまりはわれわれのいう「内面生活のドラマ」が、しかもそれにふさわしく、伝統的な大げさな修辞から解放されたシンプルでリアルな言文一致体において語りだされているのである。「忘れえぬ人々」についででた「まぼろし」（明31）は、三人称の〈情況〉や〈密着〉と〈ともにある〉視点の語りはあざやかで、みごとな内面のドラマを実現している。

「「若旦那。」

文三は驚いて振り向いた。僕が手に一通の手紙を持って後背《うしろ》に来ていた。手紙を見ると、梅子からのである［〈ともにある〉］。封を切らないうちにもうそれと知って、首を垂れてジッとすわッて、ちょうど打撃を待っているようである。ついに気を引き立てて封を切った［〈密着〉］」。

第二章で見たように、わが国の旧来の小説の圧力に抗して西洋的な近代リアリズム小説をめざすとき、その成就のためには、口語的「文章語」が違和感なく受けいれられること、「作者＝発話者」の消去、そして古典的な〈全知〉の視点に代わるあらたな語りの装置の開発という、それぞれにことなった三つの問題を同時に解決することが必要であった。そしてこの時期の独歩においてもっともはっきりしたかたちで起こったことはこれであり、その意味で独歩のこれ以後の作品は、明治日本における近代リアリズム小説の完成形といってよいものである。それゆえ磯貝が、明治三九年にでた藤村『破戒』の冒頭の「蓮華寺では下宿を兼ねた」につづく情景描写をあげて、「日本の小説が、アルカイックなスタイルと明瞭に訣別したのは、自然主義文学においてであり、そのおもむきは、この「破戒」の冒頭描写からもうかがわれるのである」[2]というのは、正しいとはいえない。

　だがこれらの初期作品を収録した短編集『武蔵野』は、ほとんど注目されることはなかった。明治三五年八月にでた「少年の悲哀」などは、この時代の水準をはるかにぬきんでた短編小説だが、これをすら『帝国文学』記者（「八月小説界の概評」明35・9）は、「すこしは文壇に野心のある男と見えたり。作は拙劣読む可からず、筆の稚《ち》気〔稚気〕ありて乳臭を脱せざる、尋中〔尋常中学校〕の二三年生さへ、此れ程の悪文は作られる可し。吾等は落目紅〔柴田流星作〕及び本篇の作者が、厚かましくも此の如き作を投じて、自ら疚《やま》しとせざる勇気に、驚倒せずんばあらざる也」としか評価できないのは、現代のわれわれにはまったく理解できない反応である。明治三八年になってこれを収録した短編集『独歩集』がでてようやく、『帝国文学』（「独歩集」明38・8）は、「中にも「牛肉と馬鈴薯」「女難」「少年の悲哀」などは他人の得て追従すべからざる作である」と評価している。さらに「春の鳥」（明37）は、独歩が大分県の佐伯に英語教師として赴任していたときにであった児童をモデルとして、当時私淑していたワーズワスの詩「童なりけり」をモチーフに構想したごくみじかい小説だが、中島健蔵が「ほとんど批判を絶する傑作である。これは、独歩の中でも、じゅうぶんに書きつくされた小説である」[3]といい、わたしもまったく同感なのだが、これについてもほとんど目立った批評は見あたらず、わずかに饗庭篁村（竹の屋主人「独歩集を読む」『東京朝日新聞』明38・8・22）が「われはもっとも、湯河原より、春の鳥、正直者の三編を愛す」といっているぐらいである。いずれにせよ『独歩集』に対する当時の評としては、「文章も亦やりっぱなしで、優美でもなく艶麗でもなく、荘重でもなく高雅でもない。これを小説として見て、性格の叙述がうまいのでもなく、結構の妙があるのでもない。しかしこの書の特色は其等の凡てを具備せざるに存す」（剣菱「『独歩集』を読む」『読売新聞』明38・8・2）というようなものがあるばかりで、独歩自身も『独歩集』序文で、「不幸なる哉、予の作物は今日までの経過に依れば、人気なる者なし。今の人気作者に比ぶれば、只だ僅に文壇の片隅に籍を加へ居るが如き観あり、これ甚だ面白からぬ事と謂ふべし」（「予の作物と人気」）といっている。明治三九年三月に短編集『運命』がでて、これが当時文壇の主流を占めつつあった自然主義の風潮に迎えられ、たとえば徳田秋声（「独歩式の特長」『新潮』明41・7）が「「少年の悲哀」は、描写のゆきかたが、余程自然派的だと思はれる」というように、一躍その派の代表作家と目されて読まれるようになるのだが、白石実三（「自然主義勃興時代の諸作家」『早稲田文学』昭2・6）によれば、それでもまだ「「独歩も、文章があれじゃ、なじめない」そういった青年も多かった」という。正宗白鳥（「国木田獨歩論」『趣味』明40・4）も当時を回想して、独歩は「世間で評判もないし書き方が硯友社風でなくて、無骨で簡潔なので、それを味ふ能力が僕になかったのです。矢張小説といふものは、芝居のやうに矢鱈に仕出しを使って無駄な台詞を云はせ、頭の先から足の先まで細かに書き立て、艶麗な文字をも用ひなければならぬもののやうに思ってゐましたから、國木田君のは肉のない骸骨のやうな気がした」と述べている。じっさい明治も三〇年代になってもまだ、「文章語」を雅俗折衷の文語体でいくか、それとも言文一致体でいくかの方針が固まっていなかったのである。

二〇年代初頭における二葉亭や美妙の言文一致体は一時歓迎され流行するが、その「極端に西洋臭い言文一致」はやがて失望をもたらして、紅葉、露伴の雅俗折衷の文語体が主流となる。しかし明治三一年四月三日『早稲田文学』彙報記者（「小説文体論」）が「将来に於ける小説文体を如何にすべきかといふことまた近時の一問題となれるが如し」と伝えるように、あらためて小説文体をめぐる論争がおこる。たとえば小杉天外（『早稲田文学』明31・2・3）は、折衷体では「筆の先で拵へるやうな気」がするが、言文一致は「思想をそっくりそのまゝ写し出すに適して、文章で書くやうな嘘が少ない」といい、宙外や柳浪も言文一致体を支持するのだが、これに対して当時流行の美文家として知られる武島羽衣（「修辞学研究の必要」『少年文集』明31・10）は、言文一致体の長所は明快、流動、委曲にあるとはいえ、それゆえにややもすれば平板、麤鹵《そろ》［粗笨］、冗漫に失するの弊があるという。羽衣らとともに『美文韻文　花紅葉』（明29）を出版した大町桂月は「今後の文体」（『太陽』明34・4・5）で、「言文一致体は、言語に使役せられず、語法句法に束縛せられず……毫も文を以て意を害するの弊なし」とする一方で、「高尚優雅の趣を欠くことは、言文一致体の欠点也」といい、自分は「一種の文体として言文一致体の発達を望む」が、これをもって「唯一の普通文体」とするのは「余りに早計なり。又余りに無謀也」という。これに対して中島孤島（『読売新聞』「癸卯文学《不振の文壇》」明36・9・13）は、こうした批判はただ「今の言文一致に斯くの如き弊ありといふに過ぎず」と反論し、「言文一致と相待って明治の小説に新気運を促せるものは写実の風潮なり。言文一致は寧ろ文体の上に現はれたる写実主義ともいふべし」という。つとに『早稲田文学』雑録記者（明31・10・8）は、「新聞の講談筆記が受ける癖に続物を言文一致で書くと読者が悦ばなひは何故だらう、雑誌の小説は言文一致で可成に成功して居るに新聞だけ左様で無いのは何故だらう、……不図思付いたのは講談筆記は下流が物いふ口吻であるを、小説の言文一致は中流の口吻だから、其の為め下流の読者は読んで肩が張るやう心持がする」からではないかというが、文体の問題はすでに美妙がいうとおり、結局は「慣れ」の問題である。じっさい桂月（「改良の要」『太陽』明34・5・5）は、「空理を闘はして、一是一非を争ふとも、何等の補益する所もなし。優れたる者は存し、劣れるものは亡ぶ。改良の実を挙げむには、自然の淘汰を利用せざるべからず」ともいうのだが、そのとおりにというべきか、明治四〇年には吉川衣水（「口語文に就いて」『帝国文学』8・10）が「一般に用ゐるべき文体は、口語文がいゝか、それとも矢張り文語の方が便利であるかは、茲《ここ》にあげつらふ必要はあるまいと思ふ。何となれば自然の勢は明々白々地にこれを証明して居る」といい、「口語文が今日のやうにさかんになったのは実に自然の然らしむる所で」と述べている。

3　子規の写生文

じつは三〇年代のはじめに、独歩の小説とおなじく、当時の水準をはるかにぬきんでて近代リアリズム小説の文体と叙法とを完成しつつあったものがある。それは、正岡子規のいわゆる「写生文」である。子規は明治三三年一月から三月まで『日本』に「叙事文」という評論を寄稿しているが、その冒頭は以下のようである。

「文章の面白さにも様々あれども古文雅語などを用ゐて言葉のかざりを主としたるはここに言はず。将《は》た作者の理想などたくみに述べて趣向の珍しきを主としたる文もここに言はず。こゝに言はんと欲する所は世の中に現れ来りたる事物（天然界にても人間界にても）を写して面白き文章を作る法なり。或る景色又は人事を見て面白しと思ひし時に、そを文章に直して読者をして己と同様に面白く感ぜしめんとするには、言葉を飾るべからず、誇張を加ふべからず只ありのまま見たるままに其事物を模写するを可とす」。

ここにいう「古文雅語などを用ゐて言葉のかざりを主としたる」とは、桂月らのいわゆる「美文」であろうし、「作者の理想などたくみに述べて趣向の珍しきを主としたる文」というのは、馬琴などをもふくめたいわゆる空想的な観念小説のようなものだろう。しかしべつの箇所で「美文即ち面白味の一点より見れば……」ともいい、また「病床六尺　四十七」（『日本』明35・6・28）でも「まだ雑報と美文の区別を知らない人が大変多いやうである」というとき、子規がここにいう「美文」とは、美的（芸術的）に「面白い」文章をいう。しかも「文体は言文一致か又はそれに近き文体が写実に適し居るなり。言文一致は平易にして耳だたぬを主とす」ともいうように、ここで見こまれているのは言文一致体の「美文」なのである。重要なのは「言葉を飾るべからず誇張を加ふべからず只ありのまま見たるままに其事物を模写する」こと、そのためには「仮令《たとい》うるさいまでも精密にかかねば、読者には合点が行き難い」（「病床六尺　四十七」）こと、そして「その目的物を写すのには、自分の経験そのまま客観的に写さなければならぬ」（「病床六尺　四十七」）という点である。子規はこれを友人の画家中村不折のいう西洋画の「写生」に示唆されて、「写生文写生画の趣味」（「病床六尺　四十五」『日本』明35・6・26）と呼んでいる。独歩は明治四〇年の『文章世界』（「予が作品と事実」明40・9）で自作「巡査」（明35）について、「巡査」は「全くの写生である。……予は初めから写生して見る積りで訪問せる故、寓居の摸様から、氏の居室の体裁、氏の一挙一動等を十分注意して観た」といいつつも、「写生文なんて、くだらないものだ。どうかすると新聞屋の探訪だ。けれども余の此一編が先づ気に入ったと称した知名の作家[4]もあるやうに聞いたが、世は様々だ。此巡査如きが若しお望みなら手帳を與へよ。きょろきょろせしめよ。……本願寺の瓦の大さが解らずば梯子をかけて上るべし。実にくだらないことだ」という。独歩はさらに「実在の人物、実際の事件之れ自身が如何に面白く思はれても、之れを直ちに筆に上す」写生文のようなものは「真の詩を得る道に非ず」というが、子規のいう写生文を「新聞屋の探訪」のように写すことだというのは、あきらかに誤解である。一方で田山花袋は子規を評価して「写生文とは泰西のリアリズム（写実主義）に稍々似て居て、そしてそれよりも著しく初歩のものを言う」[5]といい、「全然在来の文章をかなぐり捨てて、始めから遣り直すという風がある。小杉天外氏も頻りに写実主義を振回して、やれ実験小説とか、やれ写実小説とか銘を打って敦圉《いきま》いて居たけれど、子規に比べるとまだ余程色気もあれば、かさ気もあって、其のスタディなるものが余程あやしい」という。だが花袋が、子規は「正しく書きさへすれば好いと信じて居た。読者に其真を伝ふられさへすればそれで満足であると思って居た。……子規がもしあのやうに早世せず、今少し長く生きて居ったなら、其一派から立派な自然主義が生れたかも知れぬと私は此上なく惜しく思ふ」というとき、花袋もまた子規の写生文を十分に理解していなかったといわざるをえない。というのも、子規が「只ありのまま見たるままに其事物を模写する」というとき、それは花袋が信じるような意味での「自然主義」的描写、作者が描こうとする「目的物」すなわち対象に対してつねに一定の距離をとって、作者の小主観をまじえずその当の対象の「ありのまま見たるまま」を観察し、客観的に描写するというようなものではまったくなく、どこまでも「自分の経験そのまま客観的に写さなければならぬ」ことをいうものだからである。

たとえば子規が文例としてあげている須磨の景色の描写は、つぎのようなものである。

「夕飯が終ると例の通りぶらりと宿を出た。……少し先の浜辺に海が掻き乱されて不規則に波立って居る処が見えたので若し舟を漕いで来るのかと思ふて見てもさうで無い。何であらうと不審に堪へんので少し歩を進めてつくづくと見ると真白な人が海にはいって居るのであった。……白い着物を着た二人の少女であった。少女は乳房のあたり迄を波に沈めて、ふわふわと浮きながら手の先で水をかきまぜて居る。……如何にも余念なくそんな事をやって居る様は丸で女神が水いたづらをして遊んで居るやうであったので、我は惘《ぼう》然として絵の内に這入って居る心持がした」。

これについて子規は、「作者を土台に立て作者の見た事だけを見たとして記さんには……読者をして作者と同一の地位に立たしむるの効力はあるべし。作者若し須磨に在らば読者も共に須磨に在る如く感じ、作者若し眼前に美人を見居らば読者も亦眼前に美人を見居る如く感ずるは、此の如く事実を細叙したる文の長所にして、此文の目的も亦読者の同感を引くに外ならず」という。ここにいう「効力」とは、「読者をして作者と同一の地位に立た」しめ、これによって「読者の同感を引く」おもしろい「美文」のもつ美的効果のことである。要するに子規が写生文について説いていることは、もっぱら一人称の「作者＝語り手」によるものにかぎられるにせよ、まさに近代リアリズムにおける〈ともにある〉視点の語りであり、これをはっきりと自覚的に近代リアリズムの叙法として分析し論じて見せたのは、明治文学史上子規が最初なのである。しかも子規は、この叙法が物語にも使えることをも認識している。かれは「若し寒垢離《かんごり》を写さんとならば自ら実地に見に行きて之を写し出すに如くはなし。それには前置の「附《つけ》たり」などありても宜し」といい、

「チリンチリンといふ音が聞こえた。来たと思ふてそちらを見ると饂飩屋が荷を擔《かつ》いで今ここへ曲って来たので、寒垢離の鈴でなかった。余は失望の余り、じっと饂飩屋を睨んで居ると饂飩屋は人の立って居る事を知って、何か悪い者かと思ふたか足早に通り過ぎようとした。出しぬけに「オイ」と声をかけると「ハイ」と驚いた返事をして立ち止まった。「オイ饂飩一杯くれ」といふたので始めて安心した様子で荷を卸した。……チリンチリン。白い着物の人は一人現れた」。

と実例を示すのだが、これは「無き事を机上に製造」したもので、フィクションである。じっさいには子規は、すでに明治二〇年ごろに『当世書生気質』の影響の下で小説を書きはじめており、明治二七年に「月の都」がはじめて雑誌（『小日本』）に掲載されるが、これはなお雅文による〈全知〉のいわば歌物語である。明治三〇年四月には『新小説』に「花枕」が掲載されるが、これもなお雅俗折衷の〈全知〉の語りで、「これ畢竟一の御伽譚のみ」（『女学雑誌』明30・4・25）と評されている。だがこれとほぼ同時期、明治三〇年一〇月ごろに浄書され、死後の三九年一〇月になって『ホトトギス』にその一部が紹介された「曼珠沙華」になると一変して、言文一致体で三人称の〈ともにある〉視点の語り、つまりは写生文を三人称の小説に適用した語りになっている。「曼珠沙華」は、富豪野村家の一六、七の総領息子玉枝が、おなじ年頃の蛇使の娘みいさんと出会って、「何も心配せいでも、一生、妻や

何か持たんから」と約束したものの、親のすすめる縁談をことわりきれず、その婚礼の夜にかつてない暴風が吹くなかを、玉枝は新妻をのこしてみいさんのところへ駆けつけて不思議な経験をするという幻想的な物語である。しかもその語りには、〈全知〉、〈情況〉、〈密着〉、〈ともにある〉視点の語り、また玉枝とみいさんとの視点の交替、さらには自由間接話法による内面の動きの描写、そして現在形（歴史的現在）による逼迫した描写など、近代リアリズム小説の語りのすべての技法が認められるのである。

「ふっと耳を貫く音に立ちどまって見廻せばいつか三の淵に来て居る［〈ともにある〉］。玉枝は何か急に思ひついたやうに［〈密着〉］、彼処の木の間、此処の草むらと、道無き処を探し歩行《ある》いたが、終に堤の林を離れて田の淵に出た［〈全知〉］。返さうとして彼方を見れば……今を盛りの曼珠沙華が隙間も無く生えて居る。それが傾く西日に映りて只赤毛氈《もうせん》を敷きつめたやうな［〈ともにある〉］。其中に坐って何やらして居る一人の小娘を見つけたので、あれに聞いて見ようかと独り言して畦道づたひに小高き処をぐるりと廻りて、少女の後からそっと覗いた［〈密着〉］」。

「曼珠沙華」のこの部分について亀井は、「作中に内在的な語り手の描きだす［〈情況〉の視点］自然が、そのまま登場人物によって生きられる自然に転化されて、やがて語り手の視点が主人公の視線にほぼ固定されてゆく［〈ともにある〉視点］。明治三十年という時期において、このような書き方はほとんどない。まだ始まったばかりであった」[6]という。いったいどこから子規がこのような語りを修得したのかは、やはりよくわからない。ただ「曼珠沙華」とほぼ同時期、おそらくは明治三〇年ごろに英訳をもとにした「レ・ミゼラブル」のごく一部、ジャン・ヴァルジャンが僧正の家で盗みを働こうとする瞬間の場面の翻訳を試みていて、わずか二四字詰め一八行の原稿用紙五枚の訳文のなかには、「彼〔ジャン・ヴァルジャン〕は戸を推した。猫の如く忍びやかに注意しながら、彼は指の尖でチョイ戸を推した」（〈全知〉）、「老僧は目を覚ますであらう、二人の老女は呼ばるるであらう、助けが来るであらう」（自由間接話法）とあり、さらに、

「彼は、塩の柱の如くじっと立った儘で動かうともしなかった。幾分間が過ぎた。戸は広く開かれて、恐る恐る室内を覗いて見た〔〈密着〉〕。何一つ動いて居る者も無い〔歴史的現在〕。耳を欹《そばだ》てた。此家の内には何の音も聞えぬ〔〈ともにある〉〕」。

というように、「曼珠沙華」で用いられる叙法がすべて見られる。蒲池文雄は、子規は「写生文（叙事文）のための一つの勉強の気持ちでこの翻訳を試みたのではなかろうか」[7]というが、そうだとしてもこの時代に子規が見せる、西洋近代小説における叙法についての理解と分析の力には並々ならぬものがある。だが独歩の『運命』が明治三九年の自然主義の文脈におかれてはじめて評価されえたのと同様、子規の写生文も、明治三八年に漱石の『吾輩は猫である』がでてはじめて、あらためて注目されるようになるのである。

4　ゾライズム

独歩が『武蔵野』に収録された諸短編を書いていたころ、そして子規が評論「叙事文」を書いたころ、小説界にはこれとは別にあらたな動きが起こる。これについて岩城準太郎『明治文学史』は、「従来の写実よりは一層広潤なる意義を有し、個人より進んで、個人対社会の実相に入らんとする者なり」といい、さらに「新写実主義は、風葉天外に至りて自然主義的傾向を取るに至れり」[8]という。ここにいう「新写実主義」とは、『神髄』以来の「写実」、とりわけ紅葉などを「写実派」というような意味での旧写実に対していうもののようだが、これを最初に宣言したのは、小杉天外である。天外は緑雨の弟子であり、その影響の下「改良若殿」(明28)などの社会風刺小説で出発したが、明二九年ごろからゾラの『ナナ』などを耽読したといい、明治三二年に発表した『蛇いちご』の序文では、「長い間私の頭脳を支配して居た主権者たる理想が倒れて仕舞ったのである、私の頭脳に革命の乱が起ったのである」という。そして翌三三年の『初すがた』序文では、よりはっきりと以下のようにいう。

「ひそかに思ふ、芸術の美の人を感ぜしむるや、宜しく自然の現象の人の官能［感覚］に触るるが如くなるべし、普遍ならざる可からず、平等ならざる可からず。……我はただ読者の空想をして、読者の官能が猶ほ実世間の事に感ずるが如く感ぜしむるを以てわが作の能事足れりとなさんのみ」。

またその続編である『恋と恋』（明34）の序文では、「小説は作家の或空想界に、読者の空想を遊ばしむるものたるに過ぎぬ。其事相の如何なるを問はず、其事相を明に空想する事が出来れば、それで読者は満足しなければならぬ、それで作家は満足しなければならぬのだ」といい、さらに明治三五年一月『はやり唄』序文では以下のようにいう。

「自然は自然である。善でも無い、悪でも無い、美でも無い、醜でも無い、ただ或時代の、或国の、或人が自然の一角を捉へて、勝手に善悪美醜の名を付けるのだ。小説また想界の自然である。善悪美醜の孰《いずれ》に対しても、叙す可し、或は叙す可からずと羈絆《きはん》［束縛］せらるる理窟は無い、……読者の感動すると否とは詩人の関する所で無い、詩人は、唯その空想したる物を在のままに写す可きのみである」。

とりわけこの『はやり唄』の序文にはあきらかに、ゾラの自然主義のある主張、すなわち古典主義や浪漫主義のように悪や醜をさけて善や美のみを描くのではなく、善悪美醜いずれにしても自然にあるがまま描くべきだという主張の影響が見てとれる。それゆえ後年真山青果（「未だ会はぬ人なり」『中央公論』明41・7）は天外について、「寡《すくな》くとも初めてゾライズムを唱道した人である」というのだが、天外のゾライズムの理解はただこの点に止まっていて、そのかぎりで天外の標榜するあたらしい「写実主義」はなお、紅葉らの旧写実主義とそれほど隔たっているわけではない。それゆえ梅澤和軒（「天外氏の「はやり唄」」『明星』明35・2）も「蓋し作者の所謂自然主義とは、其の所謂写実主義を指す者なるべし」という。また明治四一年の自然主義全盛の時期における天外評ではあるが、徳田秋声（「小杉天外氏」『中央公論』明41・7）は、天外のは「何となくゾラにカブれた」もので「何処までも形式から入った写実主義」であって、「ゾラ自身の写実其物の全体、芸術に対する立場と云ふやうなもの」が見られないという。

『初すがた』は清元の女芸人お俊が、偶然女工時代の男友達龍太郎と出くわして小料理屋にいたのを淫売とまちがえられて拘引されるが、このことが記事になるのをもみ消してくれた新聞記者にお礼をしようと招いた酒席で強姦され、また自分は自殺した実母の不義の子だということを知って、育ててくれた義理の両親への孝行に、高利貸しの年配の斧岡に輿入れするというものである。明治四一年の時点で守田有秋（「小杉天外氏」『中央公論』明41・7）は、『初すがた』が注目されたのはそれが「大胆にも強姦の悲劇を作中に描写」して「理想派の作家などを驚倒せしめた一事で、所謂氏の写実主義なるものは、此の作に依て、より明白に暴露せらるるに至ったのである」というが、その題材や文体からいって柳浪らの悲惨小説とあまり変わらない。じっさい文体も柳浪にならったものか、会話を中心にした叙述であり、また『帝国文学』（「はつすがた（批評）」明33・9）記者がいうように、「此篇の人物中には読者が誰に向かっても少しも同情を惹き起し得ぬ」といった類のものである。明治三五年の『はやり唄』は、園城寺という大地主の代々の女主人は「淫乱な血統《ちすぢ》」で、いまの女主人雪江は教育もあり平穏にいくと思われたが、婿の常雄が芸者を妾にしたことから夫婦仲が壊れ、雪江も治療を受けた医師石丸と不義を犯すという物語である。『初すがた』でも、お俊の実母は不義の子であるお俊を生んで自殺するというように、多少遺伝の要素も加えてある。『はやり唄』は冒頭から「淫乱な血統」の話ではじまっていて、ゾラ的要素は一層はっきりしている。だがじっさいには、この遺伝の問題は物語の成行にほとんど影響しておらず、ただ末尾の、それまでの雪江の性格や行動からしてあまりにも突然の、温室での姦淫の原因として暗示されているのみである。これについては芝峯（「天外のはやり唄」『帝国文学』明35・2）が「姦通の出現あまりに唐突にして、径路またあいまいに陥り」、また「遺伝と個性との衝突なほ応分の描写を得ざるものあり」といい、さらに「人物の描写常に客観的に流れ、終に同情なき叙述に陥りたる傾あり」と批判している。もっとも中島孤島（「「はやり唄」の評の評」『読売新聞』明35・3・23、4・6）のように、雪江の姦淫の「誘惑は偶然に来たるもの、盲目なる運命は遂に避くべからざるものと観ずる定道論《デターミニズム》は、自然派の至り着くべき必然の帰結なり。而して天外の自然主義は『はやり唄』に至りて多少此の消息に触るるものあるを見る」というものもいる。

明治の文壇人にとってゾラは同時代のフランスにおける流行作家だったこともあって、その名ははやくから知られており、『維氏美学』でもバルザックの流れを汲む「近日の作者」はもっぱら「実迹《せき》に照らし……平実に就き、読む者をして真に此事有りしと思はしむ」[9]ものだとして、「此一派」をフロベール、ゴンクール、ゾラ、ドーデ、そして画家ではクールベの名前をあげて紹介している。ヴェロン原文では、この「あたらしい一派」は「レアリスムを主張する」もののなかでもとくに「自然主義（*naturalisme*）」[10]と呼ばれるというが、兆民の訳ではこれをただ「レアリスト」とするのみで「ナチュラリスム」の語は削除してしまっている。これはおそらくは、当時の兆民にレアリスムとナチュラリスムのちがいが認識されなかったためだろう。また原文の「観察（l'observation）」が兆民訳では「実験」となっているが、原文に「実験（expérimental）」の語はなく、それゆえこの訳語は「実際経験・実体験」の意味で採用されたのだと思われるが、これは『神髄』で、作者は「実験と観察とを其必須の手段として」現実にありうる架空の人物を造るというときの「実験」とおなじ使われ方である。明治二一年の『女学雑誌』（「山田美妙大人の小説」明21・10・20、11・3）には魯庵が美妙の『夏木立』を評したことばに、「大人よ願くはエミルゾラの如きリヤリストとなって「ナナ」「ラブ、エピソード」の如き絶好小説を綴れ」があり、また第二章で見たように、嵯峨の屋おむろの「くされ玉子」を巌本善治が「ゾラの作に係る悪小説」というのに対して魯庵（『女学雑誌』明22・11・16）は、ゾラは「今世界の大小説家」だとこれを擁護している。もっとも魯庵は「ゾーラばかりが「リアリスト」にあらず、バルザックやトルストイ、ツルゲーネフ、ドストエフスキー等いづれも「リアリスト」なり」（「女学雑誌の小説論」『東京輿論新誌』明22・9・11）ともいうが、これを見るかぎり魯庵もなおゾラをリアリズム一般として理解しているようである。鷗外が帰朝後最初に発表した評論は、明治二二年一月三日『読売新聞』に載せた「小説論（Cfr. Rudolph von Gottschall, Studien.）」だが、これは副題にあるように、ゴットシャル『文学上の死の響きと生の問題』[11]のなかの一章「フランスにおける自然主義的小説と写真的小説」の、鷗外によるごくかんたんな要約である。鷗外がここで「今の所謂自然主義の小説をば、ゾラ名づけて試験小説となさむとす」[12]というのは「実験小説（Roman expérimental）」のことであり、ゾラが試験（実験）の結果の事実をただちに小説となすのは妥当ではないと、ゴットシャルの批判を要約している。第三章で見たように鷗外は「エミル、ゾラが没理想」（『柵草紙』明25・1）では逍遙の「没理想」を「無理想」と誤解しているが、そこで鷗外は「ゾラが小説に就いての没理想論は試験小説 Le roman expérimental と題したる数篇の「エッセイ」にあり」としてこれを批判している。その一方で、「ゾラは天のなせる詩人なれば、おのれは空想を遠離《ざ》けて批評をなし、試験をなすと思ひつつも、神来に逢ひ、空想を役したり。ゾラは没理想を唱へつつも大理想家の業をなしたり」と評価もしているが、これもゴットシャルに依拠したものである。

　ゾラの自然主義において重要なのは、生理学者ベルナールが科学的方法として要請する「観察」と「実験」であり、ゾラはこれとの類比で小説家を考えるのである。小説家はまず現実世界で「観察したとおりの事実」を出発点とし、ついでこれらの事実にもとづく解釈と推論によって、特定の気質や遺伝、そして特定の情熱をもった人物が必然的な因果連関にしたがって、仮定の、それゆえ虚構の条件ないし環境のもとでどう動くかをいわば「実験上の仮説」として想定し、こうして「ある特定の物語のうちに諸人物を活動」させて、それが仮説どおりの結果になるかを見る。ここにいう必然的な因果連関をベルナールは諸現象の「デテルミニスム」と呼ぶが、これは自然主義を誤解してひとが非難する「宿命論」ではなく、必然的な自然法則の「決定論」である。そしてこの意味での小説は「実験の調書」であり、実験小説家は自分の作品に対してみずから「結論をあたえて」はならない。作品は「それ自身のうちに結論をふくむ」のであって、小説家は「個人的に怒ってはいけないし、ほめてもいけない。ただこれが真実だ、これが現象の機構だ、と示すだけでいいのである」。それゆえ作家がときには残酷になることをいとわずに描く「恐るべき場面」にしても、それが現実であるかぎり真実を提示するためには避けがたいものである。さらにゾラは、こうした自然主義的作品が「ある情熱がある社会環境でどんな風にはたらくか」を実験によって確認することで、ひとびとがこれを支配し、治療し、あるいはすくなくとも「無害にする」べく指導できるようになる点に、その「実際的な効用と高邁な道義」を認めて、これを「実験的モラリスト」[13]と呼ぶのである。じっさいにはゾラも、「見ることがすべてではない。表現しなければならぬ。したがって、現実感覚の後には作家の個性がある。偉大な小説家は現実感覚と個性的な表現とをもたなければならぬ」[14]ともいい、そのかぎりでゾラの実験小説論には矛盾がある。

天外とともに新写実主義ないし自然主義と称される小栗風葉は、すでに明治二九年の「寝白粉」や「亀甲鶴」で文壇の評価を得ている。だが、前者はいわゆる新平民の兄妹が世間並みの結婚ができず、結局は近親相姦に堕してしまうというもの、後者は造酒屋の愚直な倉働が主家の一人娘に恋して認められようと二千石の酒造りをみごと仕遂げた暁に、娘と収税吏との祝言がきまって絶望し、酒樽のなかに飛びこんで死ぬというもので、いずれも下層の特殊な人物や奇矯な情況を設定するという、二九年当時の悲惨小説といってよいもので、文章も紅葉張りの雅俗折衷である。しかし明治三三年の「下士官」になると、父親は酒毒で後家と密通したせいで母親は発狂し、さらに父親が自分の許婚を女房にして、とうとう自分も大酒飲みになるという、天外同様に遺伝の要素も利かせた新写実主義といってよく、さらに「涼炎」（明35）は、真冬に銃猟にでかけ遭難して死亡した一郎の死骸の確認のため、弟の次郎とひとつ年下の嫂が夜汽車で現地にむかう途中、トンネルの故障で汽車が止まり、宿に同宿して湯上がりに盃を交わすうちに、「炭火の瓦斯やら、ランプの油煙やら、煙草の煙やら、アルコールの蒸発やら、二人の吐き出す炭酸やら、一室の空気は濁りに濁って、加《しか》も火鉢と炬燵の熱気に蒸されて」ボウとなりウットリとなるというだけの話だが、姦通の暗示もなくはなく、肉欲や無道徳を人間一般の事実性として認識する態度に近いものである。それゆえ平尾不孤（「四月の小説壇」『文芸界』明35・5）は、「此の作家が時の風潮に触れて、時代精神の流行児、否追随者となり、人間の本性に光明と暗黒との両側あるを認め乍ら、単に性欲の満足を根拠として、人間のブルタル、パッションの一面にのみ重きを置き、以って揚々自得たるものの如きを見て、其の作品の、漸く芸術の魔道に陥りつつあるを惜しまざるを得ず」と批判している。

「涼炎」とおなじ三五年には永井荷風が『地獄の花』をだすが、その跋文で荷風は「人類の一面は確かに動物的たるをまぬがれざるなり」として、以下のようにいう。

「人類は自ら其の習慣と情実とによりて宗教と道徳を形造るに及び、久しく修養を経たる現在の生活に於いてはこの暗面を全き罪悪として名付るに至れり。斯く定められたる事情の上に此の暗黒なる動物性は猶如何なる進行をなさんとするか。若し其れ完全なる理想の人生を形造らんとせば、余は先づ此の暗面に向って特別なる研究を為さざる可からずと信ずるなり。そは実に、正義の光を得んとする法廷に於て、必ず犯罪の証跡と其の顚末とを、好んで精査するの必要あるに等しからずや。されば余は専ら、祖先の遺伝と境遇に伴ふ暗黒なる幾多の欲情、腕力、暴行等の事実を憚りなく活写せんと欲す」。

『地獄の花』は、女学校教師園子は思いをよせる宣教師笹村の紹介で黒淵家の子息秀男の家庭教師になるが、黒淵長義はみずから不貞を働きつつも妻縞子が笹村と不義の仲であるのに気づいて縞子と心中し、園子も自分にいいよる女学校長水澤に強姦されて絶望するというものである。この作は三人称〈全知〉の視点の語りに終始し、しばしば詠嘆もまじる説明的な内面記述など、二四歳の荷風の小説はなお旧来のものにとどまっている。特異なのは、園子は絶望の結果「已に破られた其の肉体の操は最早や保つの要なく貞操と徳行とを看板に世渡りする地位からは、其の身を逃れ得た。……ああ！　実に、人は此の自由自在なる全く動物と同じき境涯にあって、而して、能く美しき徳を修め得てこそ、……始めて人たる名称を許さるるのである‼」と悟る、その心境である。これについて支峯（『帝国文学』明35・12）は、「作者が道義的念想を打破せんとするの甚だしきや、幾多の恐るべく忌むべく、排すべき奸通、私通、強奸を写して恥ぢず、極端なる自然主義の弊竇《へいとう》［弊害］に陥りて、自ら知らざるものの如し」と批判し、「吾人は断じて曰はん、写実主義及び自然主義は決して芸術の極致にあらざる也と。ゾラにかぶるる勿れ、ニーチェに阿諛《あゆ》する［おもねる］勿れ、天外の後塵を追ふ勿れ。写実主義の旺盛は十九世紀の科学が産み出したる一種の伝染的流行病に過ぎざるのみ」という。

5　ニーチェと新ロマンチシズム

支峯が「ゾラにかぶるる勿れ」というのは荷風跋文の「余は先づ此の暗面に向って特別なる研究を為さざる可からずと信ずるなり」に当たり、「ニーチェに阿諛する勿れ」というのは「人類は自ら其の習慣と情実とによりて宗教と道徳を形造るに及び、久しく修養を経たる現在の生活に於いてはこの暗面を全き罪悪として名付るに至れり」に当たる。この時にいたって急にニーチェの名がでてくることについて、明治四二年『太陽』の特集「明治史　第七篇　文芸史」（2・20）は、「フリードリヒ、ニイチエの哲学が、我が国に紹介されたのは明治三十年頃である。併し当時には何等の反響をも起さなかった、……然るに三十三年の八月に至り、其訃報伝へらるると共に、其の思想は再び研究」されるようになったという。すでに明治三二年には長谷川天渓が「ニーツェの哲学」の翻訳を『早稲田学報』（明32・8）に載せており、明治三四年には登張竹風も「フリイドリヒ、ニイチェを論ず」（『帝国文学』明34・6－8）によってニーチェを紹介しているが、そこで竹風は「吾文壇が始めてニイチエの声を聞きしは、実に一両年以前にあらずや。而してその思想主義等を説けるは、実に今年に始まる。……吾国に於けるニイチエは期年ならずして、今やあらゆる文学雑誌及諸新聞の喋々する所となりぬ」といい、ニーチェを「極端なる個人主義の鼓吹者」としている。樗牛も「文明批評家としての文学者——本邦文壇の側面評——」（『太陽』明34・1・5）の冒頭でニーチェに言及し、ニーチェは「個人の為に歴史と戦へり、真理と戦へり、境遇、遺伝、伝説、習慣、統計の中に一切の生命を網羅し去らむとする、今の所謂科学的思想と戦へり」といい、この「文明批評家としてのニーチェ」にわが国文学者は注意をはらうべきだという。ついで樗牛は「美的生活を論ず」（『太陽』明34・8・5）を発表するが、ここで樗牛はニーチェの名をあげないまでもニーチェを下敷きにして、「道徳と理性とは、人類を下等動物より区別する所の重なる特質」だが、「吾人に最大の幸福を与へ得るものは是の両者に非ずして実は本能」で、この本能自体は下等動物と多くことなるものではないという。道徳と知識とはわれわれの「本能の発動」を調節するためにあって、これによって人類は「其の満足の持続に於て他動物に優る」のだが、そうだとすれば本能が目的であり、知識と道徳とは盲目なる本能の「助言者」であってそれ自体は「決して人生の幸福を成すもの」ではない。じっさい道徳は善を奨励するが、善は事実として「悪念」を前提しており、それゆえ善は「悪をなさない」という努力を必要とする。しかしこの努力なくして成立しうる「道徳の理想」があるとすれば、それは「孔子の所謂其の心に順《したが》ひて其の則を越えざる底のもの」、それゆえ水が流れ、鳥が鳴き、赤児が母を慕い、いにしえの忠臣義士が君国に殉じるといった、その「一種の習慣、本能」にしたがうもの、すなわち「無道徳」にある。道徳と知識とはその時々の時代や社会の諸条件に適合するべく本能の発動を調節する方便であるかぎりで相対的なものだが、もしも「人生本然の要求」すなわち人類に内在的で本然の目的である本能を満足させる生活があるとすれば、それこそは「人生至楽の境地」であり「其価値や既に絶対也」として、これを樗牛はただちに「美的生活」と呼ぶのである。竹風が指摘するように「美的生活論といへるものをば、ニイチエ説きたること」（「解嘲」『帝国文学』明34・10）はないが、樗牛が「価値の絶対なるもの、是を美的と為し、美的価値の最も醇粋なるもの、是を本能の満足と為す」というとき、おそらくこの「美的」という語はむしろシラーのいう「美しき魂」と「人間の美的教育」[15]あたりを参照しているのではないかと思われる。いずれにせよ樗牛が美的現象とりわけ芸術において実現される、外在的な実用目的に従属することのない自己目的的で自立的な、それゆえ「絶対的」な価値領域を念頭においていることはまちがいない。だがこの「美的」という語は、当時の読者には理解しがたいものであったろうし、またかれが美的生活としてあげている事例のうち、「古の忠臣義士、孝子烈婦の遺したる幾多の美談」や芸術はともかく、「金銭其物を以て人生の目的と信じたる」守銭奴、「美的生活の最も美はしき」恋愛、解脱を「無上の浄楽」とする印度の苦行者等を美的と呼ぶのは、現在のわれわれにとっても十分納得のいくものではない。

それゆえ天渓が間髪を容れず、『読売新聞』（明34・8・19、8・26）に駁論「美的生活とは何ぞや」を寄せたのも無理はない。天渓は「人間本性の要求を充実する事が、必ずしも美的でない」として、「敵を見て逃げ出す人」は生命が惜しいという人間一般の要求を満足せしめるものであり、「色情の奴隷が、異性を追ひ廻す」のも個人的性向を満足せしめるものであるから、そのかぎりでは「美的」だということになるがはたしてそうかと問い、苦行者のように「解脱の快楽を得るために、人間本能の要求を斥けたものを、何故に美的といふのであらうか」と問うている。天渓自身は「理想に向かう行為が、習慣的となる所が美的として、千載不滅の光明を放つ」というが、これもあるいはシラーの「美しき魂」にならったのかもしれない。そして天渓は、樗牛の「誤謬の原因は、習慣的を、直に本能的と解釈された所に在る」というのである。逍遙もほぼ一か月にもおよぶ長大な連載記事「馬骨人言」（『読売新聞』明34・10・12－11・7）でニーチェを、「五大洲一面に漲る最悪の時代精神」すなわち「利己的個人主義、俗語でいへば私欲一辺自分即勝手一方といふ大濁潮」に殉じるものといい「悪時代精神の権化だ」と非難するが、これに対して竹風は「馬骨人言を難ず」（『帝国文学』明34・12）で論駁している。「馬骨人言」は、逍遙自身が「諷刺嘲謔の体」を用いたというように、思想を論じるにしてはあまりに軽率、皮相な批評というべきだが、逍遙は竹風の批判に答えて（「「帝国文学」記者に與へて再びニイチェを論ずるの書」『読売新聞』明34・12・18－22）、「馬骨人言」執筆の動機を、自身「幼弱の訓育に関係」して「聊か倫理研究に心を傾け」たものとして、ニーチェの「無道徳主義《イムモーラリズム》の鼓吹」が青少年におよぼす悪影響をおそれてのことだと弁明している。竹風（「美的生活論とニイチエ」『帝国文学』明34・9）とても樗牛の説が「ニイチエの説く所とは少しく」ことなるといい、「ニイチエの所謂本能は自由の本能なり。……彼が道徳に反抗し、法律を無視し、社会の制度を侮蔑せるは、一に唯かの自由の本能の発達を冀《こいねが》ふが為」だが、樗牛はこの「自由の語」に言及しないことも認めている。その上で天渓の批判に対して竹風は、「敵を見て逃げ出す人の行為」は「人間自由の本能」ではないから美的生活とはいえないが、「色情の奴隷が異性を追ひ廻す」のは、それが「人間自由の本能を満足せしむるに限り美也」と答えるのだが、これもやはり無理がある。

ともあれニーチェの本能主義、個人主義が喧伝され、『帝国文学』（「新ロマンチシズムの勃興」明34・7）は、姉崎嘲風、高山樗牛、登張竹風等が「期せずして殆んど同時に一種の新ロマンチシズムとも称すべき気風を思想界に鼓吹せんとするが如し」と記している。そしてこれに応じて天渓（「新思潮とは何ぞや」『太陽』明35・3・5）は、「新思潮鼓吹論者の議論、多くは漠然として、要旨を捕捉し難き」とことわった上で、「本邦の所謂新ロマンチシズムとはニーチエ主義、ニーチエ主義とは美的生活主義（芸術中心の生活主義）、美的生活主義とは新思潮を代表するもの」だという。それは「現代を以て個人性の圧迫、自我束縛の世なり」と見て、「往昔のロマンチシズムが、十八世紀の個性束縛主義に反対したるが如く、再び自我の自由活動を奨励せむとする」ところから新ロマンチシズムといわれるのだが、それはつまりは個人主義の気運に乗じて「個人の快楽を、絶対的に追求」し、本能至上主義や芸術至上主義を「絶対的に拡大せむとする者」で、「「明星」歌人一派の如きは、個人の感情と思想とを、遠慮なく表現する者なり」ともいう。そして天渓はこれに対して、「我等は、科学的研究結果の上に、理想を確立せしむるの道に就くべきなり」と批判している。じっさい「新ロマンチシズム（Neuromantik, Neoromantik）」というのは、ゾラ的な自然主義に対する反動として一八九〇年以降のいわゆる「世紀末」の時代に、ニーチェの文明批判を背景におこった象徴主義や神秘主義、デカダン、芸術至上主義といった雑多な芸術運動を総称する名としてドイツで用いられた概念であり、明治日本では、まだ自然主義すら十分理解されていないうちに新思潮として紹介されて、まさに天渓らにとって「漠然として、要旨を捕捉し難き」ものであったにちがいない。たとえば林田春潮は「所謂自然主義者の作品」（『中央公論』明33・11）で、「自然主義とは何ぞや、……自家の感想を挿むことなく、もしくは、対象に対して懐ける何等かの観念を、その間に容るることなく、ただ、ありのままに、ただ、あるが如くに、自家が感得したる自然の美を、芸術品の上に示現し出だすにあるなり」（傍点引用者）という。天渓にしても「自然主義とは何ぞや」（『明星』明35・9）で、このごろ流行の自然主義とは、現社会に行われる制度習慣はすべて人為の虚偽にして非自然であり、ひとは「本能の働く所、本性の指す所」すなわちその「自然性に従って」行動すべきであるとして、「「人間は自然的状態を保つべきものなり」と言ふ一派の思想を指したる名なり」というが、天渓はこれをさらにルソーの「自然に帰れ」の「復初主義」とニーチェ的な本能の「自由主義」とに区別している。天渓自身はこれに対して、「人間性を以て自然以上の精神」と見なし、「この自己精神の発現を以て人生の目的」とするという意味での自我発展主義をとるのだが、このように天渓にあっても「自然主義」の概念は、この時点ではなおきわめて曖昧模糊としているのである。

明治三六年五月の『帝国文学』で桜雷（「所謂自然主義」）は「本邦文壇に於て、所謂自然主義派の作物が、一部の読者を満足しつつあることは事実なり。たとへば天外の近業魔風恋風の如し」とした上で、つぎのようにいう。

「惟《おも》ふに十九世紀の自然主義は、既に業《すで》に二期を画せるものの如し。而して第一自然主義と、第二自然主義とは、大に逕庭する［かけはなれる］所ありて存す。第一のものは、客観を尚び、之に偏し、之に拘《こう》す［こだわる］。又枯淡に傾く。第二のものは、主観に妄す。然して其主観は、即ち反抗、否定、希望、予感の主観なり。……第一自然主義は主観を圧迫し、第二自然主義は主観迸《ほう》出する［ほとばしる］の概あり。……夫の事象の皮相を見て、核心を観る能はざるの徒は、乃ち自然主義既に氓《ぼう》滅して［ほろびて］、放浪自恣なる主観主義、奔放熱烈なる空想主義、乃至神秘主義、象徴主義等来りて之に代れりと説き、かくしてファン、ド、シエクルを口にし、サンボリストを伝唱す」。

いまだ客観的写実をめざす自然主義すら十分に理解されていないうちに、新ロマンチシズムが伝えられて混乱している当時の明治文壇において、この新ロマンチシズムを第二自然主義とする桜雷のこの主張はいかにも奇異に聞こえる。だが桜雷が第二自然主義は「フォルケルトが言ひけむ如く、第一自然主義の転化せるのみにして、二者皆其の精髄を同うするものなりとす。……故に自然主義斃《たお》れて他の主義来れるにあらず、自然主義其者の進化せるのみ」とことわっているように、桜雷は、J・フォルケルトの講演録『美学上の時事問題』(1895)の梗概を鷗外が明治三一年から三二年にかけて『めざまし草』に連載した『審美新説』中の「自然主義」によっている。フォルケルトはここで、ゾラの自然主義のドイツ、オーストリアにおける展開をいわゆる「モデルネ(die Moderne)」すなわちモダニズム運動ととらえるのだが、これはかならずしもその目標と原則にかんして統一があるわけではなく、ときに対立する、不明確で混乱した美学上の立場を総称するものである。この運動が喧伝される一八九〇年代には、「客観的で、無味乾燥で、科学であることを衒う」ゾラ的な自然主義は「克服された」とされ、「急進的な主観主義、空想主義(Phantastik)、神秘主義、象徴主義、新理想主義(Neuidealismus)」、さらには「世紀末やデカダンス」、そして「ニーチェの過剰な個人主義」がそれにとって代わったとされている。だがフォルケルトは、こうした諸潮流も本質的にはゾラ的な「客観的自然主義」とおなじ精神、すなわち既存の文芸や美術では「モデルン(現代)」の人間にふさわしい造形はできないという共通の感情にもとづいていて、これらも感情やファンタジーや神秘主義を介して、旧弊の伝統によって抑圧されてきた人間本性の「生の自然(der rohen Natur)に接近しようとする」衝動をもつのであり、「それゆえわたしは、「自然主義」という名前をこれら芸術における最新の主観主義的方向にも拡張する」[16]という。じっさい「狭義の自然主義」は、科学の精緻な観察によって「事物を細大漏らさずより完全に見る」ことで「鋭敏化された現実感覚(Wirklichkeitssinn)」を学んだが、その結果として「神経質」の傾向が生じ、さらにニーチェの「過剰な個人主義」や「倫理的虚無主義」へといたる「モデルネのさまざまな方向」が派生したというのである。

『審美新説』は翻訳といっても原著の鷗外自身による要約で、全体にわたってほぼ正確といってよいのだが、訳者の理解の点で不十分であったり、それゆえに誤解をまねく表現があったりするのも否定できない。なかでももっとも重大なのは、鷗外が「歴史上の自然主義」を二期にわけて、「前自然主義は能変［主観］を閟塞し［閉じふさぎ］、後自然主義は能変を迸出す」としている点である。なるほどフォルケルトは、総体としてのモデルネ運動が旧弊の伝統に対峙するモダニズムのおなじ精神にもとづいており、そのかぎりでこの精神には拡張された意味での「自然主義的方向」が共通しているとはいうが、だからといって一連の自然主義運動があって、これが前期と後期にわかれると考えているわけではない。とはいえフォルケルトの「自然主義」概念の拡張自体、きわめて問題ぶくみである。村田美紀によれば、一八八六年ベルリンの文学団体「ドゥルヒ（Durch）」がその綱領で「最高の芸術理想はもはや古典（Antik）ではなく、モデルネである」といったように、ドイツ語圏における芸術の自然主義運動は「モデルネ」を標榜してはじまったが、やがてミュンヘンではベルリンの「徹底した自然主義的傾向」を攻撃して「モデルネの非自然主義的傾向[17]」を示すようになる。それゆえフォルケルトが一八九五年にまさに「モデルネ」のこの現状を目にして、この包括的で曖昧な運動の内実をできるだけ統一的に把握しようとしたのは理解できるが、これを「自然主義」の名称を拡張することによって包括しようとしたのはかえって混乱をもたらしたというべきで、鷗外の『審美新説』も、わが国におけるこの時期の自然主義の概念をめぐる論争が曖昧で混乱したものになるのを助長したのである。じっさいさきに引用した桜雷の「第一自然主義と、第二自然主義」がそうであるし、天渓（「教育家の文学観」『太陽』明40・6・1）が、「今日の短篇小説の多くは、所謂自然主義の潮流に浴したるものなり。ゾラ時代の写実主義に慊《あきた》らずして、勃興したるもの此の自然主義にして、其の特色は、単に自然界を描写するに止らず、進んで其の真相を開発せむとするに在り。こは多く言ふを要せず。今の場合にては、森鷗外氏が「審美新説」中に説きたる所を以て充分なりとす」というのもそうで、次章で見るように、自然主義全盛期における早稲田派の自然主義の主張には、『審美新説』を読んだ影響が色濃く反映している。

ともあれ明治三九年二月という時点で『早稲田文学』記者（「小説界」）は、柳浪らの悲惨小説と天外、風葉、荷風ら自然派の「写実小説」のちがいについて、「往年の闇黒小説」が多く教育なき男女の間の恋愛をあつかい、その恋愛姦通の舞台が多く「遊里教坊〔遊廓〕か然らざれば多く下層社会の一廓」にかぎられているのに対して、写実小説では比較的教育ある男女の間の恋愛、しかもその舞台が多く良家の家庭等に移ったことをあげている。そしてその理由を、その「題材と着想とが、ニイチエ主義と西洋大陸文学の思想に感染」して「自我の満足を第一に重んずる」の結果、「恋愛姦通を以って恥辱とし不道徳と」しないばかりか「道徳を破壊せんとしたるニイチエ主義の影響」にもとめている。その上で記者は、「題材の上に於ては上中層社会を取り着想の上に於ては依然自然主義の流れを追う」代表的作物として、天外の『魔風恋風』と風葉の『青春』をあげている。天外の『魔風恋風』は紅葉の『金色夜叉』のあとを受けて明治三六年に『読売新聞』に連載された長編小説で、大評判となって天外を一躍流行作家たらしめた。女学生萩原初野と親友の子爵令嬢夏本芳江、子爵の養子で芳江の許婚の大学生東吾との三角関係を軸に、初野に下心のある画学生殿井恭一や初野にせまる子爵等、それに初野の妹とその実家を継いでいる腹違いで冷酷な兄がからみ、とどのつまり初野は貧窮の生活がたたって脚気衝心で死ぬという、複雑ではあるが全体は風俗小説のたぐいで、あいかわらず会話体で三人称〈全知〉の、およそ西洋流の自然主義とはかかわりのないものである。櫻井天壇によれば、当時の新聞評は「露骨なるが大に面白い」（「魔風恋風前篇」『帝国文学』明37・1）とか「青年男女を悩殺せる快著」（「魔風恋風中篇」『帝国文学』明37・2）とかいったものであったというが、『新聲』記者（「肉的時代」明40・8）はその一節「下着は絹の桜小紋、その下のネルの襦袢を分れば、何処からとも無く白薔薇《ホワイトローズ》香水の香ひ、肌は珠玉《たま》の如きに、乳房むっちりと高まり、細腰より下は腰巻《けだし》の色が、しっとりとして、紅の瀧の落ちるとも譬《たと》ふ可きである」を引いて、「これを、五六年前の社会は、たまらなく嬉しがって読みながら、上辺《うわべ》は、イヤ際どいの、人の弱点に投じて受けさせやうとする卑劣な了簡だのと云って、攻撃しさうな態度を取ったものである」という。明治三八年から三九年にかけておなじく『読売新聞』に風葉は『青春』を連載するが、これも文科大学生関欽哉と女子大学生小野繁、そして香浦の令嬢園枝の三角関係を軸に欽哉の許婚お房がからむ波瀾に富んだ恋愛小説で、大評判をとったものである。『早稲田文学』記者（「小説界」明39・2）はこれについて、『魔風恋風』と大同小異だが、ことなる点は「『青春』の方一層著しく西洋文学思想の影響を蒙れる点」だというのだが、ここにいう「西洋文学思想の影響」というのはどうやら、風葉自身がツルゲーネフ『ルーヂン』からヒントを得たといっているのをさしているようで、じっさい主人公の欽哉はルーヂンのように知的だが実行力のない人物として描かれている。欽哉は繁と交際するようになるが繁が妊娠し、友人の医師から堕胎薬をもらって繁にのませたのが警察に知れて入獄し、三年ののち再会するが結局ふたりはわかれ、お房も水死する。これについては『早稲田文学』（明40・4）が合評をしているが、そこで片上天弦は「作中の人物は、唯作者の予め描かんとした傾向、思潮の一面といふ如きものを説明表示する爲めの機械的の道具」にすぎず、作者は「自らその中に呼吸し、思ひ感ずるほどの同感同情の念に於て頗る欠けてゐた。作中の主人公欽哉に対して同感哀憐の情の多く起こり来らぬも、畢竟作者自らの同感が足らぬ故である」という。相馬御風も、「性格描写の方法に於て時には冷酷だとも云ひたい程の冷静な態度を取った」結果、やはり「読み了って後主人公欽哉に対して聊も同情の念が起らずして、一種不快な感じをのみ起さす」と批判的だが、一方で合評が明治四〇年ということもあって、御風は「藤村氏の「破戒」漱石氏の「草枕」と並んで「青春」は慥に昨年小説界の三代傑作だと信ずる」と、こんにちの目からみていささか予想外の高評価をあたえている。要するに明治三八年以降、漱石、藤村、独歩の時代と謳われたこの当時にあってもなお、この三作家の作品と『青春』との決定的なちがいはかならずしも理解されていたわけではないのである。

第六章　自然主義

1　漱石の「独創力」

明治三八年と三九年は、明治の文壇にとって画期となる年である。三八年一月に夏目漱石『吾輩は猫である』の連載がはじまり、同時に「倫敦塔」が発表されて以降、「幻影の盾」、「琴のそら音」、「一夜」、「薤露行《かいろこう》」があいついで発表され、世間はその、これまでにない小説に驚き熱狂したが、ついで三九年にも「趣味の遺伝」、『坊っちゃん』、『草枕』、「二百十日」と漱石の勢いはとまらない。一方で三九年の三月には島崎藤村の『破戒』がでて、それまでの天外や風葉らの「自然主義」概念を一変させ、おなじ三月には国木田独歩の『運命』がでて、独歩はあらためてこのあたらしい自然主義の概念の下で「俄然評壇の賞讃を得、忽ち自然派の大家を以て」[1]目されるにいたる。『新聲』の時評子（「明治文芸史の一区画」明39・12）はこの事態を、「藤村、漱石、独歩の三氏に至りては、実に今日までの文壇に未だ之なかりし、清新なるローマンチックの気運を打開して、一道の新潮流を導き来れる旧〔ママ、急〕先鋒といふに不可なし。……若し廿九年を以て、明治文学の一新時期とせば、卅九年も亦た、確かに旬格〔詩文作法」一時期の第一年たるべき価値を有す」という。要するに明治三八、九年は、明治日本が追い求めてきた近代リアリズム小説の成熟を画する年であり、移入されながらもなおその実質的な意味が理解されないでいた諸概念、すなわち美術（芸術）、理想、人情世態の観察とその「真」の写実、それにふさわしい文体、人物を作者の機関人形ではなく小説中の活世界の個人として造形するための叙法、そしてこれによって小説が果たすべき人生の批判といった諸概念を具体化して見せる作品が、明治日本のアートワールドに出現するにいたったのである。

漱石の「倫敦塔」が発表されるや、まず桂月（「雑評録」『太陽』明38・2・1）が「文字をはなれて、詩情の人を刺す。この篇の如きは、幾《ほと》んど空前也」と口火を切り、ついで片山孤村（「四月文壇」『中央公論』明38・5）は「幻影の盾」について「興味深い、力強い書き顕はし方で、読んで行く中に魅せられると云ふよりは全く其の力に圧せられて了ふ心持がする。……僕は最初翻訳かしらと思ったら、創作だと云ふ事だ。……其趣味ある筆致には真実感服せずは居られない」という。そして滝田樗陰（「乙巳文壇を送て丙午文壇を迎ふ」『中央公論』明39・1）は、明治三八年の文壇においてもっとも目ざましい活動をしたのは夏目漱石であり、「「吾輩は猫である」のユーモアに富みて兼て江戸的趣味に饒《ゆた》かなる、「倫敦塔」の其境窈冥《ようめい》［奥深い］にして其文の蒼古［古めかしい］なる、「幻怪［影］の楯」の着想新にして描写奔放を極めたる、「琴のそら音」の心理的解剖の精細にして緊切［弛みなく適切］なる、「一夜」の飄逸にして俳味溢るるが如くなる、「薤露行」の簡勁にして詩趣横溢せる、皆独り乙巳文壇の白眉たるのみならず、実に我明治文壇未曾有の珍什［詩篇］たり」という。一方で「薤露行」について「わからぬ所が意味深長なる所、騎士時代の風習に就て何等の知識なき吾読者に対しては漱石子が苦心も只其文辞の勁抜［強くすぐれている］生気あるを歎賞するに止まらん」（「月次文壇」『時代思潮』明38・12）といった評もあり、中里介山（「今日の小説」『新聲』明40・10）も、自分は「面白がらんが為に小説を読んで居る」が、今日の小説は「面白くないのを上品とする」ようになってきて、たとえば漱石の『虞美人草』などを「趣味を持て読んで居るのは実際書生社会の一部に過ぎない。大多数の読者は矢張［渡辺］霞亭とか［武田］仰天子とか云ふ諸君［時代小説］に対して満腔の喝采を捧げて居るらしい」という。漱石のこれらの作品に高い評価をあたえる桂月、孤村、樗陰らはいずれも帝大出身の評家であることを考えれば、漱石の読者は、それを「理解する」という点から見ても、当初から中流インテリ層を中心にしていたものである。

注目すべきは平出修（「十一月の新聞雑誌」『明星』明38・12）が「薤露行」のつぎの一段を引いて「最も生彩あり」としていることである。

「……ランスロットの夢は未だ成らず［〈全知〉］。眠られぬ戸に何物かちよと障《さわ》った気合である［〈ともにある〉］。枕を離るる頭の、音する方に、しばらくは振り向けるが、又元の如く落ち付いて、あとは古城の亡骸に脈も通はず。静である。再び障った音は、殆んど敲《たた》いたと云ふべくも高い。慥かに人ありと思ひ極めたるランスロットは、やをら身を臥床に起して、「たぞ」と云ひつつ戸をば半ば引く［〈密着〉］。差しつくる蠟燭の火のふき込められしが、取り直して今度は戸口に立てる乙女の方にまたたく。乙女の顔は翳《かざ》せる赤き袖の影に隠れて居る［〈情況〉］」。

この叙述を生彩あるものにしているのは、ランスロットと〈ともにある〉視点からする三人称の語りを中心とする自在な叙法である。平出はまた「文章の地、会話、二つながら雅文口語の混合体なること是れ」というが、これは言文一致体を基本にして、漢文脈や雅文をいれたあたらしい「美文」というべきものである。さらに現在形で切れるみじかい文が次々とつながることで瞬間瞬間の緊迫した動きが再現されているが、これについては小蚊士（「文壇小言」『中央公論』明40・6）が、「「見る」「聞く」「思ふ」「ある」「いふ」「する」などいふ現在で文章（殊に小説）を書くやうになったのは、ホトトギス派殊に漱石氏の感化であって、文芸界に於ける一大事件と見て差支なからう」と指摘している。このいわゆる「歴史的（物語的）現在法」は、すでに『神髄』も「英国の文法に歴史現在と呼びならせる一種の用語法あり」といい、抱月の『新美辞学』（明35）も『源平盛衰記』の例などをあげて説明するように西洋にもわが国にもふるくからあるものだが、これを意識的に用いたのはまずは子規の写生文であり、「曼珠沙華」には「女は矢張黙って居る。玉枝も後の言葉が続かぬ……沈黙はまだ続いて居る」のように、現在形がひんぱんに見られる。漱石もこれをきわめて有効に用いていて、その結果は『早稲田文学』彙報記者（明39・10）がいうように、「作者が物を描き境を写して其の光景を眼前に髣髴たらしめずんば止まざる一種の戯曲的技巧をば、単に局部の観察描写法の上にのみとどめずして、更に全体の文章の上に適用し、つとめて中心の感想に縁遠き詞句を省略し刪《さん》除［削りとる］して、直ちにこれを表白すべき精髄の詞句のみを羅《ら》識［列ね記す］し来たって、在来の言文一致に多く見ざりし一種簡勁なる文体を成した」のである。記者はさらに、従来も「言文一致が動もすれば冗漫に失するの弊あるを認めて」これを改良せんとする人は少なくなかったにもかかわらず、著しい結果を見るにいたらなかったが、漱石はこの「言文一致体に免れがたき冗長の病を治して、一種の簡勁にして荘重なる文体を示した点に於いて、この方面に一生面を開拓し得たもの」といい、「要するに、全体の上から見て、新気運の先駆者の中に在っても、この作者が、在来わが文壇に欠乏してゐた特殊の新要素を輸入したといふ点に於いて、最も著しき特色を現はしてゐるやうに見受けられる」という。もっとも天渓（「反動の現象」『太陽』明39・5・1）のように、「夏目氏の書き方は如何にも煩雑なり、冗漫なり。……飽くまでも説明的にして、戯曲的ならざるは遺憾なり」というものもいる。天渓がその例としてあげるのは、『坊っちゃん』で主人公が蒸気船から上陸する場面である。

「ぶうと云って汽船がとまると、艀《はしけ》が岸を離れて、漕ぎ寄せて来た。船頭は真っ裸に赤ふんどしをしめている。野蛮な所だ。尤もこの熱さでは着物はきられまい。日が強いので水がやに光る。見詰めていても目がくらむ。事務員に聞いてみるとおれは此処へ降りるのだそうだ。見るところでは大森位な漁村だ。人を馬鹿にしていらあ、こんな所に我慢が出来るものかと思ったが仕方がない。威勢よく一番に飛び込んだ」。

これを天渓が「啻《ただ》に文章のみならず、場面の縛ぎ合せ、或は動作の摸様など、余りに写実的説明的にして、読者が想像し得る事柄までを記述したれば、総体に冗漫也」というのは、こんにちのわれわれからすれば理解できないが、当時はこのように瞬間瞬間をリアルに描いていくやり方に読者は慣れていないせいか、漱石はしばしば「くどく、しつこき文体」と批判されるのである。もっとも桂月（「夏目漱石論」『太陽』明40・11・1）などは、「人或は漱石が小説の伎倆を疑ふものあり。されど、坊ちゃんが書ければ、小説の伎倆は、十分也。坊ちゃんは、よく躍動す。所謂小説の格にはまりたるもの也」と称讃している。

明治三九年九月には『草枕』が、一〇月には「二百十日」が、そして四〇年一月には「野分」がでるが、これらはいずれもホトトギス派の写生文につらなるものと受けとられている。もっとも長風郎（「鶉籠」『帝国文学』明40・3）のように、「近頃写生文とか云ふものが大分威張り出して来て、……悉皆俳味と写生文で押通さうとする人があるやうであるが、これらは夏目先生の小説が評判が宜いので、其尻馬に乗って騒ぐ人達のいふことであって……夏目先生の作物には中々複雑なエレメントが、こんがらがって存在して居る。……所謂写生文とは全く類の違がった別物である」というものもある。写生文については漱石自身が、明治四〇年一月二〇日の『読売新聞』（「写生文」）で論じている。ふつうの小説家と写生文家とのちがいは、「人事に対する態度」のちがいである。ふつうの小説家は描く人物と「同じ平面に立って、同じ程度の感情に支配される」から「読者は泣かねばならん仕儀となる」が、これに対して「写生文家の人事に対する態度は貴人が賤者を視るの態度ではない。賢者が愚者を見るの態度でもない。君子が小人を視るの態度でもない。男が女を視、女が男を視るの態度でもない。つまり大人が小供を視るの態度である。両親が児童に対するの態度である」。そして「親は小児に対して無慈悲ではない、冷刻でもない」として、漱石はつぎのようにいう。

「無論同情がある。同情はあるけれども駄菓子を落した小供と共に大声を揚げて泣く様な同情は持たぬのである。……傍から見て気の毒の念に堪えぬ裏に微笑を包む同情である。冷刻ではない。世間と共にわめかない許りである。……此態度で世間人情の交渉を視るから大抵の場合には滑稽の分子をふくんだ表現となって文章の上にあらはれて来る。人によると写生文家のかいたものを見て世を馬鹿にしてゐると云ふ。茶化してゐると云ふ。……多少の道化たるうちに一点の温情を認め得ぬものは親の心を知らぬもので、又写生文家を解し得ぬものであらう」。

じつのところ漱石にしても、子規の写生文が意識的に開発した文章技巧としての「叙法」の問題についてのはっきりした認識がないために、写生文の特質をもっぱら描かれる人物や事象に対する写生文家の「態度」の問題としてあつかっている。「普通の小説家」は描く人物と一緒になって自分も泣くというのは、すでに『神髄』が問題にし天外も問題にしていた、作者の人物への同一化やそれによるセンチメンタルな詠嘆、さらには作者の小説世界への恣意的介入といった作者の態度をいう。一方写生文家は描かれる人物と「同一になるを避ける」態度で、その意味では「客観的」だが、だからといって完全に距離をとって突きはなした「不人情な立場」をいうのではなく、当の人物に同情するような「視察の立場」ないし「視察の表現」をとるという。だが作者みずからは人物がおかれた情況にまきこまれることなく、しかもその人物に対する「同情」をうしなわないような「視察の表現」とは、つまりは読者が人物に同情し共感するような視点に立ったテクストの表現、したがって語りの視点の問題である。この点が漱石自身にもまだはっきりと認識されていないために、その論旨はかならずしも明快ではなく、また誤解を生むことにもなる。それゆえ漱石自身は「大人だからえらい。えらい見方をして人事に対するのが写生文家だといふ意義に解釈されては余の本旨に背く」と断っているにもかかわらず、当時の世間に誤解をあたえてしまった。たとえば中村星湖（銀漢子「小説月評」『早稲田文学』明40・2）は漱石の「野分」について、それは『草枕』や『猫』のような写生文的態度とはちがって「現実生活の苦痛や紛擾に指を触れんとしたものであるらしい」が、「其の種のシリアスな印象はなくして作者自ら現実を茶化して観てゐるやうに思はれる」といい、漱石は「現実に対して、作者の所謂大人の小児に対するといふ写生文的態度……を棄て去る事が出来なかった」と批判する。

漱石は明治四一年一月に虚子の短編小説集『鶏頭』に付した序で、小説を余裕派と非余裕派の二種に区別して、非余裕派は所謂「触れる小説」すなわち「人生の死活問題を拉し来って、切実の運命の極致を写すのを特色とする」のに対して、余裕派は迫らず「触れない小説」だという。その特徴は「余裕から生ずる低徊［一つ所にゆきつもどりつとどまる］趣味」にあるが、この余裕は「所謂生死の現象は夢の様なもの」とする「禅味」に通底するものだともいうのだが、これもあまりに誤解を招きやすい表現である。ここにいう「非余裕派」とは、藤村の『破戒』をきっかけにあらためて世間の注目を浴びた自然主義のことである。そしてこの時流にあって大人対小児、俳味禅味、余裕派を標榜する漱石の写生文論が容易に誤解されたのも無理のないことである。じっさい天渓（「所謂余裕派小説の価値」『太陽』明41・3・1）などは、「一段高く停りて、人生問題に関連なく事物を観ずるが余裕小説であるとすれば、其れは人生を、ちゃかしたもの、冷笑的、風刺的、否、むしろ人間を機械人形と見たものと言はねばならぬ」という一方で、低徊趣味が「禅味」すなわち「大悟徹底の境」にかかわるとすると、それは「人生に対する傍観者となり、明鏡の如き心を」有して「生死の大問題を取扱ふ」自然主義者の態度に似ているともいうが、これはいずれも誤解である。

漱石のいう「大人対小児」の態度は、かれが念を押しているようにけっして貴人が賤者を見たり、賢者が愚者を、君子が小人を見る態度のように「一段高く停りて、……人生を、ちゃかしたもの、冷笑的、風刺的」に見るものではない。『吾輩は猫である』や「琴のそら音」、『坊っちゃん』にいたる漱石のいわゆる「写生派」小説に「独得のユーモア」を見るのは当時の批評の通例だが、宙外（「同糅録」『新小説』明39・2）は「この人の滑稽は……寂しい渋い考へ笑ひである」といい、天弦（「新刊の小説」『東京日日新聞』明39・5・14）も「その堅い、直線的な筆のあとに、温かい、やさしい情趣が籠ってゐて、ユーモアもあり、ペーソスもあり」という。それゆえここにいうユーモアないしペーソスとは、ドイツ・ロマン派のいう「フモール（英語のユーモア）」にちかいものである。ドイツ・ロマン派、とりわけジャン・パウルにとってフモールは、「イロニー（アイロニー）」――自分の方がすぐれていると思っている相手に対して、表面は相手に同意するふりをしてもちあげつつも、皮肉を効かせてこれをおとしめ否定して、最終的に自分が優位に立つ態度――に対立する概念で、個々人が見せる愚かさも「人間的な愚かさ」、愛すべき滑稽として肯定的に受けいれ、これをむしろ「好んで保護する」[2]態度である。その上で漱石は、写生文家の「かいたものには筋のないものが多い。……普通の小説の読者から云へば物足らない」（「写生文」）といい、写生文も「面白いには違ないが、二十世紀の今日こんな立場のみに籠城して得意になって他を軽蔑するのは誤ってゐる。……読者は無論の事、色々な種類のものを手に応じて賞翫する趣味を養成せねば損であらう」という。その一方で漱石は、非余裕派の作物は「第一義とか、意味が深いとか、痛切とか、深刻とか」称讃されているが、「是れが小説の極致であるかと問はれると、さうさなと首を傾けざるを得ない」（『鶏頭』序）ともいい、「余は……触れない小説も亦た、触れた小説と同じく存在の権利があるのみならず、同等の成功を収め得るものだと主張する」というのである。これはこんにちの目からみればしごく当然の主張で、当時としても十分理解されうるものだと思えるが、『破戒』以来勢いを増してきた自然主義の潮流にあって、たとえば岩野泡鳴（「文界私議」『読売新聞』明41・2・9）などは、漱石のいう「余裕ある小説」と「余裕なき小説」との「両者は並行する物ではない、全く段違ひである」

といい、これを「責任者の位にある自然主義の新発展作に対抗させようとするのは、殆ど僭越の極、奴僕の分際を以って主人の地位を窺ふ様な考へであらう」というのである。

子規の目ざした写生文は「作者＝語り手」が現実の特定の場にみずから立って、そこにある事物やそこで起こる事象をつぶさに経験し、それを「ありのまま」に叙述するものである。だがここにいう「ありのまま」とは、すでに前章で見たように、たんに「見たまま」ではなく、同時に自分がそれについて「感じたまま」を意味する。その叙法の特徴は、〈情況〉の視点と〈ともにある〉視点の語りによって描写する点にある。そしてこの叙法としての一人称の写生文を三人称の小説に応用したときにはもちろん、「語り手」は作者ではなくテクストであり、人物もたんなる傍観者ではなく、自分が身を置く情況の主体としてみずから生き行動するものである。写生文を論じるにあたっては、子規の写生文が開発した意識的な「叙法」という技巧の面と、「俳味」といわれるような、叙述の対象に対して距離をとって傍観者となる「書き手＝作者」の「態度」とを区別することが重要である。樗陰が「ほととぎすの文章は写生的であって、写生的といふことは今後の如何なる文学にも用ひざるべからざる方法である」（「ホトトギス派の文章と名文家」『中央公論』明38・5）というのは、子規が意識的に開発したこの「写生的」な、つまりは「写実的」な叙法が、近代リアリズム小説の土台となる方法だという点で、まったく正しい認識である。じっさい花袋も明治三九年の『美文作法』では子規の写生文をたかく評価して、これを「フランスの写実主義、自然主義など」[3]に比しているのである。ところが漱石の「写生文」に対する文壇の反発という事態を受けて花袋は、明治四〇年七月『文章世界』の「写生といふこと」では、「文章世界を始めたとき、写生といふことを大に主張」したが、「近頃では、悪写生、愚写生、不透明写生」が非常に流行っていると苦情を述べ、「外面に見えたことばかりで――平面写生で自然の複雑したさまを描かうとするのは、実に不自由で、不自然で、詰まらぬ技巧的主張だと私は信ずる」と批判的である。天弦（「事象当対の感味と誹諧派の新領域」『早稲田文学』明40・7）も、写生文派の特質は「俳諧趣味の表現、及び写生的客観的描写といふ、この二点に外ならぬ」というが、かれら自然主義を奉じるものが「平面写生」や「客観的描写」というとき、かれらは子規の写生文における「叙法」についてまったく理解していないのである。

ともあれ漱石の誤解を招きやすい表現のせいもあって、どうやら『読売新聞』の「写生文」の記事は、抱月、天弦、星湖ら『早稲田文学』を舞台にする文壇青年の自然派をいたく怒らせたようで、当初あれほど高い評価を得た漱石はこれ以後痛烈な批判の対象となる。星湖（銀漢子「小説月評」『早稲田文学』明40・2）は、もし漱石が「現実を直接に描かんとするならば、その以前に先づ大人対小児的観照の態度を一とたび脱して大人を大人として観る態度に往かねばならぬ」という。正宗白鳥（「漱石と二葉亭」『文章世界』明40・1）は、「「草枕」の一篇に対し、評家が筆を揃へて絶大の賛辞を呈するは、買い被りの気味なきに非ず。少くも自意識強く、当代の世波に心身を悩ます青年は、軽い美しい物語のみにては物足らぬ感ありて、もっと底深く人間の描写を見んと欲す」という。長生（「新年の雑誌」『芸苑』明40・2）も「野分」について、「例の飄逸趣味とやら、何だか人を茶かしたやうな態度で以て、今度のやうな材料を取り扱はれては……我々凝滞派の、貧乏が身を切るやうに辛らかったり、美しい女を見て直ぐに実感を起したりする人間は、不愉快で不愉快でたまらない」という。自然主義者が「人生に触れる」というとき念頭にある「人生」とは、まずはこのように人生が滞り、まだなにもたずに焦燥する青年書生の人生のことである。一方で桂月（「夏目漱石論」）は、あらためて漱石を論じて「絶代の奇才といふべき哉」といい、「気品といふことを解せざる者は、去って自然派の小説を読め、自然派の小説は、また独得の別趣味ある也。……芸術上の手腕として、漱石に多とすべきは、其独創力也」と称讃している。このように漱石の作品をめぐっては、文壇に棲む中流のインテリ層となお貧しい青年書生とのあいだで評価はわかれるのである。

じっさいのところ、『我輩は猫である』の一人称の「語り手＝猫」に見られる傍観者の「態度」とそこから帰結する内容としての「俳味」すなわち「秪徊趣味」は、『虞美人草』（明40）の三人称の「語り手」にまで受けつがれているのだが、『三四郎』（明41）ではだれかある「語り手＝発話者」はまったく姿を消して「語り手＝テクスト」となる。『三四郎』については有秋生（「近時創作」『東京二六新聞』明42・8・6）が、「従来の諸作に見得る態《わざ》とらしき、欠点は何うしても脱け切らない様だ」と批判する一方で、「此の作は大体に於て雄篇傑作たるの名に値す可きものと思ふ。……〔美彌子が〕結末の三四郎と別るる一節の如きは、実に時間空間を超越したるが如き、夢の如き一節である」と評している。『それから』（明42）についても、「色情狂や神経衰弱の病人許りうぢゃうぢゃと出てくる自然派の小説などには到底味和《あじわ》ふ事の出来ない旨味がある」（「漱石の「それから」を読む」『時事新報』明43・1・18）とか、「平生創作に想像を唱へて、それを高き程度に実行したるらしきは、漱石の「それから」である。……漱石の想像は、作家として実に侮るべからざる想像也」（徳田秋江「文壇無駄話」『読売新聞』明43・1・16）という評がある。矢来町人（「読むがままに」『やまと新聞』大1・10・5）は、「「猫」「坊ちゃん」その他……位迄しか読でない私は突然此「彼岸過迄」に接して氏が如何にも巧みなストーリテラーになられつつある傾向に著しく注意せざるを得なかった」という。そして樗陰（「已酉文壇概観」『中央公論』明43・1）が「夏目漱石氏は相変らず超然として時流と相関せざるが如く「それから」「永日小品」「満韓ところどころ」等を草してゐる」というように、また漱石自身は「草枕の様な主人公ではいけない。あれもいいが矢張り今の世界に生存して自分のよい所を通そうとするにはどうしてもイブセン流に出なくてはいけない。……僕は一面に於て俳諧的文学に出入すると同時に一面に於て死ぬか生きるか、命のやりとりをする様な維新の志士の如き烈しい精神で文学をやって見たい」（鈴木三重吉宛書簡、明39・10・26）[4]というように、漱石は以後も『東京朝日新聞』に徐々に深刻の度を増していく長編を書きつづけ、時流に関せずその独自性において評価されるのである。

2　藤村と独歩

藤村の『破戒』について『文章世界』時評子（おそらく田山花袋、明39・4）は、この作は「わが文壇に始めて自然主義の描法を完全に行はうとした」もので、「今迄にも随分自然派のカラーのあった作も作家もあったが、それは唯ある動機に由って其一局部が其思潮に触れたばかり、根本から其方針を以て筆を著け、徹頭徹尾、其思ふ所に進んだ」のは『破戒』が最初であるという。抱月も『早稲田文学』合評（「「破戒」を評す」明39・5）で、「予は此の作に対して、小説壇が始めて更に新しい廻転期に達したことを感ずるの情に堪えぬ。欧羅巴に押せる近世自然派の問題的作品に伝はった生命は、此の作に依て始めて我が創作界に対等の発現を得たといってよい……『破戒』はたしかに近来の大作である」という。漱石（「夏目漱石氏の文学談」『早稲田文学』明39・8）も、「文章の上からいっても新らしい。僕は何となく西洋の小説を読んだやうな気がした。……兎も角も『破戒』は明治文壇の作としてあとへ残るものでせう」といっている。だが一方で、正宗白鳥（「「破戒」を読む」『読売新聞』明39・4・29）は、「全篇を通じて叙景も人物の描写も穏和平静にして、強く人に迫る所なきは、この作家の特色なるべく、其新体詩に於けると同じ」といい、小川未明も『早稲田文学』合評で、「あっさりとした筆付は、読んで人を飽すことのないかはり、人を魅する程の魔力も見えない。……飽迄批評的に距離を隔てて眺めてゐるやうだ」という。一方黒白子（「『破戒』を評す」『新潮』明39・5）は「和《やさ》しい作者の同情が緩やかに、胸の中へ流れ込むやうで、弱々しい主人公の丑松の傍に、始終作者が後見になって人々に訴へてでも居るやう」だという。作者の丑松に対するこうした「態度」について、後年中村光夫は、風葉の『青春』では「作者が主人公を上から見下してゐたに反して、『破戒』の作者が主人公と同じ悲哀を呼吸して」いる、その作者と主人公の「距離の近さ」に言及して、これは藤村の「人間造型力の稀薄さ」によるもので、藤村は「肝腎の人物を「ヴィヴィッド」に浮きださせ、躍らせる作家的想像力はほとんど欠いてゐた」[5]という。そして『破戒』を「近来の大作」とした抱月（「『破戒』を評す」『早稲田文学』明39・5）にしても、「性格描写は感服するほどでない。……寺の細君、おしほなど、作者が説明に力めてゐるに拘らず、類型の域に迄も達して居なくはあるまいか」といい、「所々に散見する心理的描写は概して説明的」だという。たとえば、

「暗い楼梯《はしごだん》を下りて、北向の廊下のところへ出ると、朝の光がうつくしく射して来た。……就中、脆いのは銀杏で、梢には最早一葉の黄もとどめない［〈情況〉ないし〈ともにある〉］。丁度その霜葉の舞い落ちる光景を眺めながら、廊下の古壁に倚凭《よりかか》って立っているのは、お志保であった［〈ともにある〉］。丑松は敬之進のことを思い出して、つくづくあの落魄の生涯を憐むと同時に、またこの人を注意して見るという気にも成ったのであ

る［〈全知〉］」。

というように、〈ともにある〉視点や〈情況〉の視点もときに見られるにせよ、これはごくみじかい章句にかぎられており、丑松の内面についてもまれに〈密着〉の視点に近づくにしても、基本は〈全知〉の視点、それも中村のいうように、『青春』の俯瞰的な〈全知〉ではなく共感的な〈全知〉ではありながら、抱月のいうようにあくまでも説明的な記述に終始している。それゆえ森田草平（羚羊子「「破戒」を読む」『芸苑』明39・5）は、「著者の人物は著者の口を借りて物を言ってるやうである、皆著者に似たやうな事を云ふやうに思はれる」といい、「其結果は往々にして抒情詩的に成った」というのだが、要するにこれらの批評家は『破戒』全編を支配する〈全知〉の語りに、作者が語り手と一体化する抒情詩のように、主人公に同情を寄せる「作者」の口吻を聴きとったのである。

この、主人公に対して同情的だがつねに距離をおいて冷静な〈全知〉の視点による説明的な描写は、明治四一年に『東京朝日新聞』に連載された『春』でも変わらない。これはすでに第四章でふれたように、『文学界』に集まった同人達をモデルにした藤村のいわゆる自伝的小説で、藤村自身も「岸本」として登場し、それまでほとんど忘れられていた透谷（「青木」）に、明治文学史におけるロマン主義の先駆者という誤った評価をあたえるきっかけになったものだが、これについても孤島（「近頃読んだ小説」『秀才文壇』明41・8）は、「何うも情のうつるやうな面白い所がない。……筋書でも読んで居るやうだ」といい、天渓（「「春」を読む」『太陽』明41・12・1）は、著者は「離れ過ぎた位、遠く離れ、冷然として、過去を描写してゐる。……子は全然傍観者として書いてゐる。されば其の筆端には同情がない。……藤村子の方法は、同情的でなく、説明的である。……併し説明が勝って、人物其の人の上に思想感情の変転する様を見ることの出来ぬ憾みがある」という。明治四三年の『家』についても徳田秋江（「文壇無駄話」『読売新聞』明43・1・16）は、「「家」は、落着き払ってゐる。……「家」に、殆ど、表はれたる感情なし」という。これは晩年の大作『夜明け前』でも変わらず、まるで詳細な日誌か年代記のようで、わたしなども読んでいて退屈で、途中なんどか投げだしそうになったのを覚えている。

『破戒』とおなじ明治三九年三月には独歩の短編集『運命』がでて、独歩はにわかに自然派の代表作家と目されるようになる。もっとも中島健蔵によれば、独歩が自然主義文学の作家のひとりにかぞえられたのは「酒中日記」（明35）、「女難」（明36）、「正直者」（明36）、「運命論者」（明36）などに見られる性欲描写のためで、これは「取り立てていうほどのものではないが、実は、この程度でも当時としてはかなり大胆な表現と思はれ、それ故に自然主義的と認められたという裏があった」[6]という。とはいえすでに見たように、明治三八年に『独歩集』がでた時点の独歩は、白鳥（剣菱「「独歩集」を読む」『読売新聞』明38・8・2）が「家庭小説流行の今日人気がないのは無理はない」というように、なお無視されたままであった。それゆえ市野虎渓（「文芸時評」『早稲田学報』明40・2）は明治四〇年の時点での独歩評価について、「今日この頃の独歩でもないに、急に褒《ほめ》て立てられ、担ぎ上げられ祭り込まれて、氏自身からも狐に憑まれた様な心持がするかも知れぬ」という。じっさい『運命』に収録された「酒中日記」や「運命論者」にしても『独歩集』の諸作とほぼ同時期に発表されたもので、まず『運命』が世間にもてはやされたというのも、それがたまたま、天外や風葉など、それまでのゾラ的な自然主義とはことなったあらたな自然主義流行のきっかけとなった『破戒』の出版と重なったという事情によるものなのだろう。それゆえ白鳥（「文芸時評」『読売新聞』明39・10・10）のように、『運命』とくらべて「「独歩集」の方に傑作多しと思へり、「運命」のみが世間に騒がれるのも訳が分らず」というのも当然である。また角田剣南（「時文観（去年の作品）」『日本及日本人』明40・1・1）は、時文を論ずるものは独歩の作品を「藤村子の破戒、漱石子の諸作と共に、新に在来の文壇よりも別方面に於て名を有したる如しと見、また一の新声を与へたるものとせるは、近眼にして健忘なるも甚しといふべし……十年前の新声が十年後に於て新声あることを認めらる……文壇のしかく進歩したることを喜ぶべし」という。白鳥（剣菱「「独歩集」を読む」『読売新聞』明38・8・2）は、独歩の「何故に自然を愛する心は清く高くして、少女（人間）を恋ふる心は「浮きた心」、「いやらしい心」、「不健全なる心」だらうか」（「湯ケ原より」）とか、「諸君は何の権威あって……「若い時は二度はない」と称してあらゆる肉欲を恣ままにせんとする青年男女の自由に干渉し得るぞ」（「湯ケ原より」）という主張について、老成人はなんらの興味ももたないかもしれないが、「単調平凡の生涯がいやで堪らぬ青年は、一読して少しは胸が透くやうな感じがするであらう」という。いずれにせよ、たんに性欲描写だけではなく、本能的欲望をも人間的なものとして肯定する独歩の立場が、当時の文壇の潮流のなかで自然派と受けとられた理由だろう。天弦（「新刊の小説」『東京日日新聞』明39・5・14）は、『運命』にあらわれた思想の特色は、運命に「牽《ひ》き着けられ若しくは威圧せられてゐる人間の脆さ、弱さの感じ」と、これがもたらす「一種の頽敗的傾向を帯びた萎靡《いび》［活気がない］沈滞の感」にあるといい、「大きくいはばこれも世紀末《フワン、ド、シエクル》の人間の、思想感情の片影を示してゐるともいひ得やう」というあたりは、のちに見るように花袋の自然主義とはことなった、早稲田派に特有の自然主義、いわゆる新ロマン主義と通底するような自然主義が認められる。

　独歩自身は明治四〇年の『日本』（10・14‐16）に「余と自然主義」を掲載して、自分は「評壇から自然主義を奉ずる人と目されて居る」が、そもそも自分の短編集所載のほとんどは明治三〇年ごろより三六年末までの作であり、またみずから「自然主義を唱へてこれを公言したことも私語した事もない」という。さらに四一年二月の『早稲田文学』に掲載された「不可思議なる大自然（ワーヅワースの自然主義と余）」では、自分は「徳川文学の感化も受けず、紅露二氏の影響も受けず、従来の我が文壇とは殆ど全く没関係の着想、取扱、作風を以て」作品を制作したが、その本源はワーヅワスだといい、もしも抱月（「文芸上の自然主義」『早稲田文学』明41・1）がいうように、「主義と名のつかぬ自然主義は早くイギリスのワーズワースに端を発し」たというのが事実なら、自分もその流れを掬んだといえようが、わが文壇にいう「自然主義と、ワーズワースの自然主義とは余程相違があるやうである」という。花袋（「国木田独歩論」『早稲田文学』明41・8）にしても、「女難」と「正直者」とは「明治の文壇に於ける最初の肉欲小説である」が、独歩には肉欲を「汚ないと排斥する態度」はなく、この点で肉欲を「汚ないもの、恥づ可きもの」として描く風葉らのゾラ的な自然主義とはちがうあらたな自然主義に属するものとするのだが、一方でそこにはなお「一種のモーラルトーン」があって、それが独歩の作品は「聊か古いとか、ロマンチックだとか」思わせもし、また独歩自身が「自分は自然主義者ではない」という所以もあるという。だがこのことは、当時のわが国における「自然主義」という概念それ自体の曖昧さ、両義性を物語るものである。

3　自然主義論争

田山花袋は明治三四年五月の「野の花」序で、当時の天外、荷風らのゾライズムに呼応する自然主義的な態度をつぎのように表明している。

「作者の些細な主観の為めに、自然が犠牲に供せられて居るのは、今の文壇の到る所の現象で、明治の文壇では大きい万能の自然が小さい仮山《つきやま》の様なものに盛られて、まことに哀れにいぢけたものに為って居るではないか。……明治の文壇も何うか今少し色気が無くなって、人性の秘密でも、悪魔の私語でも、勝手次第に描くやうになって欲い」。

この小説は、文科の学生が故郷にいるお染という少女に恋していて、こんどこそは打ち明けようと帰郷するが果たせずにいるところに、幼なじみのお秀が自分を好いていることを知って動揺し、「悪魔の恐しい誘惑の前に立ってゐるやうな心地」がして煩悶するが、結局お染は肺病で死にお秀は婿をとるが不幸で、「悲しいのは運命！」との詠嘆でおわっている。全体は、主人公の学生がそのなりゆきを「成たけ他人の事を観察したやうな心で詳しく話して見やうと思ふ」というように、一人称〈全知〉の視点による懺悔談のようなもので、白鳥（「花袋作「野の花」』『読売新聞』明34・7・1）は、序文には「至極賛成であるが、野の花がその叙文にかよへるか否かは疑問である。……此作もどうやら大きい万能の自然が作者の手細工で小さい仮山の様なものに盛られた一例ではあるまいか。……到る所「運命はあの雲のやうなもの」とか「運命ほど悲しい物があらうか」とか、よるとさわると運命をかつぎ出してゐる」と批判している。これに応えて花袋は「作者の主観（野の花の批評につきて）」（『新聲』明34・8）で、白鳥は「理想を没し、主観を没せんとしたがる」逍遙率いる「早稲田一流」の立場から、「作者の小主観なると自然の大主観なるとを問はず」主観を排すると反駁している。ここにいう「自然の大主観」とは個々人の主観の根底にある「大主観」、したがって人間に共通普遍の「自然本性」をいうのであろうが、そうだとすれば花袋のここでの逍遙批判は、鷗外同様、その没理想を無理想と誤解したものである。花袋はさらに、柳浪、天外の「極端なる写実主義」すなわち「前の自然主義」に対して「所謂後の自然主義」が生じたが、その「所謂主観的運動」は「深秘なる人性の蘊奥《うんおう》［奥底］を捉へん」とする点で「自然主義と神秘主義の一致とも言ふべし」というが、この自然主義を前後にわかつやり方も『審美新説』を踏まえたもので、どうやら花袋はここで「後の自然主義」をもちだすことで、自分の作が主観的であるとの批判に対して弁明しようとしたものらしい。だが明治三七年『太陽』（2・1）に発表した「露骨なる描写」では花袋は、一九世紀「泰西の革新派」は「何事も露骨でなければならん、何事も真相でなければならん、何事も自然でなければならん」と叫ぶが、それは描写が修辞や技巧によって粉飾されたり理想化されたりしてはならないという、自然主義における排技巧の主張で、いまの明治小説が「鍍小説《めつき》」を脱してこの方向にむかうようになったのは「わが文壇の進歩」であるという一方で、ここでは「後の自然主義」すなわち新ロマンチシズムに対して距離をおいて、「日本の新ロマンチシズムも今少し自然主義と交渉する所があっても宜い」というのである。『破戒』が出版された明治三九年三月には花袋は雑誌『文章世界』の主筆となって、以後これを舞台にさかんに自分がめざす「客観的」自然主義の理論を発表する。

一方で『早稲田文学』は、抱月が明治四〇年三月の「思ひより」で、天外らの写実が「表面的な写実」であって、これがようやく飽かれるようになってこんどは「しっくりと内的経験に接近した写実」、すなわち「真の自然派の精神」がこれに代わろうとしているというのを皮切りに、さかんに自然主義擁護の論陣を張る。このように明治三九年以後、四二年あたりを最盛期とするわが国の自然主義理論を先導したのは、花袋の『文章世界』と『早稲田文学』とである。ここで注意しなければならないのは、抱月が「思ひより」ですでに「自然派傾向の傍に相接して存し得べきものは、哲学的、乃至神秘的感味といふ意味に於いてのローマンチシズムではないか。吾等は素直なる自然派の興隆を喜ぶと共に、之れに右の如きローマンチシズムの配色明かなるものをも喜ぶ」というように、花袋の「客観的」自然主義とはことなって、早稲田派のそれは、すでに指摘したように「ゾラ時代の写実主義」すなわち客観的な「前の自然主義」にあきたらずして勃興した「後の自然主義」、すなわち主観的な新ロマン主義への傾きを示していることである。抱月は明治四〇年六月の「社論　今の文壇と新自然主義」(『早稲田文学』)では、自然主義はその技巧無用論によって事象を忠実に描く「写実的自然主義」にとどまらず、作者が私念を去り我意を消した「無念無想」において我れと自然とが相感応し「物我融会」することで、そこに自然の事象の全景を映しだすというものでなければならないとして、これを「新自然主義」ないし「純粋なる自然主義」と呼ぶ。天弦(「無解決の文学」『早稲田文学』明40・9)も、柳浪らの「観念小説または傾向小説」が結末にあたえる解決は「日常実用の道徳」にしたがうものだが、自然主義はそうした通常道徳によっては「到底解決すべからざる人生根本の疑惑、恐怖、痛苦、哀傷等」を自然の事実として、これを「さながらに表現して、濫《みだ》りに解決を求めざるところに……痛切なる嗟嘆の声を聞く」といい、ここまではゾラの、作者はみずから「結論をあたえてはならない」という主張とおなじといってよい。だが天弦はさらに、これら「不安苦痛の念を絶したる至妙の一境に赴き、そこに何等か最後絶対の解決を得んとするが、又実に人心至極の要求」であり、「自然派の問題的文芸に次いで興るべきは、かくの如き要求に応じ若しくは応ぜんとする特殊最高の文芸」だという。その一例として天弦は、「かの所謂表象主義［象徴主義］」をあげて、それは「求めて遂に求め得ざりし最後の解決を神秘不可思議の一境に委ねて、姑《しばら》く不安と痛苦とを忘れんとしたるもの」だというのだが、ここにも早稲田派の自然主義の新ロマン主義的傾向を見ることができる。

明治四一年五月に抱月は「自然主義の価値」（『早稲田文学』）という長大な論文を発表する。抱月は、自然主義は「純客観」を唱えるのに対して、世間一般にはそもそも「全く主観の交らない作品といふものがあり得るか」との批判があるが、これを論じるにはまずは主観客観の意味をあきらかにすることが必要だという。抱月は、自然主義のいう主観を排した「無念無想」というのは、「対象＝客観」に対する利己的な関心に立つ主観を排除し、また対象と同化し感情移入してこれに没入する「美的情緒（Aesthetic emotion）［美的感情］」に執し、あるいはロマンチシズムのようにこれを誇張することで「自然の真を打破する」主観の偏りを排除することだという。これに対して真正の作品経験とは、一方で対象に没入する「美的情緒」と、他方で現実世界の「対象＝客観」についての醒めた意識と感情とが同時に存在する「全体感情、混合感情とでも解すべき一種の印象」にもとづくとして、これを「美的情趣（Aesthetic mood）［美的気分］」と呼ぶ。そして抱月は、どうやらこれを自然主義の、もっぱら対象に没入しとらわれた主観を排する「純客観」の立場だといおうとしているらしいのだが、じっさいにはこれは第四章で見たハルトマンのいわゆる「感情混合」論であって、フィクションの美的経験一般の問題ではあっても、とくに自然主義を説明するようなものではない。抱月はまた、「成るべく実験［実体験］に近似」し「直接間接の実験に導かれて事柄がおのづからの如く開展する」のを「片端から直写して行く」のが「排主観といひ、排技巧といひ、無思念といひ、描写の自然」という「客観的芸術の極処」だというのである。

だがこれに対して宙外（「自然主義の無特色」『新小説』明41・7）は、「自然の真を無上に尊しとする」自然主義の主張からすれば、抱月が「成るべく実験に近似して自然と思はれる方式に展開せしめ」といい、「直接間接の実験に導かれて」というのは、「田山花袋氏などの「偽らざる情を写せ！」と絶叫する主張や、「人生根本の悲哀痛苦を愬《うった》ふる外、自然派文学に何の意味があらう」と声を嗄《か》らして呼号した片上天弦氏」らの熱烈な主張に比して、いかにも「逡巡的微温的」であるという。そしてこの「成るべく主義、思はれる主義」は「在来の写実的傾向を有した作者は何人も奉じ来った所の径路であり、方式であって、特に新しく説くの要を見ぬことである」と批判するが、これはまことに正当な批判である。宙外はまた、「とくに怪むべきは、主観論と密接に聯絡して起るべき問題即ち「想像」の此の主義に於ける位地、及び価値如何の問題」に抱月が一言も触れていないことを批判して、抱月は花袋のように「排空想、排想像説」なのかと問うている。抱月はまた、自然主義の内容ないし目的についても、ここにいう「自然」とは「曰はく社会問題、曰はく科学、曰はく現実」であり、その「実際的意義が真」と呼ばれるが、自然主義はこの「自然の真」——たとえそれ自体が醜であろうと——をとりあげて、それが文芸であるかぎりで「快楽と相擁し以て美の要求を全うせんとするもの」だという。そして世間は往々にして「審美上の醜と道徳上の醜とを混じて道徳上の醜悪を描くことが直ちに美を超越するものと考へる」が、それは誤りだともいうが、これはいかにも「悲劇の快」および同系の「醜の美」という問題を意識せざるをえない美学者らしい議論である。それゆえ天外が、ただ「自然界の現象」を描けばよく「読者の感動すると否とは詩人の関する所で無い」といい、荷風が「祖先の遺伝と境遇に伴ふ暗黒なる幾多の欲情、腕力、暴行等の事実を憚りなく活写せんと欲す」というのにくらべれば、抱月には宙外が「何となく穏健に見ゆる所に学者の本領を発揮し得てゐる」と揶揄するような面が見られるのも事実である。抱月はさらに、従来の理想主義、写実主義が自然、現実の裏面を押し隠した人生を描いたのに反抗して「隠れた半面を大胆に暴露し、以て真実な全人生と触面せしめる」のが自然主義で、そのかぎりでは自然主義は、その描く内容にかんして「全く無條件主義である。在りのまま主義である」し、また「無解決無理想主義」であり、要するに「現実である限り選り好みをせぬといふ一句に盡きる」といい、自然主義は「隠れた所をも描くという外、写実主義と何の相異する所も無い。写実主義の眼界が広まったといふに止まる」という。だがこの点についても宙外は、そうだとすれば在来の写実的傾向を有する作風や写生文のようなものと「自然主義文学との異る点は何処にあらう。自然主義の自然主義たるところは毫も発揮せられてゐない」と批判する。じっさいには「現実である限り選り好み」をせず「隠れた所をも描く」という点に、従来の写実主義に対してゾラ的自然主義が拓いた新境地の一面はあるのだが、すくなくとも天外や荷風のゾライズムにはじまるこの時点でのわが国の自然主義にかんするかぎり、従来の写実主義とどこがちがうのかという宙外の批判も当たっているといわざるをえない。抱月自身は自然主義において「写実主義の眼界が広まった」という点にかんして、従来のいわゆる「理想や解決」はなお低く浅く相対的で、「其の奥に更に最後絶対のものを求めて、直接之れを揣摩《しま》〔推量〕せんとする所に自然主義の新生命は湧くのでないか」という。作品を読み終わってさまざまな人生問題に思いを馳せては「何れにも満足するを得ず、無限に欣求の情を恣にする」とき、われわれはその心の活動につれて「無限の快味を感ずる」。それゆえ抱月は、「自然主義の文芸は我等を宗教の門にまで導く」といい、これは「クラシシズムの形式観に反抗して起こったロマンチシズムの特色であって、それが自然主義にも伝はったと見られる」というのだが、ここにも早稲田派の新ロマン主義的傾向ははっきりと見てとれるのである。

4　花袋の描写論

自然主義が唱える、ありのままの人生を「純客観的」に写すということが、写実主義とどうちがうのかをはっきりと定義しようとすれば、それがありのままの人生を「いかに描くか」という、たんなる雑報記事や歴史叙述や医学的所見とはことなった芸術であるかぎりでの、その「技法《アート》」を論定する必要がある。明治三九年の時点で『新潮』記者（「最近の小説壇（一）（藤村と天外）」明39・6）は、ゾライズムを「大陸では最う顧る人もない旧式の主義」だといい、いまや「奔放な世紀末思想の影響」のもとで「皆耳を傾けて「内的生活《インナア、ライフ》」の声を聞く事を求めて来た」という。そのような時流にあって、自身も「真の人間を描く点では、ゾラも晩年はもう不可ませんね、モウパッサンの晩年の作は慥に拵へものが多いです」（「事実の人生」『新潮』明39・10）といいながらも、ゾラ的自然主義の「純客観の作品」をなお愚直に追求したと思える花袋にとって、問題は現実の人生を「ありのまま」に、修辞や技巧を弄さず「客観的」に描くにはどうすればよいかという「描写論」である。花袋が客観的描写に執拗にこだわるのも、「涙もろいこの作者の筆」（虎渓「無腸録」『中央公論』明35・10）といわれつづけて、明治三九年になっても与謝野鉄幹（「五月の新聞雑誌」『明星』明39・5）が、「田山花袋氏が文章の技巧過重を批難したるは善し。これは多年氏自ら技巧過重に病みたるよりの懺悔ならむ」と揶揄するように、花袋自身もこの自分の弱点をなんとかしたいという思いが痛切だったからだと思われる。花袋は「事実の人生」で、「小説を書くには、実際自分が遭遇した事とか、親しく関係した事とか、モデルがある方が好いでせう」といい、「事実を骨子として書いたものなら、例令《たとひ》其作品は失敗の作であらうと、其所に動かし難い、「事実」と云ふ点がある、事実の人生が顕れて居る」という。そして『重右衛門の最後』（明35）も、「那通《あのとお》りの事があった」のをそのまま書いたのだというのだが、明治四一年になっても天弦（「田山花袋氏の自然主義」『早稲田文学』明41・4）は花袋の小説について、「静かに客観して描き出すのがまどろこしくなって来ると、遂に手短かに説明したり、乃至は独りで感歎してしまふ」と批判している。

花袋は『美文作法』（明39）の第四編を「小説作法略」に当てているが、ここで花袋は自分が観察した「ありのまま」を「正しく詳しく描写」するには、初学者はまず「正岡子規一派の人が唱へた写生文を盛に研究して見れば好い」[7]といい、それができるようになれば「そろそろ内部の観察にかかって宜しい」という。それゆえ写生文はまずは事物の「外形」を写すリアリズムの文体として、あくまでも文章修行のレベルで推奨されていて、これを体得した上で「内部の観察」すなわち人物の内面の描写にむかうべきだというのだが、ここではただ、それは「実にむづかしいもの」だというだけで、それ以上の説明はない。だが花袋にとっての大問題は、この「内部の観察」にある。「写生といふこと」（明40）でも花袋は、「写生——単なる写生は何うしても描写式になる。画で書くやうに、唯見たままを平面に写す。だから、作者（観察者）の感情は少しは言へるが、書いてある人物の腹の中は書けない。書くと不自然になるやうな気がする」という。前章で指摘したように、花袋は子規の写生文にある〈ともにある〉視点による内面の動きの描写についてはまったく理解していない。「見たままを平面に写す」描写式では書けない「人物の腹の中」すなわち人間の「立体」をどう描けばよいのか。これについて花袋は藤村の「黄昏」（明40）の一節を例にして、つぎのようにいう。

「『日の暮れる頃、二人は切通坂を下りて』云々の一句は平面描写だが、『相愛する心に相厭ふ心が一緒になって』の一句はさうでない。天外氏などの平面的描写式から言と、かういふのは拙い、不自然だと言ふだらう。……けれど此説明、これが立体的写生の処で、この説明が作者の小さい主観ではなしに、二人の男女の心地としっくり合って居る。……つまり作者がいろいろと二人の外部内部を観察して、そして築き上げた正しい描写であるのだ。かういふ風な説明は西洋にはいくらもある。自然派には殊にこの説明的描写に注意して居る」（「写生といふこと」）。

だがここにいう「立体的写生」は他者の内面の観察だとしても、作者自身の実験による写生ないし描写ではありえないから「説明」であり、またそれが作者の「小さい主観」による恣意的な意味づけではなく「二人の男女の心地としっくり」合った、したがって人間に共通普遍の自然本性についての「正しい観察」にもとづくとしても、それはやはり説明でしかない。それゆえ花袋は「説明的描写」という、それ自体矛盾した語を使わざるをえない。花袋は「小説作法略」で、「ゾラはエキスペリメンタル・ノベルと言った。自分で経験して、経験の出来ぬ処は試験で遣って見ると唱へた」というが、ここにいう「試験」とはおそらく、他者の内面のように「自分で経験」できないものをある種の想像によって推測することをいうのであり、そしてこれを花袋は「説明的描写」だというのだろう。

8 花袋のいう「試験」は、鷗外がゾラの「実験（エキスペリメンタル）」をそう訳したからそれにならったのだろうが、もちろん花袋はゾラの実験小説論を完全に誤解している。ゾラのいう「実験（試験）」が、現実世界でみずから経験し観察した事実の解釈と推理によって一定の仮説を構想し、仮構された「ある特定の物語」のうちでそれが仮説どおりの結果になるかを見ることをいう以上、小説はどうあっても想像的推論を必要とするし、それ自体ひとつの実験である作品はそれ自身のうちに、因果論的決定論にしたがう結論をふくむというのも、花袋らのいう「無理想無解決」というのとはまったくことなっている。ともあれ、これ以後の花袋の実作上の、また理論上の試みはあげて、「内面＝立体」の外部からの観察にもとづく「描写」と「説明」、あるいは「実験（実体験）」と想像的・推論的「試験」という解きがたい矛盾をめぐってなされることになる。だが花袋が、作者自身が実験した「事実の人生」の「真」そのままを写そうとする「純客観」の自然主義に他のだれよりも拘泥した、そのかぎりにおいて、おなじく自然主義者と目されながらも花袋ほどにはその点に拘泥しなかった藤村や白鳥、真山青果らとちがって、花袋はこの課題をみずから解決することができずにさまようことになる。

明治四〇年九月に花袋は『蒲団』を発表し、世間はこれを驚きをもってむかえる。それというのも、それが三人称でありながらも、あまりにも赤裸々な自伝的告白小説であったからである。平面写生では「書いてある人物の腹の中は書けない」と考える花袋が、描写対象の「外部内部を観察して、そして築き上げた正しい描写」が可能なのは、まさに作者と人物が、それゆえ「主観と客観とがよく一致」している、実験による自伝的告白小説だと考えたのは自然のなりゆきである。秋江（「『蒲団』合評」『早稲田文学』明40・10）も、『蒲団』は「感情の自然を描け、自己に最も直接なる経験を描け」を「実際に試みられたものでありませう。その芸術上の出来栄へは暫らく措ひて問はず、むしろその勇気が実に文学史上の功業だと存じます」という。しかし『明星』の合評（「同心語　田山花袋氏の「蒲団」」明40・10）では、「痛切とか熱烈とか、切実とかの文字がいくらも散見する割合に、痛切、熱烈、切実の印象が残らぬ事である。……どうも自然派の作物の描写が抽象的に失しはせぬか、余りに説明に趁《はし》り過ぎはせまいか」と批判されている。『早稲田文学』も「「蒲団」合評」（明40・10）を掲載するが、なかでも注目すべきは御風がその技巧について「今迄自叙体に用ひて居た描写の手法を巧に客観の描写に利用して、一種清新な作風を見せた」という点である。ここにいう「自叙体」とは一人称の語りのことであり、この描写の手法を「客観の描写に利用」したとは、これを三人称の語りに転用したということである。天弦も、「作者は作中の人物悉くを三人称によって描きながら、主人公を表面にして、その他の人物事件は殆んど主人公の眼に映り、主人公の感情を浴びたものとして現はしてゐる。形の上には客観的描写式で、作者の態度は主人公の主観的説話式である」というが、ここで「客観的描写式」と「主観的説話式」というのも、「三人称を用ひると一人称を用ひると」のちがいである。だが御風とちがって天弦は、作中の人物事件はそれ自身がおのずから展開するにまかせて「作者はそれ以上に接近して干渉せぬといふ態度が、花袋氏の所謂大主観を含める客観的態度」であるはずだが、「この作に於いては作者は作中の人物乃至事件に接近しすぎてゐる。……主人公と作者との間には殆んど距離」がなく、その結果作者は主人公の立場について「頻りに説明に力めてゐるが、説明だけでは力が足らぬ。……十分に読者の同感を誘ふほどの力がない」といい、「作者がこの題材に対して客観的態度に出でなかったことは作者のために惜しまねばならぬ」と批判する。抱月も、「最も不満足なのは、妻君の描写である。……出てゐる細君はほんの筋を通す道具たるに過ぎぬ。殊に三人の子供もあるといへば、家庭の他の半面が今少しく濃く影を主人公の心に投げかけるべきであらう。此の影が薄いために、心中の苦悶が充分具象するに至らなかったのは残念である」という。花袋にしても、いつも「主観的」と批判されている情況を打開するために、内容は自叙体ともいうべき小説を書くのに、それが主観に流れないようにあえて「客観的描写式」を選択したと思われる。

花袋はすでに『美文作法』（明39）で、主観的描法すなわち「一人称を以て書くもの」と客観的描法すなわち「三人称を用ゐて書く描法」に言及して、客観的描法は「全く作中人物と作者と相離れて居るから、叙述する上には非常に都合が好い」という一方で、「一人称で書く場合にはいくら説明しても不便はないが、三人称で書くときにはこの説明といふことがしっくりはまらない」ので「自然の結果として、三人称で書く小説は平面描写式になって、説明は成るたけ避けるやうに」（「写生といふこと」）なるという。だが『蒲団』は、「形の上には客観的描写式で、作者の態度は主人公の主観的説話式である」と批判されるのである。たとえば芳子が若い恋人を得たのに衝撃を受けて時雄が泥酔して泥の上に倒れて、「一方痛切に嫉妬の念に駆られながら、一方冷淡に自己の状態を客観した。……悲しい、実に痛切に悲しい。この悲哀《かなしみ》は華やかな青春の悲哀でもなく、単に男女の恋の上の悲哀でもなく、人生の最奥に秘んでいるある大きな悲哀だ」と考えるところは、三人称ではあるが内実はほぼ一人称自叙体における内面の吐露という風で、〈全知〉の視点からする反省的で分析的な内面記述ないし説明に終わっていて、瞬間瞬間の心の動きを描写する〈ともにある〉視点の語りによる内面のドラマはほとんど見られない。

そもそも一人称が主観的で三人称は客観的だというのは、第三章で見たようにあきらかに誤りで、三人称であっても〈ともにある〉視点の主観的描法はあるのであって、問題は人称ではなく叙法すなわち「語りの視点」なのだが、この時点ではその認識は花袋はもちろんのこと御風や天弦にもないために、かれらもおなじく人称と主客を対応させる誤りを犯している。花袋は、自分の実験にもとづく告白小説では、作者（花袋）の一人称的主観と、分身である人物（時雄）の三人称的客観とが「よく一致」した「立体的写生」が可能だと考えたのであり、それゆえ花袋のいう「説明的描写」とは三人称の、人物を外から観察する「描写式」の語りでありながら、一人称である「我れ」に帰属する内面を「説明」する方式をいう。じっさい『蒲団』全編を支配しているのは、三人称の「語り手＝テクスト」がもっぱら主人公時雄の内面を反省的、分析的に絵解きしてみせる〈全知〉の視点による説明である。

花袋は明治四一年一月に「一兵卒」をだすが、これについて天渓（「近時小説壇の傾向」『太陽』明41・2・1）は、「其の内面描写に苦心したのは、我が自然主義文学中、多く類を見ぬ点である。勿論、今日まで、心理的小説といふものはあった。併し多くは捏造した心理描写である。……然るに花袋子の作は、極めて自然に、或る意味に於いては、同情なく、構造なく、虚心平気に病める一兵卒の死に至るまでの心事が分析してゐる」といい、ハウプトマンの「使徒」（1890）（小山内薫訳『太陽』明41・1）の「どこまでが外部的事実で、如何なる点からが内的事実であるか、稍不明のほど」に成功したものにくらべれば、そこまでは進んでいないとしても、「内部の描写に着手したのは、自然派文学の上に一新例を開いたものと謂ふべしである」と評価している。「使徒」は宗教的妄念にかられた一青年が、自分を新しい救世主と思い込み、世界平和を人々に告げる夢想に浸りながら、チューリヒ付近の山路を歩き廻る姿を描いた短篇である。なるほど「一兵卒」は、全編主人公である一兵卒の内面に焦点をあわせて、そこから見た外界とそこでの想いとを主として〈情況〉と〈密着〉の視点で描写したもので、『蒲団』よりは進化したものといってよく、天弦（「田山花袋氏の自然主義」『早稲田文学』明41・4）も、「この描写法は正に「蒲団」その他の作に於いても、部分的に用ひられたが、内面から観て内外の二面を悉く現はすといふ、この特殊の描写法を一篇の全部に用ひたのは、描写法の上から作者のために一新領域を開いたものといはねばならぬ。……この作はたしかに又、作者の技巧上一方の頂点を示すものといってよい」と評価している。ところが同年四月に連載がはじまる、自分の母親をめぐる家族の生活を描いた『生』については、孤島（「近頃読んだ小説」『秀才文壇』明41・8）が

「「生」は初の中は大分面白さうだったが、此の頃ではもう読む気がしない。矢張自分の一家のことを書いてゐるらしいが、此の人の筆には少しも取柄がない」というように酷評するものもいる。これに弁明するべく、明治四一年九月に花袋は「「生」に於ける試み」（『早稲田文学』）を発表する。ここで花袋は「私なんか初め、兎角主観に煩ひされ易くて困る、どうかしてもそれが脱したい、つまりその努力から今度の「生」を書いて見た」といい、あらためて「たんに作者の主観を加へないのみならず、客観の事象に対しても少しもその内部に立ち入らず、又人物の内部精神にも立ち入らず、ただ見たまま聴いたまま触れたままの現象をさながらに描く。云はば平面的描写、それが主眼なのです」というが、花袋はここでいったん採用した内面描写を放棄して、あらためて客観的な「平面的描写」を採用したように見える。花袋は「平面的描写」について、「さう云ふ風に書かうとするにはおのづからそれは印象的《イムプレッシブ》にならざるを得ない」というが、ここにいう「印象的」というのはゴンクールと、その印象描写を徹底したドイツの徹底自然主義派を想定したもので、どうやら花袋はこれに影響されたらしい。天弦は「印象派の小説」（『早稲田文学』明41・7）で、ゴンクール兄弟の『ジェルミニー』の序にいう「純客観的に写すのではなくて、作者の主観に與へた印象だけを取りだして見せる」描写について、「この場合の主観は、主として感覚的の主観だといい、花袋が「ただ見たまま聴いたまま触れたままの現象をさながらに描く」というのも、作者の感覚的主観に映じた印象を、これに作者の主観による説明や解剖を加えることなく描くことを意味するという。花袋自身は明治四四年四月『早稲田文学』の「描写論」で、「梅が咲いてゐる」というのは「主観的」な認識判断だが、「白く梅が見える」はかれのいう意味で「客観的（印象的）」な描写であり、これによって「いくらか描写の気が出て来る。吾々の前に咲いて居る梅の状態を分明と眼の前に見えるやうになって顕はれて来る」という。花袋はまた「かれは雨戸を閉めた」「波の音がした」に対しても「雨戸を閉める音が聞えた」「波の音が聞えた」を「客観的〈印象的〉」描写としている。これはわれわれのことばでいえば、もっぱら感覚経験に限定されているとはいえ、〈ともにある〉視点の語りといってよいものだが、この「印象」を「作者の主観を加へない」客観的描写だというのは、いかにもまぎらわしい語法である。それゆえ漱石は「客観描写と印象描写」〈『東京朝日新聞』明43・2・1〉で、印象はかならず「だれかの印象」であって、「自分の頭に映る花が赤いと迄は誰も一致するが、此赤い花から受ける心持はめいめい違ってゐるかも知れない」と批判している。

ともあれ『生』の〈全知〉の語り手は、ほとんど主人公である時雄の側に立つ『蒲団』とくらべて、花袋自身をモデルとする銑《せん》之介にかたよりつつも、ときに老母をとりまく家族たちそれぞれの側に立つこともあり、この意味で根岸泰子のいう「多元視点性」をもつといえるが、根岸もいうように「おのおのが他の作中人物を〈見る〉ときのあり方は比喩的にいうならきわめて浅彫りの表現」であるために、「そこには相互の関連系〈対自・対他認識の全体図〉の不一致・矛盾から生ずる劇的〈ドラマチカル〉な認識上の葛藤は、作中人物相互にとっても読者にとってもほとんど存在しない」[9]。明治四一年一〇月から連載がはじまる『妻』では、前半は主として妻であるお光の立場、後半は主として夫である勤の立場で語られているが、根岸はここでも「相互に揺るがし合うほどの葛藤は引きおこらない。その点で「生」と基本的に同じ構造をもつ」という。いずれにせよそれが「浅彫り」だというのも、『生』にせよ『妻』にせよ、『蒲団』同様、ほとんどが〈全知〉ないし〈情況〉の視点の語りに終始し、より深く個々の人物の内面にはいりこんで「内面のドラマ」を可能にする〈ともにある〉視点の語りによる物語構成、近代リアリズムの叙法にいぜんとして花袋が思いいたらないためである。

明治四二年一月の「藁」では、花袋は「其眼と耳と心の複雑したままを平面的に描いて見やうと思った」（『小説作法』明42・10）というが、ここで「心の複雑したままを平面的に」描くというのは、『生』における「ただ見たまま聴いたまま触れたままの現象」の感覚印象にとどまらず、さらに「空想、情緒、煩悶と云ったやうな内面の心理」をも、「眼に見えた外物を写すのと同じ行き方」すなわち「普通の平面描写で解剖的に」描くやり方で、それはハウプトマンの「使徒」がモデルだという。天渓が「どこまでが外部的事実で、如何なる点からが内的事実であるか、稍不明のほど」に成功したというのはたとえば、

「彼は偶《ふ》と四辺《あたり》を見廻した。誰か他に眼の覚めて居る人間があって、自分を見ては呉れまいかと。然し人影は更になかった。又例のしゃべる声が聞えて来た、――耳の中なのだか、頭の中なのだか解らない〔〈ともにある〉〕。――二三週間前から是が彼を苦しめて居るのである〔〈全知〉〕。是はきっと血の循環する音だ。走ったり働いたりすれば、必ず血液は迅速に循《めぐ》る〔自由間接話法による内的思考、〈ともにある〉〕」（小山内薫訳）。

というように、三人称〈ともにある〉視点の語りによる内面描写である。これを花袋は、「三人称と一人称の綯《な》ひ交ざった、即ち平面描写と内部叙述の巧みに交錯したもの」（「描写雑論」『早稲田文学』明42・10）という。この「三人称＝平面描写」と「一人称＝内部叙述」というのはあいかわらず人称と叙法の混同だが、それでも三人称〈ともにある〉視点の語りに言及したものと考えてよいだろう。花袋はまた「上手になれば一人称で書く長所と三人称で書く長所とが渾然と一致して、平面立体共に残すところがなくなると思ふ。私は此意味に於て、ツルゲネー

フの作を嘆賞せずには居られぬ」（「写生といふこと」）といい、ドストエフスキーの『罪と罰』も「一人称であるべくして、三人称小説となって居る」[11]というが、これも三人称〈全知〉の視点と、それ自体一人称的な意識主体である個々の人物と〈ともにある〉視点とが「渾然と一致」した混合体という、近代リアリズム小説の定型に、それとはっきり意識せずに言及したものである。ともあれ「蘗」は、たとえば「おいおいと呼ぶものがある。［女が］振返って見ると、……其処に、女の曳いて来て置いた車の傍に、前の夫の指物師が見すぼらしい姿をして、立って、手招きをして居る」というように、「眼と耳」の感覚印象を、女と〈ともにある〉視点で書いており、その「心」についても「話は聞かずとも解って居る［自由間接話法］。……意気地のないのが厭な気がしたが［〈ともにある〉］、まさかに黙って知らぬ顔をして、放って置く訳にも行かぬので［〈密着〉］、女は抜き懸た大根を其儘にして、其処に行くと［〈全知〉］」というように、〈ともにある〉視点や〈密着〉の視点による内面描写は見られる。だがこれもごくみじかい習作をでず、これで長編の全編を構成することは、やはり花袋にはできない。

明治四二年一〇月の『田舎教師』では、ふたたび作全体を描写の「一形式で押通さうとつとめて見た」（「描写雑論」）という。花袋はモデルである教師の住んだ村を通り、勤めていた学校にも行くことで、「こんな場合には彼は斯う感じたであらう、斯う思ったであらう」と彼が持った心持がハッキリ解ると信じられた」というのだが、にもかかわらず花袋は「斯う言ふ場合に或人は想像《イマジネーション》を許していい、また許さねばならぬ、と言ふが私には其所で然う思切りは付かない。想像を許したくない」といい、「そんなら我れ以外の人間や物象の細かいサイコロジイを何うして探るか」というに、あいかわらず「実験と観察とに依り作者の主観を鋭敏にする事である。……この修練が積みさへすれば対象の微細な――類型的でない個性的な心理までも見破れると信ずる」というのである。これに対して安倍能成（「十月の評論」『ホトトギス』明42・11）は、「こんな場合には彼はかう感じたらう、かう思ったらう」という主人公の気持ちがわかるという「心理作用其者が想像であることに気付かぬのは迂闊《うかつ》である」というが、これは当然である。明治四四年四月の「描写論」では花袋は「単なる想像ではなく、事実を背景にした想像」を強調するが、いずれにせよそれが「想像」であることに変わりはない。そして白鳥（「『田舎教師』合評」『読売新聞』明42・11・7）は、『田舎教師』は「彼の平生称《とな》へてる平面描写が何処までやれるかの試験となった。……一体此描写法で全部が完全に出せるかと云ふに決して然らずだ」という。

このように花袋はうすうす、近代リアリズム小説の叙法について気づいていながらも、ついに人物の内面を作者が要約的に説明することなく、その見たまま、感じたまま、考えたままを描写する叙法を、つまりは「技巧《アート》」を体得できなかった。その主たる理由は、明治四二年六月の『小説作法』になっても「複雑した、しかも形のない、変遷極りない心理を離れた態度で書くといふことは、一通の明確な頭脳では中々出来ることでない」というように、花袋がついに内面の心理を「離れた態度で書く」という、かれの理解した自然主義の教条にとらわれているからである。そしてもうひとつの理由は、人物の内面を推しはかる作者の想像をあくまで作者の小主観として排そうとする、これまた花袋がとらわれた教条のゆえである。

5　「視点」と「態度」

花袋がついに理解し体得できなかった叙法つまり「語りの視点」の問題を、おなじく十全に理解したとはいえないまでも、すくなくともはっきりと意識してそれを名指したのは、明治四二年三月『早稲田文学』の「小説月評」における中村星湖である。星湖がとりあげる吉江孤雁の「谿《たに》」（『趣味』明42・2）は小説ではなく、白馬山麓の雪に埋もれた寒村の光景や生活を描いた紀行や随想というべきものだが、星湖はこれを評して「作者の見方が少し混雑しては居まいか、例へば書き出しの雪に降り籠められた暗い家の姉妹の問答で始まって居るならば、あれでずっと押し通して貫いたかった。一度に一年中の事を書いて了はうとした為めに、作者は始めの見方から急に位置を変へたのであらう」という。ここで「姉妹の問答で始まって居る」というのは、

「「寂しい晩だね」と年下の方がいふ、
「ああ、戸外《そと》は吹雪のやうだね」、とも一人が言ふ。そして耳を立てて戸外の物音を聞くやうにする。今迄《いままで》静寂《しずか》に降ってゐた雪が、風が加はったかして、さつ、さつと蔀《しとみ》の外の藁にあたる音がする。……」

というように、三人称〈全知〉ないし〈情況〉の視点の語りである。ところが星湖が「終わりの方で「自分が」と作者自身を出した所があるが、断りが無いから、余りに突然のやうな気がする」と指摘するように、「自分の立ってゐる姿も雪の上へ映つる」とか「自分が乗ってゐる此原へも其怖ろしい響が伝って来てゐる」といった一人称〈全知〉ないし〈ともにある〉視点の語りが混在しているのである。それゆえ星湖は、「読者に一貫した感じを与へるには、何所から見、何を透かして見ると言ふ事を始めからきめてかかった方が効果があ［る］だらうと思ふ。さもなければゴッドライクに一切を俯《ふ》する［俯瞰する］態度を取って欲しい」といい、さらに「此作の始めの方は或

物を透して見る態度で、後の方はゴッドライクの態度になって居る」という。ここで星湖はどうやら、「ゴッドライク」すなわち〈全知〉の視点を一人称の「語り手＝作者」が自在に語る態度と考え、「或物を透して見る態度」を登場人物である姉妹の経験に即した三人称の語りの態度と考えているようで、ここにもなお語りの視点にかんする理解は見られない。明治四三年三月『早稲田文学』でも星湖（「二月の小説界」）は水野仙子の「お波」を評して、水野仙子は花袋の弟子だから「作をする場合にポイント、オブ、ヴィウをチャンときめてかかる事だけは特によく教へて貰ふ必要がある」というのだが、ここにいう「ポイント、オブ、ヴィウ」も結局は「作者＝語り手」がそのつどだれの側に立つかという「態度」の問題で、なお語りの視点の問題として理解されているわけではない。星湖は、明治四四年二月『早稲田文学』における花袋『縁』（明43）と藤村『犠牲』（明43）の合評で、「［ク］レイトン、ハミルトンの所謂ゴッドライクの態度」と名前をあげていて、これはハミルトンの『フィクションの題材と方法』[12]（1908）の第七章「物語における視点」を指すが、星湖はこれを早々に読んでいたのである。

西洋でもハミルトンの論文は、「語りの視点」についての理論としてもっとも早い時期のもののひとつといってよい[13]。かれは〈全知〉の視点ないし〈神〉の視点について、唯一これが「心の分析をつうじての人物の描写」を可能にするというが、そのかぎりでかれにとって内面描写はなお、古典的で分析的な内面記述以上のものではない。一方で〈全知〉の視点が「客観的なできごとの語り」に用いられるばあいには「過度の抽象性」におちいる危険があるので、作者はこの〈全知〉の視点を特定の人物に固定し、この人物によってそれ以外の人物の「何が見られ聞かれているか」に限定して語るが、この「制限された全知」にあっては「作者はストーリーを三人称で語りながら、実質的にはストーリーを、あるひとりの行為者（actor）、あるいはなんにんかの行為者の視点から見る」[14]ことができるという。ハミルトンのこの議論を見るかぎり、かれはいずれにしても「絶対的な全知の態度（attitude）」と「制限された全知の態度」という「作者＝語り手」の態度を論じていて、「制限された全知」の意味内実には〈ともにある〉視点の語りと重なるところはあるものの、なお〈ともにある〉視点の叙法が十全に認識されているとはいえない。またハミルトンは、視点を「内的と外的」というふたつのクラスに分類して、これをそれぞれ一人称と三人称の語りにわりあてるという誤りも犯している。かれはまた「選択された視点は、可能であれば、ストーリーの語りを通じて一貫して維持されるべきである」ともいうのだが、星湖が「ポイント、オブ、ヴィウをチャンときめてかかる事」に言及するのも、ハミルトンのこの主張によっている。

　わが国で叙法の問題をはっきりと自覚的に論じた最初は、漱石の『文学論』（明40）第八章「間隔論」である。それは「篇中の人物の読者に対する位置の遠近を論ずるもの」である。「文芸上の真」すなわち「真実らしさ」ないし迫真性の効果のためには、「読者と篇中の人物との距離は時空両間において、他に妨げなきかぎり、接近せしむる」のがよく、時間において距離を短縮する一法は「歴史的現在の叙述」であるが、すでに見たとおり漱石はこれを意識的に、そしてひんぱんに用いている。一方「空間短縮法」は、これまであまり注目されてこなかったが、それは「中間に介在する著者の影を隠して、読者と篇中の人物とをして当面に対坐せしむる」ことをいう。これに二方法あって、ひとつは作者は読者を自分と「同立脚地」に置いて「人物と一定の間隔を保って批判的眼光を以て彼等の行動を叙述」するもので、これを漱石は「批評的作物」と呼ぶ。もうひとつは「著者自ら動いて篇中の人物と融化」することで「読者と篇中人物とは作家を離れて対坐するに至る」[15]もので、これは「同情的作物」である。それゆえ前者はわれわれのいう〈全知〉の視点に対応し、後者は〈ともにある〉視点に対応すると考えても、それほどまちがってはいないが、完全にそうだということもできない。というのも漱石はこの二方法について、これは「実に作家の作物に対する二大態度を示すもの」だといい、同情的作物を「作者＝語り手」が人物と一体化することと理解していて、いまだ叙法と態度のちがいについての認識はないからである。さらに漱石は、「彼と呼び彼女と称して冥々に疎外視するものを変じて、汝となし、さらに進んで余と改むる」だけでこの「間隔の縮小する」といい、文学史上の三人称から一人称への変化をリチャードソンに代表される書簡文体の小説や一人称小説に見ているが、ここでもなお語りの視点と人称とが混同されている。それゆえ三人称のばあいはつねに「批評的」に、すなわち〈全知〉の語りになるといわざるをえず、オースティンら近代小説の実情と矛盾することになる。じっさい漱石が同情的作物の例としてあげるのはスコットの『アイヴァンホー』、それもその三人称の地の文ではなく、登場人物のひとりレベッカが病床にあるアイヴァンホーに、黒騎士とフロン・ド・ブーフの一騎打ちのありさまを目の当たりにして報告する場面、

「かれ［黒騎士］はふたたび起ち上がり、片腕に二十人力をもつかのように戦っているわ——ああ、剣が折れた——でも従者から斧をひったくるや——撃ちに撃ってフロン・ド・ブーフを攻め立てる——あの巨漢は樵の鋼に打ちすえられたオークの樹のように、傾きぐらついて——倒れた！　倒れたわ！」

したがって一人称の詞である。漱石は若いころこれを読んで、その迫真の描写にわれを忘れて気がつけば朝だったといい、「其何が故に吾心を動かすの此の如く甚しかりしか」はついにわからないままだったが、いま「此間隔論

に逢着」したといい、戦況を目の当たりにしてこれを伝えるレベッカに読者もまた「同化」して「戦況を眼前に髣髴する」というのである。漱石は『文学評論』（明42）でもデフォーの『クルーソー漂流記』とスティーヴンソンの『カトリオナ』を対比して、おなじような議論をしている。デフォーでは、「是しきの波でも、水夫になりたてで斯う云ふ事には一切無経験の私には応へた。私は浪が寄せる度に今度は呑まれて仕舞ふだらうと思ふ」というように一人称〈全知〉の視点の語りになっていて、漱石はこれを「暴風雨の記述とは受け取りにくい慨《あわ》れなものである。物凄くも何ともない」という。これに対してスティーヴンソンでは、

「自分は此方《こちら》の側に立って両手を拡げた。折から船は揺り落ちて来る。船頭は剣呑《けんのん》な「危うい」所迄我とわが短艇《はしけ》をおびき寄せる。カトリオナは其時空に飛んだ。自分は幸に下から女を受けた。……女は荒い息遣をして、しっかり自分に嚙《かじ》り付いた」

と一人称〈ともにある〉視点の語りになっている。「此息をはづませて嚙り付くという所に人間が存在してゐる」から、カトリオナが「海へ落ちるか、無事に短艇へ落ちるか、其所に危険があって、其所に受取る人の心配も、読む人の心配もある」が、「デフォーには此感情がないのである。……彼ばかりではない、十八世紀の作家の書いたものが冷淡に見えるのは多く是が為である」[16]という。だがここでも、三人称〈ともにある〉視点の語りについては一言もない。

じつはもうひとり、明治にあって〈ともにある〉視点の語りをきわめて自覚的に用い、またこれを視点論として

論じたものに岩野泡鳴がいる。泡鳴は明治三九年に『神秘的半獣主義』を出版するが、ここにいう「半獣主義」とは正確には「半獣半霊主義」で、われわれ人間は霊（精神、理性）と獣（肉体、肉欲）の二物からなるという、それ自体はさほど奇矯な考え方ではない。だが泡鳴は、ショーペンハウエルに依拠して「いっさいの無機的、有機的世界の自然力には、ただ一個の意志が客観の形、乃ち、表彰［表象］を以って表現して居る」とする一方で、ショーペンハウエルではこの自然の根拠である「意志」はやはりひとつの実体であり、われわれ人間もこの意志の目的を欠いた無限の努力の一コマにすぎないが、自分のいう自然即心霊説では、存在しているのはそのような実体ではなく「ただ時々刻々変形して居るものばかり」[17]で、それゆえ天も地も、そして「僕等の心」も、「変転流動」する「その機その機の状態」の「ただ一刹那にある」という。そしてこの「刹那刹那の起滅」にあるわれわれ個々人の存在情況がもっとも切実にあらわれるのは、恋愛だという。「霊も亦肉」である以上、肉欲をはなれることはできないが、愛もまた「自我が利己的奮励をする」瞬間であり、「刹那の救済」である。それゆえ「半獣主義は独善利己の主義である」といった批判もなされるが、それはむしろ当然で、そもそも「博愛、正義、人道など」は、知力が創りだした「生命の枯れた」偶像にすぎず、そして「かういふ偶像を打破する」のが新文芸、すなわち「原始的、本能的に情熱と活気」とをもつ「自然主義の生命」だと、ここではニーチェの口吻でいう。泡鳴の神秘的半獣主義はショーペンハウエルやニーチェを踏まえているにもせよ、なんらの論拠もないいわば個人的な随想であって思想というほどのものではなく、それゆえ『太陽』記者（「近刊一読」明39・9・1）も、泡鳴の「半獣主義」は「約言すれば、現象即実在説と、無常観とを結合したる意見」だという。それにもかかわらずこの半獣主義を無視できないのは、明治四二年の『耽溺』を皮切りに、『放浪』（明43）、『断橋』（明44）、『発展』（明44－45）、『毒薬を飲む女』

（大3）をつぎつぎと発表し、この特異な自伝的小説を泡鳴はどうやらあの半獣主義にもとづく自然主義の実践と理解していたからである。

泡鳴は明治四四年七月の『早稲田文学』（「小説家としての島崎藤村氏」）で、花袋や藤村ら「平面描写より外出来ない人々、もしくは、平面描写を主張する人々の態度」は「人生の形式ばかりを描いて満足してゐる」と批判している。たとえば藤村は「苦しむ獣のやうな目付をして」（『家』）という句で「三吉がその姪に対して私《ひそ》かに有する生欲を暗示してゐるつもりらしいが、実際は、ほんの、作者の説明」にすぎず、その「描写法はいつも不充分である」というが、これは『春』などにもしきりに見られるものである。そして泡鳴自身は「人生の内容そのままの主観を建てる」ことを主張し、そのための描写方法として「一元描写」を標榜するのである。泡鳴が一元描写を論として展開するのは大正七年一〇月の「現代将来の小説的発想を一新すべき僕の描写論」（『新潮』）が最初だが、じっさいにはそれは『耽溺』以来の諸作ですでに意識的に実践されている描写法である。問題は「作者と作中の一主要人物との間に於ける不即不離の関係」である。その第一は「作者が公平にそして直接に仲間［登場人物］の諸分子の気ぶんや人生を達観若しくは傍観する」もので、「これは単純な鳥瞰的若しくは平面的描写論の注文」に応じて「概念的人生」を描くものだというが、これは〈全知〉の視点に対応するといってよい。第二は「作者が先づ仲間の一人の気ぶんになってしまう」のであり、作者は主人公である「甲の気ぶんから、そしてこれを通して、他の仲間を観察し、甲として聞かないこと、見ないこと、若しくは感じないことは、すべてその主人公には未発見の世界や孤島の如きものとして、作者は知ってゐてもこれを割愛してしまう」ことで「具体的人生」を描くもので、これはほぼ〈ともにある〉視点の語りに対応するといってよい。しかも注目すべきことに泡鳴は、これは一人称の語りにかぎらず三人称でも「甲をして自伝的に第一人称で物を云はせてゐるのと同前〔同様〕だ」というように、三人称〈ともにある〉視点にも言及している。かれはさらに、作者は主人公の「心持ちになって行かねばならぬ。これを、近頃の外国学界で勢力があるらしい感情（若しくは知力、意志）の移入説で説明することもできる」[18]ともいう。泡鳴の問題点は、かれが「創作に於いては作者の主観を移入した人物を……一人に定めなければならぬ」という主張、すなわちその「一元」描写の主張である。大正八年七月に『放浪』や『断橋』を新潮社から再刊する（いわゆる「五部作」）に際して、『断橋』の序文で泡鳴は、この「両篇とももとのままではないのである。もとの形では一元描写の標準を外れた箇所もところどころあったので、それをすべて……削除した」という。たとえば『放浪』で主人公の義雄が樺太の事業に失敗して札幌に舞いもどり友人を訪ねて、その妻君に事業は失敗したがまだ回復の見込みはあるという話をしたとき、彼女は「然し事業といふものは六ケ《むずか》しいものですよ」と「義雄の言をあやぶんだ様な返事」を返すくだりで、初版では「それも尤も、かの女は、その兄なる人が木材で失敗した経験を、そばにゐたから、よく知ってゐるのだ。……義雄の失敗もこの家の細君の兄のと殆ど全く同じである」というのを、再刊では「渠には、かの女が先た〔ママ、に〕渠をあやぶんで忠告するやうに語った話を思ひ出《ださ》せたが、かの女の兄なる人に木材で失敗した者があって、かの女はそれを共にゐてよく知ってゐるのであった。……義雄の失敗もこの家の細君の兄のと殆ど全く同じであることが心に浮かんだ」と修正されている。要するにここでの「一元描写の標準を外れた」というのは、作者が「移入した」主人公義雄がみずから経験したのではない情報を作者が第三者的に、したがって義雄からはなれた〈全知〉の視点で語り説明することをいい、『放浪』再刊ではこれを、義雄に「思ひ出せた」とか義雄の「心に浮かんだ」というように、義雄自身の経験として描こうとしている。だがじっさいには、この小説のすべてが一元的に義雄と〈ともにある〉視点で語られているというわけではなく、たとえば義雄が札幌のステーションをでて街中をひとり歩く場面では、

「札幌の盛夏は兎に角樺太のよりは暑い。人々がうす物一つで往来してゐる中を、彼独りは袷の羽織を着たままで、ステーションから離れ出した［〈全知〉］。三十年も以前にアメリカから取り寄せて植えつけたと聴いたアカシヤの樹が、この南北に渉る中央通りの両がはに、づらりと立ち並んで、家毎の家根を越えて葉を繁らしてゐる［〈情況〉］」。

となっていて、泡鳴の作は厳密にはかれのいうような一元描写ではなく、主人公と〈ともにある〉視点を基軸としつつも〈全知〉および〈情況〉の視点との混合でなりたっているのだが、泡鳴自身はこのことに気づいていない。泡鳴はさらに、作者と作中の主要人物との関係の第三として、「作者がその材料とする仲間の一人を限らず、甲乙丙の各々を通じてその各々互ひの気ぶんなり人生なりを見て行く」やり方にも言及するが、これを結局は第一の概念的な説明に終始する〈全知〉の視点に帰すことから考えると、これもどうやら〈ともにある〉視点を複数の人物のあいだで移動させる近代リアリズム小説の行き方をいうのではなく、語りとしてはあくまでも第三者的な全知の「作者＝語り手」の態度として、そのつどことなった人物の側に立つことを意味するものである[19]。泡鳴はこの一元描写論を自負して、「ここに感づいているものは、——外国でも、我国でも——僕のほかには、また僕のこの節をよく嚙み砕いてるものを除いては、殆どゐないのだ」と大見得を切っている。だがこれまで見てきたように、か

れのいう「一元描写」とはなお語りの視点の問題ではなく、「作者＝語り手」がもっぱら「一元的」に主人公の側に立つ同情的な態度の問題であり、つねに〈全知〉の視点から人物や事象を「離れて見る」第一の態度、つまりは花袋や藤村の平面描写に対抗するものというべきである。それゆえ泡鳴にも、叙法としての「視点」と「作者＝語り手」の「態度」との区別はまだなく、その一元描写論は混乱したままである。

ともあれ泡鳴の一元描写は、主人公の生命の「刹那刹那の起滅」するさまを描く方法としては成功したもので、白鳥は『耽溺』について、「動かしがたい作家の主観が貫いてゐる。暗黒なる自然の力を見逃すまいとしてゐる。皮一枚引き剝《は》いだ人生の底に流れている獣力を見詰めて、それを無遠慮に描いている。」と評し、星湖（「小説月評」『早稲田文学』明42・3）も、『耽溺』は「一番読みごたえのあるの作」で「大胆な官能的描写は、題材としっくり嵌《はま》って居るやうである」と評価している。一方で秋声（「岩野君と其の作品」『新潮』大7・12）は「余りに主人公若しくは自己本位で、少しも其の対手《あいて》の場合を考へてやらない」と、その一元描写の弊を指摘しているが、これに対して泡鳴（「一元描写論の実際証明」『新潮』大8・3）は、一元描写では「主人公が見てゐる世界を書くのだから、その主人公がその対手の場合を考へてやらない性格なら、さうなってる方がいいのである」と反論する。だが宮島新三郎（「岩野泡鳴氏一面観――「征服被征服」に就いて」『早稲田文学』大8・8）が、「作者が作中人物の一人になりきって描写する時には、その一人物だけは立体的に描けるが、他の人物は平面的に」なるというように、かれの一元描写は焦点人物である主人公の内面の時々刻々流転するドラマは描けても、人と人とが複雑に関係し相互にぶつかりあうところに生じる総体としての人間のドラマはやはり描けない。じっさい読者は、瞬間瞬間を体当たりで生き欲望し苦悩する主人公の「悲惨なる滑稽」（白鳥「岩野泡鳴」『中央公論』昭3・8）に引きつけられながらも、他者を他者として尊重することなく、あまりにも独りよがりで身勝手で傍若無人な主人公のふるまいには苦笑し憐れみは覚えても、共感はできずついていけない。

『蒲団』がでたあと『早稲田文学』「時言」記者（明40・10）が、「真率または露骨なる人生の描写を最高目的とする自然派的傾向は、一方に於て材を人生の活事実、殊に自己の経験に求むると云ふ傾向と進路を與《とも》にする事となる。……之れを今一歩進むれば自己の告白に若くものなきに至る。近時の小説に、自己の交友をモデルとしたり、自己の告白を発表したりする傾向の多いのは、決して偶然ではない」というように、いわゆる「私小説」的なものが流行となる。のちに白鳥（「芸術の力」『中央公論』大4・11）もそのころのことを回顧して、「田山花袋氏が「蒲団」などを発表した時には、思い切った私生活の暴露をしたその作風を推賞した人でさえ、ひそかに冷笑して見ていたのである。自分の日常生活をそのままに醜悪汚穢《おわい》の行為をも見のがさずに描けという氏の議論には盛んに反対者もあったが、時勢がその気運に向かってゐたのか、知らず知らず皆んながかぶれて、多くの作家がわれがちに自己のもっている「蒲団」式の小説を書き出した」という。以後二、三年は自然主義が、というよりむしろ花袋の自然主義、いわば花袋主義が青年作家たちの教条となる。たとえば秋江（「文壇無駄話」『早稲田文学』大2・6）は、「数年前は、新興文壇の羅馬法王然たる『文章世界』が、本当に恐ろしかった」と述懐している。しかしすでに明治四一年一二月の段階で生方敏郎（「年末批評界雑感」『読売新聞』明41・12・20）は、「二年に亘った文芸上の大議論——自然主義不自然主義の争ひ」も前者の勝利となったが、「現実に生き、物質に憧れ、地びたを離れ得ぬ吾等自然主義の子供にとっては、遂には苦しい重負《おもに》まずい良薬と感ぜられて来た。……鉄の鎖で繋ぎ止められたプロメシウスの如き境涯から日本の文芸を解き放ってくれた恩人は自然主義に相違ないが、其放たれたる文学は何時まで自然主義の膝に乗ってるであらうか」と懐疑を口にしている。四三年ごろになると、『秀才文壇』記者（「創作及び評論壇」明43・11）は花袋について、「もはや云わんと欲する処は言い盡したかの観がある。……あれ丈の議論ある人が、何故あんな物しか作れないとの嘆を発するもの決して我等ばかりではなからう。殊に賢明なる氏が、平面描写と云ふやうな事を称え出し、自縄自縛に陥らんとするのは、傍から見て寧ろ気の毒になる」といい、加能作次郎（「田山花袋様」『早稲田文学』大2・4）も、自分は花袋の説く平面描写、印象描写、静観、「ころして書く」というようなことを「創作上の規範であるかの如く思って、今迄始終さういふ風に心掛けて」来たが、花袋の描写が「平面的外面的になればなる程……センチメンタルな情調が作の上に漂うて来る様です。それが近頃著しい様です」と批判している。白鳥もさきに引用した箇所につづけて、「しかし、この憶面もなく自分の私生活の何でもを持出すということはそろそろ切上げていい時分ではないだらうか」というのである。

一方で花袋の自然主義とはことなって、もともと「後の自然主義」すなわち新ロマン主義的傾向をもっていた早稲田派は、明治四三年二月の『早稲田文学』で荷風「歓楽」（明42）を推奨したが、これについて阿部次郎が、早稲田派は荷風を自然派と見なしていると批判した。これに対して御風（「一家言（二）」『読売新聞』明43・4・7）は、荷風の「切なる現実の苦痛を根底とした傾向に同感した吾々は、更に進んでその切なる現実の底へ沈まうとする自然主義的傾向と、その切なる現実の上へ浮び上らうとする享楽主義的傾向との間に於ける同君の作物に現れた矛盾にも同感せざるを得なかった」が、これを「吾々自然主義主張者の動揺」と見るのはまちがいで、それは「自然主義以前のロマンチシズムと、自然主義以後のロマンチシズム［新ロマンチシズム］との間に横はる重大なる事実を見落して居るのである。最近の永井荷風君の作物には、確かに現実の上に浮ばうとするロマンチックな傾向かある」と応酬している。この曖昧な態度に対して、安倍能成（「四月の評論」『ホトトギス』明43・5）は、「自然主義の精神がロマンチックなるにあるといふ人の自然主義も、自分は自然主義でないと思ふ。……自然主義から出発したものと、自然主義その者とを混同したる言である。又自然主義的要素を含めるを以て、直ちに頭から脚の尖《さき》まで自然主義であると言い做す者である」と批判する。小宮豊隆（「五月の評論」『ホトトギス』明43・6）も、「自然主義的思想を通過したものならば、如何なる種類の文芸たるとを問はず、直に自然主義の文芸に編入せんとするのは、偏見に非ずんば不聡明であると思ふ。自然主義の名が唱道せられた時は、今云ふ所よりは旗幟が鮮明であった。内容にも制限があった。年月が経るに従って種々の内容が附加せられた。近代文芸の凡てを包括すべき主義として自然主義は、極めて好都合な主義となった代はりに、一箇の実体的内容を欠きたる力弱き概念様のものに変じてしまった」という。

じっさい抱月（「現実主義の分化と新及深」『早稲田文学』明44・9）は、現今の文壇に於ける波乱は四五年前の自然主義の変革の「基調以内の波乱である。……されば新自然主義もよい、新現実主義もよい、乃至新ロマンチシズムも新印象主義も、新神秘主義も、皆脚を現実に着けて居る限り吾等の生きた興味を惹く。……言はば、自然主義現実主義が新しく分化の途に上るのである」といい、おなじ号の『早稲田文学』彙報記者も、「近来いろいろな新主義が唱へられるけれども矢張その根柢を流れて居る潮流は、自然主義的思想を中心にしたモダーニズムとも名づくべき思潮である」と、例の「モデルネ」運動に引きつけた論を主張している。そしてこの時流にあっては、さすがの御風（「自由な心持、新しい絵、白樺社」『早稲田文学』明44・12）も、今年の文芸界では「一種清新な自由なアトモスフィアが出来かかって来たらしく思はれる。……今迄多くの人々が芸術と云ふものに対して抱いて居た極めて窮屈な態度がだんだんくづれて来て、各自が安心して自分の芸術的享楽を得て行かれるやうな世の中になり始めたらしく思はれる。……それと同時に、此等新らしい色彩の芸術家諸氏の名と共に、私は白樺社と云ふ名を忘れたくない」というのである。また本間久雄（「正月文壇評」『早稲田文学』明45・2）も、「自分とても理論の上では自然主義の行詰ったこと認めて居る。乃至傾向の上から云っても、自然主義以外に、別な新傾向の生ずべき当然の理由をも認めないものではない。のみならず自然主義以外の新傾向を歓迎する上に於て決して吝《やぶさ》かなるものではない」という。ともあれこうして、西洋近代のアートワールドと近代リアリズムをめざして展開した明治の芸術論争は、紆余曲折はあり文壇にかかわったものたちの浮沈もあったが、わずか半世紀に満たないあいだに、それなりに豊かな成果を見たというべきである。

注

第一章

1　雅川滉「自然主義文学理論の展開」『明治文学史集説』日本文学社、一九三二年、一〇九ページ。

2　アーサー・ダントー「アートワールド」拙訳、西村清和編・監訳『分析美学基本論文集』勁草書房、二〇一五年、参照。

3　拙著『現代アートの哲学』産業図書、一九九五年、第二章参照。

4　柳源吉編「高橋由一履歴」『日本近代思想大系　17、美術』岩波書店、一九八九年、一七〇ページ。

5　「工部美術学校規則および沿革」『日本近代思想大系　17、美術』四二九－三〇ページ。

6　これらの史実については、北澤憲昭『眼の神殿』（美術出版社、一九八九年）および佐藤道信『〈日本美術〉誕生』（講談社、一九九六年）を参照した。

7　西周が明治天皇の御前進講でおこなった「美妙学説」（明治5－10年ごろ）には「美術《ハインアート》」についての説明が見られるが、これは昭和八年に麻生義輝編『西周哲学著作集』ではじめて公表されるまでは一般には知られていなかった。

8　アーネスト・フェノロサ「美術真説」（大森惟中筆記、龍池会、明治一五年一〇月）『明治文學全集　79』筑摩書房、一九七五年、三七ページ。村形明子（「『美術真説』とフェノロサ遺稿」『英文学評論』四九号、一九八三年一二月）によれば、ハーヴァード大学ホートン・ライブラリーに保管されているフェノロサ自筆草稿のなかで、もっとも「美術真説」にちかい草稿「E. F. Fenollosa, Lecture」においては、「Art」に数えあげられているのは詩、音楽、彫刻、舞踏とならんで「painting」であって、これを訳者の大森が慣習にならって「書画」と訳したものである。なおこのあとにくる「事物の精神」に対応する英語は、この草稿には見あたらないが、草稿には一か所「the whole thing has a force of its own」という表現が見られる。

9　Eugène Véron, *L'Esthétique*, Paris, 1878, p. 62.

10　『維氏美学　下冊』文部省編輯局、明治一七年、『中江兆民全集　3』岩波書店、一九八四年、一五ページ。

11　井田進也「解題」『中江兆民全集　3』四四三ページ。

12　青木茂「解題」『日本近代思想大系　17　美術』四四二－三

ページ。

13 『維氏美学　下冊』二七七ページ。

14 フェノロサも、もし模倣主義が正しいとすれば「天然極て醜悪陋劣なる物件の写真は甚だ艶麗にして且つ高尚なる物件の墨画より貴からざるを得ず」というが、しかしかれは天然の「其物《も》原と美術に属せずんば其画は以て真実の美術となすに足らず。故に能画家は常に擇して美術の形質を具するものを採取するものとす」（「美術真説」三八ページ）というように、醜悪な対象を描く美術について否定的である。

15 「アーネスト・フェノロサ資料」隈元謙次郎編、村形明子訳、『三彩』三二七号、一九七五年、六四ページ。

16 横山大観『大観画談』講談社、一九五一年、八一ページ。

17 坪内逍遙『小説神髄』『明治文學全集 16』筑摩書房、一九六九年、四ページ。

18 Alexander Bain, *English Composition and Rhetoric. A Manual*, American Edition, revised, New York, p. 273.

19 *Chambers's Information for the People*, Vol. 2, ed. by William and Robert Chambers, New and Improved Edition, Philadelphia, 1867. p. 750

20 逍遙『小説神髄』六ページ。

21 亀井秀雄『「小説」論』岩波書店、一九九九年、三ページ。

22 Bain, *English Composition and Rhetoric. A Manual*, p. 258.

23 E. O. Haven, *Rhetoric: A Text-Book*, New York, 1869, p. 284f.

24 滝沢馬琴「本朝水滸伝を読む幷批評」天保四年、『曲亭遺稿』図書刊行会、一九一一年、三二九ページ。

25 菅谷広美「『小説神髄』とその材源」『比較文学年誌』第九号、一九七三年、四〇ページ。

26 Henry Norman, Theories and Practice of Modern Fiction, *The Fortnightly Review*, vol. XXXIV. No. CCIV, New Series, December 1. 1883, p. 873.

27 河内清『ゾラと日本自然主義文学』梓出版社、一九九〇年、一五三ページ。

28 本田康雄『新聞小説の誕生』平凡社、一九九八年、二八ページ。

29 逍遙『小説神髄』三五ページ。

30 『柳北全集』文芸倶楽部第三巻第九編臨時増刊、博文館、明治三〇年七月、一四五－一四六ページ。

31 杉山康彦「長谷川二葉亭における言文一致」『文学』三六巻、一九六八年九月、四一ページ。

32 山田俊治「〈現実感（リアリティー）〉の修辞学的背景――明治初期新聞雑報の文体――」『日本近代文学』第四五集、一九九一年、一九ページ。

33 *Chambers's Information for the People*, p. 741. のちに言及するように、これはわれわれのいう〈情況〉の視点による語りである。ベインも「旅行者の視点」（*English Composition and*

Rhetoric. A Manual, p.156）に言及している。

34　Edward Bulwer-Lytton, *Ernest Maltravers*, Routledge, London, 1860, p. 24.

35　小森陽一『構造としての語り』新曜社、一九八八年、二二一ページ。小森は、ここの叙述は一人称（our）で統一されており、それゆえ「この表現主体の主観」をとおしてのみ読者は作品世界を享受することができると指摘する。しかし一方で、この表現主体に「場面に実在する人間の視覚」を割りあてることはできないともいう。ここから小森は、「この表現主体のあり方は、いわば「作者の全知的な視点」ともいうべきものである」（二二〇ページ）とするのである。だがわれわれの立場からすれば、これは視点をこの庭のただなかに据えて、そこから見える情景をつぶさに描写しようとする語り、われわれが次章で言及する〈情況〉の視点の語りというべきである。

36　「欧洲奇事花柳春話」丹羽純一郎訳『明治文學全集　7』筑摩書房、一九七二年、一五ページ。じっさいには丹羽の翻訳には*Ernest Maltravers*だけではなく、その続編である*Alice*からの訳もそうとことわらずにふくまれている。

37　坪内逍遙『当世書生気質』明治一八年、『明治文學全集　16』筑摩書房、一九六九年、五九ページ。

38　前田愛『前田愛著作集第二巻　近代読者の成立』筑摩書房、一九八九年、一二五ページ以下。

39　亀井秀雄『感性の変革』講談社、一九八三年、六三ページ。亀井は逍遥の翻訳『慨世士伝初編』第七套の、初更に那以那《ないな》姫が莉莚児《りえんじい》をまっている庭の情景描写についても、これは「場面に内在的な語り手の眼が、風情あり趣ある園生の情景を描き」（六二ページ）だしているという。そもそも亀井は、成島柳北や服部撫松の漢文体の影響のもとにあると思われる松本万年の漢文体の風俗誌『東京新橋雑記』第一編（明11・8）では、「まず場所を選び、見る位置を定めて、その景況を叙す、という方法」が見られるといい、ここに語り手も読者も、登場人物と「おなじ状況を生きる、生きざるをえないという意識」の「自然発生的な芽生え」（一九ページ）を認めている。そしてここに、のちに『当世書生気質』や二葉亭『浮雲』の冒頭にある「場面（とそれを見る視線）の方法がすでに準備されていた」という。だが『東京新橋雑記』の描写はなお、杉山康彦が成島柳北『航薇日記』に見た描写方式に近いものであり、それはわれわれのいう〈情況〉の視点の描写としてはまだほとんど意識されてはいない。

40　磯貝英夫「文章語としての『言文一致』」『文学論と文体論』明治書院、一九八〇年、一五九ページ。

41　丸岡九華「硯友社の文学運動」『明治文学回想集　下』十川信介編、岩波文庫、一九九九年、三五ページ。

42　稲垣達郎「解題」『明治文學全集　16』三九五ページ。

43　磯貝、前掲書、一五七ページ。

44　Roland Barthes, Introduction à l'analyse structurale des

récits (1966), *Œuvres complètes*, Tome II, Édition du Seuil, 1994, p. 95.（『物語の構造分析』花輪光訳、みすず書房、一九七九年）

45 Jean Pouillon, *Temps et roman*, Gallimard, 1946, p. 86.（『現象学的文学論——時間と小説』小島輝正訳、ぺりかん社、一九六六年）

46 柄谷行人『近代日本文学の起源』講談社、一九八〇年。

第二章

1 野崎左門「明治初期に於ける戯作者」『明治文學全集　2』筑摩書房、一九六七年、四〇七ページ。

2 本田、前掲書、一五三ページ。

3 イアン・ワット『小説の勃興』藤田永祐訳、南雲堂、一九九九年、一四ページ。

4 Pouillon, op. cit., p. 115.

5 Martin Heidegger, *Sein und Zeit* (1927), Tübingen, 1972, S. 133.

6 Pouillon, op. cit., p. 79.

7 ワット、前掲書、四二ページ。

8 S. Richardson, *Clarissa. or the History of a Young Lady* (1748), with an introd. by W. L. Phelps, vol. 1, AMS Press, 1970, p. xli.

9 ワット、前掲書、二六五ページ。

10 同上、四一五ページ。

11 T・トドロフ『小説の記号学』菅野昭正・保苅瑞穂訳、大修館書店、一九七四年、一一九ページ。

12 ジェラール・ジュネット『物語のディスクール』花輪光・和泉涼訳、書肆風の薔薇、一九八五年、二二二ページ。

13 シーモア・チャットマン『小説と映画の修辞学』田中秀人訳、水声社、二三八ページ。

14 ジュネット、前掲書、二一七ページ。

15 ワット、前掲書、四一四ページ。

16 エミール・バンヴェニスト『一般言語学の諸問題』岸本通夫監訳、みすず書房、一九八三年、二二三ページ。

17 Barthes, op. cit., p. 95.

18 前田、前掲書、一四九ページ。

19 絓秀実『日本近代文学の〈誕生〉』太田出版、一五〇ページ。

20 杉井和子「小説における語りの方法——明治の翻訳小説における一人称」『茨城大学人文学部紀要　人文学科論集』第三三号、二〇〇〇年、五〇ページ。

21 ジュネット、前掲書、二二五ページ。

22 三人称〈ともにある〉視点の語りを特定するひとつの条件に、「かれ（彼女）」に「わたし」を代入して文意が不自然でないかどうかを見るというのがある。「かれは呆然としたように立っていた」を「わたしは……」といいかえることは不自然でできないから〈ともにある〉視点ではない。だからといってバルト

（op. cit. p.95）のように、「わたし」の代入ができればすべて〈ともにある〉視点だということにはならない。というのもいま見たように、一人称がすべて〈ともにある〉視点ではないからである。したがって「わたし」の代入可能性は、ジュネットも注意するように（前掲書、二二六ページ）、〈ともにある〉視点となるための必要条件にすぎない。

23　ボリス・ウスペンスキイ『構成の詩学』川崎浹・大石雅彦訳、法政大学出版局、一九八六年、一七四ページ。

24　小森陽一が『浮雲　第二編』に認める文三とほぼ一体化し「文三の口真似をする」ことで「自らを透明化させる」（前掲書、三三ページ）語り手は、読者に姿を見せない語り手のことであり、亀井秀雄が「無人称の語り手」（『感性の変革』一六ページ）と呼ぶのも同様である。野口武彦が『三人称の発見まで』（筑摩書房、一九九四年）の冒頭で「江戸時代は、三人称を知らなかった」（五ページ）というときの「三人称」とは、この「語り手が姿を見せない三人称」の語りのことであって、「三人称」という語のこの曖昧な使い方によって、この書は読者に混乱を強いている。一方で亀井は「作中人物に癒着的な半話者」（『感性の変革』、一三六ページ）にも言及し、これはほぼわれわれのいう〈ともにある〉視点の語りに対応するが、ここにはなお〈ともにある〉視点と〈密着〉の視点の区別はない。

25　ジュネット、前掲書、二二六ページ。

26　語りの視点にはもうひとつ、プイヨンのいう「〈外部から〉の視点」があるが、これは語り手が外から見たり聞いたりすることだけを描き、登場人物の内面の意識には近づかない警察の調書のような語りで、二〇世紀になってダシール・ハメットの探偵小説のようなハード・ボイルドタッチの独特の効果をねらった描写である。それゆえこれを、〈全知〉の視点による外面的な描写と混同してはならない。これは本書の問題設定にはかかわらないので、これ以上言及する必要はない。

27　小森、前掲書、一七四ページ。

28　同上、二二九ページ。

29　同上、二二九ページ。

30　亀井『感性の変革』六二ページ。

31　高橋修「森田思軒の〈周密〉訳」『新日本古典文学大系　明治編　15』岩波書店、二〇〇二年、五五七ページ。

32　蒲原有明「「あひびき」に就て」『二葉亭四迷』坪内逍遙、内田魯庵編輯、明治四二年、『飛雲抄』（書物展望社、一九三八年）日本図書センター、一九八九年、二二〇ページ。

33　小森、前掲書、二三二ページ。

34　これは、なお「かれ」や「彼女」といった三人称の代名詞が定着しておらず、ために日本語の特性にしたがって主語をしばしば表記しないこと、また「自分が」というような一人称と三人称が重なるような指示語や、「おつかさん」や「お祖父様」といった二人称的な表現が用いられることからくるのだろう。純然たる三人称〈全知〉の視点の語りの部分では「侯爵殿」も用いられるが、いずれのばあいでもしばしば「……とお祖父様がお咎めになりました」というように、対面の語りにおける「待遇感情」をになう敬語が用いられており、これも、訳文が一人称〈全知〉の視点の部分では「作者＝語り手」、〈ともにある〉視点の部分ではセドリックの一人称の語りをひびかせる原因となっている。

35　最後の「自害の巻」について十川信介（「解説」『紅葉全集　第一巻』岩波書店、一九九四年）は、「小四郎本人の視点」が「いつのまにか若菜からの視点にすり換わって」（四九九ページ）いて、紅葉はこれによって「自在に転換する語りの視点を手に入れた」（四九三ページ）というのだが、ここにいう「語りの視点」というのは叙法としての〈ともにある〉視点の語りではなく、たんに〈全知〉の語り手がそのつど注目する描写対象を「自在に転換する」手法にすぎない。

36　露伴「恋山賤を評す」、紅葉『初時雨』昌盛堂、明治二二年。『露伴全集　第二四巻』岩波書店、一九五四年、三九ページ。

37　淡島寒月「明治十年前後」『明治文学回想集　上』岩波文庫、一九九八年、六八―六九ページ。

38　藤江峰夫「2　西鶴の文学　イ、西鶴の方法と文体」江本裕・谷脇理史編『西鶴事典』おうふう、一九九六年、四一ページ。

39　ただし学海が、細君とその継母は「この下婢の眼中より」見たもの、細君の父親は「細君の眼中より」見たもので、「その心情を細説せずしてその容貌言辞のみをのせてその心情反て現然たり」というとき、じっさいにはこれらはほとんど〈全知〉で語られていて、学海自身が語りの視点の問題に気づいているわけではない。

40　『坪内逍遙研究資料　第五集』新樹社、一九七四年、六七ページ。

第三章

1　磯貝、前掲書、一八九ページ。神田孝夫によれば、滞独中に鷗外が「特に精読したのは、ハイゼとクルツの共編になる『独逸短編珠玉集』二十四巻」（「鷗外初期の文芸評論」『比較文学研究』第四巻、第一・二号、一九五七年、三三ページ）である。

2　磯貝、前掲書一九六ページ。

3　Otto Braun, *Eduard von Hartmann*, Stuttgart, 1909, S. 18.

4　Eduard von Hartmann, *Philosophie des Unbewußten*, Berlin, 1869, S. 632.

5　Eduard von Hartmann, *Philosophie des Schönen* (1887), Eduard von Hartmann's Ausgewählte Werke, Zweite wohlfeile Ausgabe, Bd. IV, Leipzig, 1906, S. 489f.

6　Braun, op. cit., S. 234.

7　忍月はこれを、ロベルト・ケーニヒ『ドイツ文学史』(1885)に依ったようで、鷗外はケーニヒ原文にあたって忍月の誤りを指摘している。もっとも鷗外の「レッシングが事を記す」にしても、H・ツィメルン『レッシングの伝記と作品』（1880）に依っている。

8　嘉部嘉隆「森鷗外文芸評論の研究（三）」『樟蔭国文学』15、一九七七年、八〇ページ。

9　すでに明治二〇年には、久松定弘『独逸戯曲大意』（博聞社）が出版されていて、小冊子だがアリストテレス悲劇論の概要が述べられている。「緒言」によれば久松は、欧洲の「詩学美学の原則」も弁えず、ただ欧人の「戯曲演劇を模倣」して「旧来の戯曲を改良せんと」するものを批判し、「往年独逸留学の際筆録したる所の冊子を削潤して」ドイツ人に見せたところ「可」といわれたので出版したという。「罪過」「動力」「気運」といった用語は久松と共通しているところから、忍月はこれを参照していたと思われる。なお『独逸戯曲大意』には、悲哀戯曲は観客に、主人公に対する「同感（シンパチー）」を起さしむるを要す」（二八ページ）という表現があるのも、注目すべき点である。

10　今道友信「訳者注」『アリストテレス全集　17』岩波書店、一九七二年、一五六ページ。

11　アリストテレス「詩学」今道友信訳、『アリストテレス全集　17』、四七ページ。

12　Edward Dowden, *Transcripts and Studies*, London, 1888, p. 252.

13　臼井吉見『近代文学論争　上』筑摩書房、一九七五年、三ページ。

14　中村光夫『明治文学史』筑摩書房、一九六三年、一二一ページ。

15　土方定一『近代日本文学評論史』法政大学出版局、一九七三年、一四ページ。

16　中村『明治文学史』一二二ページ。

17　塩田良平『本文頭註　明治文学史抄（散文篇）』大鐙閣、一九三〇年、一〇九－一一〇ページ。

18　森口多里『美術五十年史』鱒書房、一九四三年、二一八ページ。

19　中村義一『日本近代美術論争史』求龍堂、一九八一年、五一ページ。

20　高階秀爾『日本近代の美意識』青土社、一九七八年、四〇〇ページ。

21　土方定一「解題」、『明治文學全集　79』筑摩書房、一九七五年、四一六ページ。土方はこの講演に、「この歴史時期の反動的潮流に応じて「歴史画」（想像画）を奨励する外山の態度」を見ているが、これはあきらかな誤解である。

22　『維氏美学　下冊』、一〇五ページ以下。ただしヴェロンの原文には「僻習」という表現は見あたらず、兆民による補足である。

23　市川政憲「「技術」の時代」『写実の系譜Ⅲ　明治中期の洋画』東京国立近代美術館、一九八八年、二九ページ。

24　『黒田清輝日記』第一巻、中央公論美術出版、一九六六年、二四八‐二四九ページ。
25　「蹄の痕（二）」『光風』第三号、白馬会編輯部、明治三八年、三三‐三五ページ。
26　市川、前掲書、二八ページ。
27　夏目漱石『文学評論』春陽堂、明治四二年。『定本漱石全集　第十五巻』岩波書店、二〇一八年、四九ページ。
28　『維氏美学　下冊』一〇七ページ。だが細川のばあいと同様（注22参照）、原文にはこれに相当する表現は見あたらない。
29　Véron, op. cit., p. 237. ただし兆民の訳では、このあたりのヴェロンの主張の真意は伝わらない。

第四章

1　越智治雄「『浮城物語』とその周囲」『明治文學全集　15』筑摩書房、一九七〇年、四〇一ページ。
2　大和田建樹『明治文学史』博文館、明治二七年、二〇四ページ。
3　柳田泉「『浮城物語』について」矢野龍渓『浮城物語』岩波文庫、一九四〇年、二六四ページ。
4　「純文学」という語はすでに「文界現象」『早稲田文学』（明26・5・25）の「愛山生の「純文学論」は本月三日の『国民新聞』にあり。文学に冠するに純の一字を以てするを非難したるものなり」という記事に見え、逍遙も「純粋文学」（小羊子（逍遙）・酉蹊生「明治廿六年文学界の風潮」『早稲田文学』明27・1・12）というが、ここにいう「純粋」とは、愛山などのいうひろい意味での「文学」（歴史や評論、演説等もふくむ、いわゆるbelles lettres）と区別して、詩・小説をいうのであって、のちの大衆文学に対する「純文学」ではない。
5　小倉敏彦「〈恋愛の発見〉の諸相――北村透谷と日本近代――」『ソシオロゴス』No. 23、一九九九年、二二一ページ。
6　ラルフ・ワルド・エマソン「愛」『エマソン選集　2』入江勇起男訳、日本教文社、一九六一年、一七一ページ。
7　高須芳次郎『日本現代文学十二講』新潮社、大正一三年、一四八ページ。
8　原田芳起『日本小説評論史』大同館書店、昭和七年、二九九‐三〇〇ページ。
9　小田切秀雄「解題」『明治文學全集　29』三九四ページ。
10　吉田精一『自然主義の研究　上巻』東京堂、一九五五年、二六二ページ。吉田はまた、「日本の自然主義文学の特色は、その代表者たちが浪漫精神から出発したこと」（二六一ページ）にあるといい、「浪漫精神の成長が自然主義であるといふ点からいえば、浪漫主義の始祖であり中心でもあった北村透谷は、同時に自然主義の始祖でもあったといへる」（二六九ページ）ともいう。
11　片岡良一『日本浪漫主義文学研究』法政大学出版局、一九五八年、二六九ページ。

12　岩城準太郎『明治文学史』育英舎、明治三九年、三七五ページ。

13　岩城準太郎『増補明治文学史』育英舎、明治四二年、三七七ページ。

14　小倉、前掲書、二八ページ。

15　『維氏美学　下冊』三〇六ページ。

16　保田與重郎「今日の浪曼主義」『英雄と詩人』人文書院、昭和一一年、『保田與重郎全集　第三巻』講談社、一九八六年、三八ページ。

17　もっとも山岸は、「新自然主義」あるいは「新写実主義」を、「これがほんとの浪曼主義なのである」といい、「卑俗低迷なる真実なき文学一掃であるところの浪曼主義運動」というが、これもよくわからない。

18　アーサー・ラブジョイ『観念の歴史』鈴木信雄訳、名古屋大学出版会、二〇〇三年、一八一ページ。

19　太田三郎「エマソンの先駆思想と透谷」『文学』一九五一年三月、二三八ページ。

20　亀井『感性の変革』一三六ページ。

21　Joseph Haven, *Mental Philosophy: Including the Intellect, Sensibilities, and Will*, Boston, 1858, p. 402.

22　Thomas Morrison, *Manual of School Management*, Glasgow, 1863, p. 83.

23　これについては岡田顕宏「「共感」という語の起源と歴史について」（『札幌国際大学紀要』五三号、二〇二二年）を参照のこと。

24　ちなみにヴェロンはこれをもっぱら「その作品がわれわれの感性をかきたてる、その人の天才と才能に対する称讃」（op. cit., p. 387.）だとする。

25　Hartmann, *Philosophie des Schönen*, S. 67.

26　明治二七年には抱月が「審美的意識の性質を論ず」（『早稲田文学』10・10）で、「同情」と「悲哀の快感」について論じているが、これもショーペンハウエルをもちだして、樗牛とほぼおなじ議論を展開している。

27　拙著『フィクションの美学』勁草書房、一九九三年、第四章「悲劇の快」参照。

28　Eduard von Hartmann, *Die deutsche Aesthetik seit Kant*, Ausgewählte Werke, Zweite Ausgabe, Bd. III, Leipzig, 1886.

29　Ibid., S. 367. ローゼンクランツ『醜の美学』鈴木芳子訳、未知谷、二〇〇七年、一六ページ参照。

30　Ibid., S. 363.

31　アリストテレス「詩学」、四七ページ。

32　逍遙『小説神髄』、五五ページ。

33　ウェイン・ブース『フィクションの修辞学』、米本弘一・服部典之・渡辺克昭訳、書肆風の薔薇、一九九一年、三五一ページ。

34　坪内逍遙『少年時に観た歌舞伎の追憶』日本演芸合資会社出

版部、大正九年。『逍遙選集　第一二巻』春陽堂、一九二七年、二六四ページ。

35　拙著『フィクションの美学』、第六章「殺しの美学」、第七章「悪漢の美学」参照。

第五章

1　小森、前掲書、三三ページ。

2　磯貝、前掲書、一九九ページ。磯貝はまた、「明治の言文一致は、まず論文からはじまり、ついで小説に移る」が、「普及段階においては、小説がまっさきに全部言文一致化し、論文類のそれは、かなりおくれる」といい、「小説全体の言文一致化は、自然主義の文壇制覇にともなっている。そして、それを側面から助けるようなかたちになっているのが、写生文運動である。……その両者に共通するものは、リアリズムの要求である」（一六〇ページ）という。

3　中島健蔵「国木田独歩論」『明治文學全集　66』筑摩書房、一九七四年、三五三ページ。

4　これはおそらく漱石である。漱石は「巡査」を「只、巡査なる人は斯う云ふ人であった……と云ふことを書いたに過ぎぬ。其所が面白いのである。……余の言葉で云ふと斯う云ふものは低徊趣味と云ふ」（『新潮』明41・7・15）という。

5　田山花袋『美文作法』博文館、明治三九年、『定本花袋全集第二十六巻』臨川書店、一九九五年、一一ページ。

6　亀井『感性の変革』二七八ページ。

7　蒲池文雄「解題」『子規全集　第十三巻』講談社、一九七六年、七四八ページ。

8　岩城準太郎『明治文学史』三二四ページ。

9　『維氏美学　下冊』三二八ページ。

10　Véron. op. cit., p. 412.

11　Rudolph von Gottschall, *Literarische Todtenklänge und Lebensfragen*, Berlin, 1885.

12　鷗外は「現代諸家の小説論を読む」（『柵草紙』明22・11・25）では、「蓋実験の成績は事実」というように、「試験」に代えて「実験」という語を用いている。

13　エミール・ゾラ「実験小説論」(1880) 河内清訳、『世界文學大系　41　ゾラ』筑摩書房、一九五九年、四四三ページ。

14　エミール・ゾラ「現実感覚」(1878)『ゾラ・セレクション　8　文学論集』佐藤正年編訳＝解説、藤原書店、二〇〇七年、一五～一六ページ。

15　「王国は常に爾の胸に在り」（「美的生活を論ず」）などという言い方もシラーの「美の王国」を思わせる。もっともシラーでは、人間には質料衝動（自然本能）と「形式衝動（理性）」とというふたつの本源的な衝動があって、「道徳の理想」である「美しき魂」はこのふたつが「遊戯衝動」のうちに調和したものとされる。そしてここでもカント由来の「悟性と感性の戯れ＝美」論をふまえて、これが美とされ、あるいは「美的芸術衝動」が拓く仮象としての「美の王国」とされる。

16　Johannes Volkelt, *Ästhetische Zeitfragen*, München, 1895, S. 153.

17　村田美紀「自然主義の克服——１８９０年頃のドイツ語圏における文学的モデルネ——」『ドイツ文学』（日本独文学会）一三三号、二〇〇七年、一九八ページ。

第六章

1　岩城準太郎『増補明治文学史』三九七ページ。

2　Jean Paul, *Vorschule der Ästhetik*, Erste Abteilung, Hamburg, 1804, S. 176.

3　花袋『美文作法』一九ページ。

4　『定本漱石全集　第二十二巻』岩波書店、二〇一九年、六二八－六二九ページ。

5　中村光夫『風俗小説論』河出書房、一九五一年、三二ページ。

6　中島健蔵「解題」『明治文學全集　66』三七五ページ。

7　花袋『美文作法』一三六－一三七ページ。

8　花袋は『長編小説の研究』（新詩壇社、大正一四年、『定本花袋全集　第二六巻』臨川書店、一九九五年、四七三ページ）で、自分は「ゾラの実験小説のセオリイ」を『柵草紙』から学んだという。

9　根岸泰子「田山花袋「平面描写」再論——「印象描写」へ至る語り手の問題——」『岐阜大学国語国文学』第18号、一九八七年、三八ページ。

10　田山花袋『小説作法』博文館、明治四二年、『定本花袋全集　第二六巻』臨川書店、一九九五年、二六六ページ。

11　同上、二五八ページ。

12　Clayton Hamilton, *Materials and Methods of Fiction*, New York, 1908. なお『太陽』（明42・2・1）には、「近代社会劇（クレートン、ハミルトン）」（天淵生訳）の記事が見られるが、これは Clayton Hamilton, The modern Social Drama, *The Forum*, vol.40, September 1908, p. 265ff. の全訳である。

13　これについては、Norman Friedman, Point of View in Fiction: The Developement of a Critical Concept, *PMLA*, Vol. 70, No. 5, 1955. を参照。

14　Hamilton, op. cit., p. 127.

15　夏目漱石『文学論』大倉書店、明治四〇年。『定本漱石全集　第十四巻』岩波書店、二〇一七年、三九七ページ。

16　漱石『文学評論』四七〇ページ。

17　岩野泡鳴『神秘的半獣主義』左久良書房、明治三九年。『明治文學全集　71』筑摩書房、一九六五年、三四三ページ。

18　ここにいう「感情の移入説」はテオドール・リップスの「感情移入」論で、たとえば阿部次郎は明治四五年五月の『アララギ』の「象徴主義の話」のなかで紹介している。

19　泡鳴はさらに純粋に理論上の可能性として、「作者に一人接し得られるものを一番うへの甲乙丙のうちのどれか一つに限ってしまって、その上に作者を置くこともできる」（三一四ページ）として、これを第四の態度とするのだが、これがじっさいにはどのような叙法になるのかははっきりせず、泡鳴自身もわかっているようには思えない。

あとがき

中学、高校時代にわたしは、夏目漱石にイカれた。『吾輩は猫である』や『坊っちゃん』を入り口に漱石の小説をほとんど読んでしまったあとは、鷗外や一葉、鏡花、独歩、藤村、そして荷風の小説に手をのばした。おそらくわたしは、これらの諸作に漂う「明治」という、われわれの時代と地続きでありながら、いまとなっては想像すらとどかず薄明のかなたに沈んだ時代の雰囲気に魅了され、憧れたのだ。いったいこれらの小説の登場人物たちと同時代を生きた青年たちは、西洋文明の奔流が押しよせてそれまでの社会や生活をおし流す激動の時代にあって、これにどのように向きあい、なにを感じ、なにに挫折し、どのような未来に望みを託したのか。それはまだ若いわたしにとっては、ひとつのロマンだった。大学ではじめて東京にやってきたわたしには、小説でしばしば目にした上野や本郷界隈の町の名前さえ、心懐かしく響いたものだった。大学で美学を専攻したわたしは、当然のことながら西洋美学を研究することになるが、最初に西洋近代芸術や文学を移入しこれを消化することに邁進したあの明治の青年たちが、どのような思いでこれを成し遂げようとしたのかは、いつも気にかかっていた。数年前わたしは『幽玄とさびの美学』（勁草書房）という本をだしたが、このテーマは自分にとっては学生時代以来の宿題であった。そして本書もまたそのように、わたしの学生時代以来の宿題を果たすものである。すでにわたしは「小説の「改良」と挿絵」（西村清和・高橋文博編『近代日本の成立』ナカニシヤ出版、二〇〇五年）および「明治期小説の「改良」と挿絵」（拙著『イメージの修辞学』第九章、三元社、二〇〇九年）を発表しているが、本書はこれらを見取図にして、明治という時代全体の潮流をより詳細に、より具体的に展開したものである。

そういうわけで本書は、明治維新以後の芸術、とりわけ小説と、それにかかわる範囲内で美術にかんする論争をとりあげるが、その際当時の青年書生たちが当時の小説や絵画作品についてのどのような経験を踏まえて、これらの論争にみずから関与し発言していたのかが、わたしにとって最大の関心事であった。そのために、もちろん限りはあるにせよ、わたしとしてできるだけ多くの新聞・雑誌の評論や批評にあたって、そこからかれらの肉声を聴きとることが必要だった。また美学の専門家としては、各論争者が依拠する西洋の芸術・文学理論にも可能なかぎりあたって、かれらの原典理解の妥当性や誤解等を見きわめることも必要だった。著者としては、本書は記述・分析にかかわるこれらふたつの方法論的特徴に独自性があり、これをあらためて上梓する意義もあるのではないかと考えている。

本書第一章冒頭にも述べたように、明治の「美術（芸術）」の流れはリアリズムへの道である。明治維新で西洋の文明・文化の圧倒的な圧力に直面して、これをすみやかに消化吸収することを至上命令とした明治日本の知識人にとって西洋近代の芸術もまた、そのように吸収し、これにならって自己形成するべき文化領域である。ことばを換えていえば、それはそれまで日本には存在しなかった西洋近代の「アートワールド」（ダントー）を自己のものとする企てである。本書の副題が「アートワールド維新」となっているのも、そのためである。そして本書の関心は、この文学や美術の領域における社会的実践としての明治維新のただなかにあって、当時の青年書生たちがいかに感じ考えたか、その苦闘と情熱のさまを描くところにある。わたしも、かれらの試行錯誤がもたらしたその果実の恩恵を受けているもののひとりとして、本書がそれにすこしでも報いるものであることを切に願っている。

出版に際しては、前作『幽玄とさびの美学』につづいて、今回も編集者の橋本晶子さんにお世話になった。ここに記して感謝の意としたい。

二〇二四年　夏

著　者

事項索引

あ　行

か　行

さ　行

た　行

な　行

は　行

ま　行

や　行

ら　行

人名索引

＊見出し語は基本的に姓名を記す。ただし本文では、姓名（中村光夫、坪内逍遙）のほかに、姓（中村）のみ、あるいは名「雅号」（逍遙）のみを記すことがある。また姓がはっきりしないばあいには、名（雅号）のみを記す。

さ　行

た　行

な　行

は　行

ま　行

や　行

ら　行

わ　行

著者略歴

1948年生まれ。

東京大学文学部美学芸術学科卒業、同大学院修了。

東京大学名誉教授。

著書 『遊びの現象学』(勁草書房、サントリー学芸賞)、『フィクションの美学』(勁草書房)、『笑う人間／笑いの現在』(共著、ポーラ文化研究所)、『現代アートの哲学』(産業図書)、『視線の物語・写真の哲学』(講談社)、『電脳遊戯の少年少女たち』(講談社)、『イメージの修辞学』(三元社)、『プラスチックの木でなにが悪いのか』(勁草書房)、『日常性の環境美学』(編著、勁草書房)、『感情の哲学』(勁草書房)、『幽玄とさびの美学』(勁草書房) ほか。

訳書 ゾルガー『美学講義』(玉川大学出版部)、『シェリング著作集3 同一哲学と芸術哲学』(共編訳、燈影舎)、『分析美学基本論文集』(編・監訳、勁草書房)。

明治の芸術論争
アートワールド維新

2024年10月25日 第1版第1刷発行

著 者 西《にし》村《むら》清《きよ》和《かず》

発行者 井 村 寿 人

発行所 株式会社 勁《けい》草《そう》書 房

112-0005 東京都文京区水道2-1-1 振替 00150-2-175253
(編集) 電話 03-3815-5277／FAX 03-3814-6968
(営業) 電話 03-3814-6861／FAX 03-3814-6854
堀内印刷所・松岳社

ISBN978-4-326-80066-7 Printed in Japan